ちくま学芸文庫

古代日本語文法

小田 勝

筑摩書房

はしがき

本書は、中古和文を中心とする古代日本語の文法を概説したものです。古代日本語文法(古典文法)に関する概説書は数多く刊行されていますが、本書は、それらとは異なる構成・視点で書かれています。それは、現代語の記述文法の枠組みで、古代語文法を記述していることです。

本書には、多くの先学のご調査・ご研究の成果が取り入れられています。その際は「(小田勝 2006)」のような形式で、文献を明示させていただきました。一九九〇年代、二〇〇〇年代の研究成果を積極的に取り入れているのも、本書の特色の一つです。ただし、先行研究について、研究史的に諸説を一覧するような記述は行っていません。その点、ご容赦いただきたく思います。

古代日本語文法の学習書・教科書として、また古典読解上・文法研究上のレファレンスとして、本書が少しでもお役に立てるなら、筆者にとってこれに勝る幸せはありません。日本語と英語の対照研究が、現代日本語文法の研究に大きなみのりをもたらしたように、現代日本語と古代日本語との対照研究が大いになされることを願ってやみません。

本書は前著『古典文法読本』(開成出版、二〇〇四年六月刊)を全面的に改訂したものです。このたび、意外に早く、おうふうから新版を出版していただけることになりました。
おうふうならびに改訂版出版を快諾してくださった開成出版にお礼申し上げます。

二〇〇七年六月　岐阜にて

小田　勝

目次

古代日本語文法

凡例

1 用例の出典表示には略称を用いています。出典名および依拠テキストは、巻末の「出典一覧」をご覧ください。

2 古典文の用例は、読解の便を考慮して、歴史的仮名遣いによる漢字・平仮名交じり文に統一し、仮名・漢字・送り仮名・句読点を改めるなどして読みやすくしました。引用文中の「…」は省略したことを示します。用例の前の「＊」印は、その例が文法的に不適格であることを示します。用例中の「φ」は、そこに語彙項目が無いことを示します。

3 出典には、巻数・段数・歌番号等を依拠テキストにより付しました。特に、『枕草子』の段数は、新日本古典文学大系の番号ですからご留意ください。説話集で「2-13」などとあるのは「第2巻第13話」の意です。勅撰集所載歌のうち定家の百人一首に採られている歌は、原典ではなく「百」と表示し、百人一首の歌番号を示しました。

4 語の用例数を示す際は、既刊の諸索引類および『CD-ROM 角川古典大観 源氏物語』（角川書店刊）の検索結果を使用させていただいたところがあります。

5 本文中の◆は補足説明を表します。

6 日本古典文学大系（岩波書店刊）を「大系」、新日本古典文学大系（岩波書店刊）を「新大系」、新編日本古典文学全集（小学館刊）を「新全集」と略称しました。

第1章　古代語文法の基礎知識

1・1　はじめに

単語は、文中で一定の規則にしたがって語形を変え、一定の規則にしたがって配列されます。現代語で、

（1）a　雨が降りそうだ。
　　b　雨が降るそうだ。

の意味が違うのは、傍線部の語形が（1a）と（1b）とで異なっているからです。「そうだ」が（1a）と同じ意味を表すとき、直上の語は、

（2）a　咲きそうだ、起きそうだ、完成しそうだ

のような形になり、（1b）と同じ意味を表すとき、直上の語は、

（2）b　咲くそうだ、起きるそうだ、完成するそうだ

のような形になります。（2a）の傍線部の形、（2b）の傍線部の形は、それぞれ共通した性質をもっています。例えば、「～ます」や「～はじめる」に続くときには（2a）の

傍線部の形が現れますし、「〜と困る」や「〜けれども」に続くときには（2b）の傍線部の形が現れます。このような場合、それぞれの形に名前を付けておくと便利です。そこで、いま仮に、（2a）の傍線部の形をA形、（2b）の傍線部の形をB形と呼べば、（1）（2）の現象は、

（3）「そうだ」は、A形に付いたとき「今にも〜すると見受けられる」の意味を表し、B形に付いたとき「〜と聞いている」の意味を表す。

と一般化されることになります。

（3）のような説明には、（2）のようなリストアップにかかる負担がない、という点で大きな利点があります。（1）のような現象の説明として、（2）のように実例を並べあげるのではなく――実際すべてを並べ尽くすのはしばしば不可能です――、（3）のように一般化した説明を与えることは、言語現象に対する人知の勝利ともいうべきことなのです。このように、単語の、文中における語形変化や、配列のし方に一定の規則を見出し、一般化した形で述べたものを**文法**といいます。

古代語の文法を古代語文法といいます。古代語文法は、いわゆる古典文を正確に読解するために不可欠な道具です。例えば、

（4）a　その木、倒れぬ。

b　その木ぞ、倒れぬ。

では、まったく反対の意味になるのですが、古語辞典を片手にいくら（4）をみつめていても、その理由を明晰に説明することはできないでしょう。（4a）は木が倒れた意、（4b）は木が倒れない意であると自信をもって解釈できるのは、古代語文法あればこそなのです。

解釈は、つねに文法に抵触しない範囲内で行われなければなりません。例えば、

（5）夕月夜をぐらの山に鳴く鹿の声のうちにや秋はくるらむ（古今312）

の「くる」を「来る」と解釈することはできませんし、

（6）玉藻刈る沖へは漕がじ（万72）

の「へ」を「東京へ行く」などの「へ」と解釈することは、認められません（（5）は「暮る」、（6）の「沖へ」は名詞「沖辺」と考えられます）。

ところで、文の意味は、そこに用いられている単語の意味の単純な総計ではありません。例えば、

（7）a　注射だけで治る。
　　b　注射でだけ治る。

では、同じ単語が同じ量用いられていますが、両者の文の意味は必ずしも同じではありません（（7a）は「他の処置（例えば手術や食事療法など）をしなくても注射だけで治る」の意、（7b）は「注射以外の他の処置では治らない」の意です。森田良行（1972））。古代語でも同様で、

（8）a　青鈍《あをにび》の紙のなよびかなる墨つきはしも、をかしく見ゆめり。（源・朝顔）

b　いと籠めてしもはあらじと思して（源・蜻蛉）

（9）a　［源氏ガ紫上ニ］をかしき絵などを遣り給ふ。（源・若紫）

b　［源氏ガ紫上ニ］絵などのをかしきを遣り給ふ。（源・河内本・若紫）

では、形が違うのですから、そこには当然、何らかの意味の違いがあるものと思われます。

また、

（10）あやしきことなれど、幼き御後見に思すべく聞こえ給ひてむや。（源・若紫）

の傍線部は「幼い後見人」（「後見人が幼い」）という意味ではなく、「幼い人への後見人」という意味です。このような修飾のしかたは現代語にはありません。文法論の中で、このような、文中における語の係り方、語の係り先、語の配列規則などに関する仕組みを考察する分野を**構文論**といいます。これに対して、語形変化や語の構成に関する仕組みを考察する分野は**形態論**と呼ばれます。古典文の読解には、形態論だけでなく、構文論的な視点をもつことがたいへん重要です。

　さきに私は、（8）のa、b、（9）のa、bには、「何らかの意味の違いがあるものと思われます」と言いました。しかし、具体的にどのような違いがあるのかは、実はまだよくわかっていないのです［補注1］。それを解明するには、多くの例を集めて分析しなければなりません。古代語文法には、まだわかっていないことが数多くあります。私は、ここで、特に次のことを確認しておこうと思います。

①文法とは、単語の、文中における語形変化や、配列のしかたに一定の規則を見出し、一般化した形で述べたものです。

②文法に逸脱した解釈は認められません。

③古典文の読解にあたっては、形態論だけでなく構文論的な視点をもつことが重要です。

④文法には、まだわかっていないことが数多くあります。

1・2　五十音図

仮名は平安時代初期の音韻を反映した文字で、四八字あります。「あ・い・う・え・お」は一字で a, i, u, e, o という一つの母音を表します。その他の文字は、「か」(ka) や「そ」(so) のように、子音一つと母音一つが「子音＋母音」の順で結合した音を表します。原則として子音だけを表す仮名はありません。その点で「ん」(n) は特別です。「ん」を除く仮名四七字を、同じ子音をもつ字を同行に、同じ母音をもつ字を同段に配すると、次のような五段一〇行の表になります。この表を**五十音図**といいます。

あ　い　う　え　お
か　き　く　け　こ

さしすせそ
たちつてと
なにぬねの
はひふへほ
まみむめも
やいゆえよ
らりるれろ
わゐうゑを

同じ子音を共有する列を「行」、同じ母音を共有する列を「段」といいます。「かきくけこ」は「カ行」、「いきしちにひみいりゐ」は「イ段」です。一般に、段は「あいうえお」、行は「あかさたなはまやらわ」の順に並べます。文字の数が四七なのに五段一〇行の図ができるのは、「い」と「え」がア行とヤ行とに、「う」がア行とワ行とに重複して現れるからです。

ワ行には今日使われない字が含まれています。「ゐ」は wi のような音を表していましたが、西暦一二〇〇年頃に「い」と同じ音に変化しました。「ゑ」は we のような音を表していましたが、これも同じく一二〇〇年頃に「え」と同じ音に変化しました。今日 wi や we の音も、「ゐ」や「ゑ」の文字も用いられないのはこのためです。「を」は wo のような音を表していましたが、一〇〇〇年頃に「お」との音の区別を失いました。今日 wo の発音はありませんが、「を」は助詞を表記するときに用いられています。

ア行の「い」とヤ行の「い」、ア行の「う」とワ行の「う」は、それぞれ同音です。ヤ行の「え」は ye という音で、ア行の「え」(e) とは別の音でしたが、九五〇年頃に両者は同じ音に変化しました［補注2］。現行の仮名は、ア行の「え」とヤ行の「え」を文字の上で区別することができません。一方、仮名は、一〇〇〇年頃以降には同音になったア行のオとワ行のオを、「お」「を」のように文字の上で書き分けます。したがって、

(1) 仮名は一〇世紀後半（九五〇～一〇〇〇年頃）の発音を反映した文字である。

ということができます。

1・3 歴史的仮名遣い

西暦一〇〇〇年頃以前の日本語では、「お」と「を」、「い」と「ゐ」、「え」と「ゑ」は、それぞれ別の音を表していました。また、「じ」と「ぢ」、「ず」と「づ」も、それぞれ別の音を表していました（「じ」と「ぢ」、「ず」と「づ」が同じ音になるのは江戸時代初期以降のことです）。

いくつかの語を一〇〇〇年頃以前の発音で表記すると、次のようになります。

(1) おきる（起） をがむ（拝） おきな（翁） をとこ（男） ゐる（居） いなり

（稲荷）　ゐなか（田舎）　えらぶ（選）　ほほゑむ　えだ（枝）　こゑ（声）　うじ（蛆）　うぢ（氏）　くず（葛）　くづ（屑）

このように、仮名四七字を一〇〇〇年頃以前の発音通りに表記する方法を**歴史的仮名遣い**といいます。

◆歴史的仮名遣いを提唱したのは江戸時代の国学者契沖（一六四〇―一七〇一）です。契沖は『和字正濫鈔』（一六九五年）を著して、主として上代文献に基づいて仮名遣いを定めようとしました。しかし、書き分けを仮名の範囲内にしたために、ア行の「え」とヤ行の「え」を区別しないなど、歴史的仮名遣いが表しているのは、結果的に、一〇世紀後半の音韻です。歴史的仮名遣いは江戸時代に契沖が提唱した表記法ですから、一一世紀以降に書かれた（または書写された）古典作品が、歴史的仮名遣いで表記されているわけではありません。今日の我々が古典文の表記を歴史的仮名遣いに改めて読んでいるのです。

「男」を「をとこ」と書くのは、当時の発音がそうだったからです。したがって、なぜ「を」と書くのか、と問うことには意味がありません。歴史的仮名遣いの表記法は、そのまま個別に記憶しなければなりません。

語中の「わいうえお」が、歴史的仮名遣いでは「はひふへほ」と書かれる場合があります。例えば、「かわ（川）」は歴史的仮名遣いで「かは」、「かお（顔）」は同じく「かほ」と書かれます。ほかに、

（2）いは（岩）　こひ（恋）　ぬふ（縫）　いへ（家）　こほり（氷）

など、多くの例があります。これらの語の第二音節は、当時ハ行音で発音されていたのですが、一〇〇〇年頃に、

（3）語頭以外のハ行音が、すべてワ行音に変わった。

という音変化がおきたために、それ以降の日本語では、語中の「はひふへほ」が「わゐうゑを」（のち、さらに変化して「わいうえお」）と発音されるようになったのです。この音変化を**ハ行転呼**といいます。「言はず」「思ひて」を、今日「イワズ」「オモイテ」と読むのはハ行転呼の結果です。語中のハ行音はすべてワ行音に変化したのですから、現代日本語で、単語の内部に「はひふへほ」が現れることは原則としてなく（大和ことばの一単語（単純語）内でのことです。「朝日」や「砂浜」は、「朝＋日」「砂＋浜」と分解できます）、その例外は、

（4）あひる　あふれる　あさはか　そこはか　はなはだ　はは

など、ごく少数しかありません。

◆古典文は、体系的な音変化は変化後の音で読みます。したがって古典文中の「言はず」はイワズと読みます。また、中世に、-a+u、-o+uが長音オーに、-e+uが長音ヨーに変化しました。これも体系的な変化なので、「さうし（草子）」はソーシ、「けふ（今日）」はキョーと読みます。「てふてふ（蝶々）」をチョーチョーと読むのはこのためです。「たまふ（給

ふ）」はタモー、「けはひ（気配）」はケワイと読みます。一方、個別的な音変化は原則としてもとの音形で読みます。「おびたたし（夥し）」、「そそく（注く）」、「たれ（誰）」などの傍線部は、平安時代清音だったので、そのまま清音で読みます。

1・4 文の基本構成

「美しい「花」がある、「花」の美しさといふ様なものはない」という小林秀雄のことばを借りれば（能の美についていったものです）、確かに、我々の目の前には、ただ美しく咲いている一輪の花があるだけです。それを言語は、モノを表すことば（「花」）と、それの動きや様子を表すことばの結合として表現します。

（1）a 花、咲きたり。
　　b 花、美し。

モノと、その動きや様子を表すことばが結合して、

（2）a Xガ ドウスル
　　b Xガ ドンナダ

という型の文が構成されたとき、「Xガ」を主語、「ドウスル」「ドンナダ」を述語といいます。

（3） 雀の子を犬君《いぬき》が逃がしつる。（源・若紫）

では、主語は「犬君が」、述語は「逃がしつる」です。

次例のように、主語は、主語であることが形態的に――つまり「が」などのことばによって――示されるとは限りません。

（4）講師、むまのはなむけしに出でませり。（土佐）

（5）鶴ぞ飛びかよふ。（土佐）

（6）濡れにし袖に時雨さへ降る（平中）

しかし、（4）～（6）の傍線部は主語です。それは、傍線部と波線部（述語）が（2a）の関係にあるからです。

（2）のXの位置にたつことができる語を**体言**といいます。例えば、「犬君」、「講師」、「鶴」、「時雨」は体言です。（3）の「雀」や「子」、（6）の「袖」も、Xの位置にたつことができるので、体言です。

単独で述語になることができる語を**用言**といいます。例えば、「逃がす」、「出でます」、「飛びかよふ」、「降る」は用言です。（3）の「逃がしつる」の「つる」、（4）の「り」は、単独で述語になれませんから、用言ではありません。

体言や用言は、他のことばによって、詳しい説明が加えられることがあります。例えば次の文、

（7）土佐といひける所に住みける女、この船にまじれりけり。（土佐）

の主語は、「土佐といひける所に住みける女」ですが、体言「女」がどういう「女」であるか、「土佐といひける所に住みける」という語句によって詳しく説明されています。このように、ある語に詳しい説明を加えることを**修飾する**といい、他の語を修飾することばを**修飾語**といいます。修飾語のうちで、体言を修飾するものを**連体修飾語**、用言を修飾するものを**連用修飾語**といいます。（7）の「土佐といひける所に住みける」は体言「女」を修飾する連体修飾語です。

次例の傍線部は連用修飾語です。

（8）いみじく泣き給ふ。（竹取）

（9）かぐや姫のたまふやうに違はず作り出でつ。（竹取）

次例の傍線部もまた連用修飾語です。

（10）雀の子を犬君が逃がしつる。（＝（3））

（11）海荒ければ、船出ださず。（土佐）

したがって、国語の文の基本構成は、

（12）主語と述語、およびそれに係る修飾語から構成される。

ということができます。

◆1　ただし、（10）（11）の傍線部を（8）（9）と同じ連用修飾語とする考えかた（橋本進吉 1929）には問題があります。（10）（11）の傍線部と（8）（9）の傍線部とでは、その機能が大きく異なっているからです。(8)の「いみじく」は、係り先である「泣く」という動作を詳しく説明していますが、(10)の「雀の子を」は、係り先である「逃がす」の動作を詳しく説明しているわけではありません。「逃がす」という動作が成立するためには、少なくとも逃がす主体と逃がされる客体が必要です。「雀の子を」はその客体を示しているのです(北原保雄 1973)。このように述語が成立するために必要な客体・共同者・道具・場所などを示すことばを**補語**といいます。主語ももちろん述語成立に不可欠の要素ですが、主語については、これを補語に含める考えかた(三上章 1953)と、主語の、他の補語に対する優位性・絶対性を考えて、これを補語に含めない考えかた(山田孝雄 1908)とがあります(本書では「補語」を後者の意味で用います)。また、(11)の傍線部は、下文の理由や条件を示したもので、これも連用修飾語から切りはなし、**接続語**と呼ぶ考えかた(佐伯梅友 1969)があります。

◆2　主語・述語・修飾語(および補語・接続語)は、右の例から明らかなように、ふつう、複数の語によって構成されます。これは「語」を分類した名称ではなく、文を構成する単位に与えた名称です。

1・5　品詞

述語として働く語(用言)は、文中での働きに応じて体系的に語形を変えます。これを活用といいます。例えば、次のようです。

（1）花咲く　花咲きて　花白し　花白くて　花清げなり　花清げにて

用言は、言い切りの形（そこで終止する形）によって、**動詞**、**形容詞**、**形容動詞**に分類されます。用言のうち、言い切りの形が、ウ段音で終わる語が動詞、「し」（または「じ」）で終わる語が形容詞、「なり」または「たり」で終わる語が形容動詞です。

一般に、動詞は事物の動作（ドウスル）を叙述するのを典型とし、形容詞・形容動詞は事物の性質（ドンナダ）を叙述するのを典型とします。しかし、この三者は、このような意義によって分類されるわけではありません。例えば、

（2）酒飲まぬ人をよく見ば猿にかも似る（万344）

のような「似る」は事物の性質（ドンナダ）を叙述していますが、動詞に分類されます。それは言い切りの形が「る」というウ段音で終わるからです。「て」に続く形をみても、「似る」は「似て」とイ段音から「て」に続きます。「て」に続くとき、形容詞は必ず「く」の形から、動詞は必ずイ段音かエ段音から続くので、つまり、このような活用の形式全体が、「似る」が動詞であることを示しています。用言の中で、「あり」「をり」「はべり」「いますがり」だけは、言い切りの形が「り」という、ウ段音ではない音で終わっていますが、この四語も動詞に含めます。それは、「て」に続く形が「り」というイ段音であるなど、活用の形式全体が、言い切りの形を除いて他の動詞と同様であり、また、

（3）　なやましきことのみありつつ（蜻蛉）

のように「つつ」に続けることができるなど、他の動詞と文法的性質を共有しているためです。「あり」と意義的に対になる「なし」には、「＊なかりつつ」という言いかたはなく、「なし」は活用形式からも文法的性質からも形容詞ということができます。

このように、語を形態や文法上の性質によって分類したものを**品詞**といいます。国語の品詞は、ふつう、次の一〇種に分類します。

（4）　名詞　動詞　形容詞　形容動詞　副詞　連体詞　接続詞　感動詞　助動詞　助詞

これによって、膨大な数の語が、たかだか一〇の集合体として扱われることになります。

名詞は、主語になることができる語、すなわち体言です。「山」や「雨」は名詞です。また「愛」や「甘さ」も名詞です。

◆「甘さ」のように、一般に、形容詞の語尾を「さ」の形にすると名詞形が得られます。それではなぜ「甘さ」を形容詞「甘し」の活用と考えないのでしょうか？　それは「甘さ」には述語性がないからです。「甘し」を活用させた、「水甘からず・水甘くて・水甘ければ」は述語としての資格がありますし、「甘き水」も「水甘し」の逆述語として述語性を保持しています。一方「甘さ」には述語性はなく、甘いという状態を概念として表したものなので、形容詞「甘し」の活用とは考えないのです。

「やがて」、「いささか」のように、活用がなく、単独で用言を修飾する語を**副詞**といいます。

（5）かかることは文にも見えず（徒然53）

のように、活用がなく、単独で体言を修飾する語を**連体詞**といいます。「かかる」は「かくあり」から生じた語です。「ある」「いはゆる」「きたる」など、連体詞は、すべて他の品詞から転じてできたものです。

（6）力を尽くしたること少なからず。しかるに禄いまだ賜はらず。（竹取）

のように、活用がなく、単独で前後の文や語句をつなぐ働きをする語を**接続詞**といいます。接続詞もまた、ほとんどが他の品詞から転じてできたものです。

（7）いざ、かい餅せん。（宇治1-12）

のように、自己の感動、相手への呼びかけや応答などを直接に表現した語を**感動詞**といいます。感動詞はひとまとまりの感情をそのまま表現したもので、その表現内容は〝文〟に相当します。構文論において、接続詞や感動詞が扱いにくいのは、これらが文の一部分を構成する要素ではないからです。接続詞・感動詞はいわば文の外側にある語です。

◆右例（7）では「いざ」という誘いかけの感動詞が、勧誘を表す文末形式「ん（む）」と調和（意義的に呼応）しています。また、感動詞「あな」は一般に「あな―形容詞語幹」の句型をとります。このような呼応関係を考えると、感動詞がまったく文の外側にあって独立しているとも言い切れない面もあります。接続詞もまた、副詞との境界が曖昧です。例えば、次例①の接続詞「かくて」を②のように動かすと、接続詞と副詞が連続していることが知られます。

①かくて、翁やうやう豊かになりゆく。（竹取）

②翁、かくてやうやう豊かになりゆく。

実際、「かくて」「かつ」「また」などは、接続詞としても副詞としても用いられます。このようなところから、接続詞・感動詞は、次に来る文の意義をあらかじめ示して誘導するものとして、副詞に含める考えかた（山田孝雄1908）も成立するわけです。

さて、以上にみた品詞を、活用の有無で分類すると次のようになります。

（8）　活用のあるもの：動詞・形容詞・形容動詞

活用のないもの：名詞・副詞・連体詞・接続詞・感動詞

「活用がない」とはどういうことでしょうか。用言（動詞・形容詞・形容動詞）は文中での働きに応じて語形を変えます。現代語でいえば、連用修飾なら「花が美しく咲く」、連体修飾なら「美しい花」、言い切りなら「花が美しい。」のようにです。したがって、「活用がない」とは、文中で複数の働きに応じない、ということと同値です。実際、副詞は連用修飾専用ですし、連体詞は連体修飾専用です。単一の働きをし、別の働きをもたないから、活用する必要がないのです。それでは、名詞はどうでしょうか。実は、名詞は文中でどんな働きも担い得ないのです。「花」というだけでは、主語なのか、連用修飾語（補語）な

のか、連体修飾語なのか、わかりません。「花」は「花」という概念を示すだけです。したがって、

（9）副詞・連体詞は文中で一つの働きしかできず、名詞は文中で働くことができない。

ということができます（これが副詞・連体詞・名詞に活用がないことの正体です）。そこで名詞は、文中で働くために、文中での働きを示す語を必要とします。

（10）花が　花を　花の

のようにです。この例では「花」が実質概念を示し、「が」「を」「の」がそれぞれ主語、連用修飾語（補語）、連体修飾語であることを示しています。この「が」「を」「の」のように、自身は実質概念をもたず、他の実質概念を表す語に付属して、専ら語と語の関係を示す語を**助詞**といいます。助詞は活用しません。

◆「花が」は、次の二つが結びついたものです。

①実質概念を表示し、文中での働きを示すことができない名詞「花」

②実質概念がなく、文中での働きを示すだけの助詞「が」

①と②の結合は自然です。「花＋が」は、この結合によってはじめて主語という、文の構成要素たりえています。これが「文節」といわれるものの正体です。副詞や用言は一語で実質概念と文中での働きの両方を示しますから、一語で一文節を構成できるわけです。このこと

を明確に述べたのは渡辺実（1971）です。

なお、

（11）［鸚鵡ハ］人の言ふらむことをまねぶらむよ。（枕38）

のような語も、語と語の関係を明示する他の助詞とは性格が大きく異なりますが、助詞に含めて扱います（実質概念がなく、他の実質概念（文）に付属し、活用がない、という共通点があるからです）。「よ」のような助詞を終助詞といいます。

（12）書きなられにけるかな。（源・藤裏葉）

のように、用言と終助詞との間に現れる一群の語があります。これを**助動詞**といいます。助動詞は述語（または文）に付属して叙述の仕方に一定の意味を添えるものです。助動詞は、用言に近い性格のものから、終助詞に近い性格のものまで連続的に存在しています。（12）のように助動詞は重ねて用いることができますが、その並べかたは一様で、別の並べかたをすることはできません。このとき、用言に近い性格のものは位置的にも用言に近いほうに、終助詞に近い性格のものは文末の方に現れます。助動詞は一般に活用しますが、終助詞に近い性格になるのにしたがって活用形式を喪失してゆき、「じ」のようにまったく語形変化をみせないものもあります。

（13）の「あはれ」は、（13a）では感動詞、（13b）では名詞として用いられています。

（13）a　あはれ、いと寒しや。（源・夕顔）

b　あはれをも見せ給はましかばと、うち思ひ出で給ふにも（源・須磨）

「みづから」は名詞・副詞として、「なんでふ」は連体詞・副詞・感動詞として、「おほかた」は名詞・形容動詞・副詞・接続詞として用いられます。このように一つの語がいくつかの品詞にまたがって用いられることもあります。

1・6　語の構造

「春めく」「今めく」「古めく」「ほのめく」などをみると、独立しては用いられない「〜のようになる」の意の「めく」という語構成要素が抽出されます。また、「子ども」「人ども」「船ども」の「ども」も複数を表しますが、単独で用いることはありません。このように、常に他の語のあとに付いて用いられる語構成要素を**接尾辞**といいます。また、「み几帳」「か黒き髪に」（万804）のように、常に他の語の前に付いて用いられる語構成要素を**接頭辞**といいます。接頭辞・接尾辞をあわせて**接辞**といいます。接辞は単語を構成する要素で、単語ではありません。「春めく」「人ども」「か黒し」は全体で一語の動詞、名詞、形容詞です。「御-祈り-ども」もこの全体が一語の名詞、「着まほし-がる」（源・紅葉賀）は傍線部が一語の助動詞ということになります。

接頭辞は付いた語の品詞を変えませんが、接尾辞には「-ども」のように付いた語の品詞を変えないものと、「-がる」（動詞化）、「-げなり」（形容動詞化）、「-さ」（名詞化）のように品詞を変えるものとがあります。

◆　やや珍しい接辞付加例をあげます。

①好いたる田舎人ども、〔玉鬘二〕心かけ、消息がるいと多かり。（源・玉鬘）

②さらに動きげもなければ（古本説話集65）

③女人珍しめつべからむ歌（うつほ・祭の使）

④さる歌のきたなげさよ（伊勢103）

①は「珍しがる」などの「がる」が名詞に付いたもので「手紙を交わしたがる」の意、②は「動く様子」の意、③は「いつくし→いつくしむ」と同様、形容詞に接尾辞「む」が付いたもので「珍しく思わせる」の意です。④は「-げ-さ」という接辞の重出例です。

単語に接辞が付いてできた語を**派生語**といい、「山里」のように二つ以上の単語でできた語を**複合語**といいます。「思ひ出づ」は複合動詞です（複合動詞については第2・10節で述べます）。これに対して、「山」のように一つの要素だけでできている語は**単純語**といいます。

現代語で、「乳母車」と「国立大学」はともに複合語ですが、両者は結合の度合いを異にすると考えられます。なぜなら、前者は「乳母車および手押し車」の意で「*[乳母および手押し]車」といえないのに対して、後者は「国立大学および私立大学」の意で「[国立および私立]大学」といえるからです（影山太郎1993）。古代語でも、例えば「物語り」と「物心細し」において、前者は「＊物‐夢‐語り」「＊物‐いにしへ‐語り」などといえないのに対して、後者には（1b）のような表現があり、後者は前者よりも結合度がゆるいと考えられます。

（1）a 秋の末つかた、いともの心細くて嘆き給ふ。（源・若紫）

b 御前にさぶらふ人々、ものいと心細くて（源・葵）

同様のことは「かたはらいたし」などにも観察されます。

（2）a 女君、いとかたはらいたく思して（源・浮舟）

b ［浮舟八］かたはらぞいたく思すらむ。（源・東屋）

◆「コロッケカレー／カレーコロッケ」「野球少年／少年野球」にみるように、日本語の複合語は後項が主要部になります。「はだか」（＜肌赤）、「かたやま」（山の片側の意）は前項が主要部とも解釈される珍しい構成です（折口信夫 1950 参照）。

「男性‐用」「名作‐展」に対して、「［教員志望の学生］用」「［世界の昆虫］展」のように、語の内部に句が包み込まれることがあります。この現象を**句の包摂**といい（影山太郎 1993）、この現象は古代語にもみられます（青木博史 2002）。

（3）世の中を背き顔ならむも憚るべきにあらねど（源・橋姫）

（4）内にも御覧ぜさせよ顔にてありければ（今昔24‐41）

（5）よろづのこと、昔には劣りざまに浅くなりゆく世の末なれど（源・梅枝）

（6）雨そそき（＝雨滴）も、なほ秋の時雨めきてうちそそけば（源・蓬生）

（7）御装束一領《ひとくだり》、御髪上《みぐし》げの調度めく物添へ給ふ。（源・桐壺）

◆句が名詞として用いられることがあります。

・我は思ひしもしるく、かくてもあれかしになりにたるなめり。（蜻蛉）

「ほのか」「ほのぼの」「ほのめく」「ほのぐらし」「あけぼの」の「ほの」のように、単独では使われないが、いくつかの語に共通する、語の中心的要素を**語根**といいます。「沈《しづ》む・垂《しづ》る・静か・雫《しづく》・賤《しづ》」からは語根 sidu が抽出されます。語根という見かたを導入すると、「深し〜更く」「高し〜岳」「甘し〜飴」などの関連が見えてきます。

第2章　動詞

2・1　動詞の活用

動詞「流る」に助動詞「ず」が下接するとき、「流れず」のような形に変化します。「流る」が「流れ」の形になるのは、どのようなときか調べてみると、例えば次のようです。

（1）　流れず　流れむ　流れけり　流れぬ

ところで（1）は、動詞「散る」では（2）のようになります。

（2）　散らず　散らむ　散りけり　散りぬ

（1）（2）にみるように、動詞に「ず」「む」「けり」「ぬ」が下接するとき、その動詞が常に同じ語形になるとは限りません。（2）では、「ず」「む」が下接するときと、「けり」「ぬ」が下接するときとで、異なる語形になります。しかし、任意の動詞において、「ず」が下接する形と、「む」が下接する形は、常に同一です。また、任意の動詞の、「けり」が下接する形と、「ぬ」が下接する形は、常に同一です。このことから次のようにいうことができます。

（3）「ず」と「む」が下接する動詞の形は常に同一であり、「けり」と「ぬ」が下接する動詞の形は常に同一であるが、前者の形と後者の形とは同一であるとは限らない。

そこで「ず」「む」が下接する場合、「けり」「ぬ」が下接する場合のように、常に同一の語形をとる下接語ごとに、動詞の形を整理すると、次のようになります。

（4）

①言い切りの形	散る	流る	落つ	見る	死ぬ	あり
②-ず・-む	散ら	流れ	落ち	見	死な	あら
③-けり・-ぬ・-つ	散り	流れ	落ち	見	死に	あり
④-べし・-らむ	散る	流る	落つ	見る	死ぬ	ある
⑤-体言	散る	流るる	落つる	見る	死ぬる	ある
⑥-ど	散れ	流るれ	落つれ	見れ	死ぬれ	あれ
⑦命令の形	散れ	流れよ	落ちよ	見よ	死ね	あれ

「流る」「落つ」「見る」は②＝③ですが、「散る」「死ぬ」「あり」では②≠③です。「散る」「見る」「あり」は④＝⑤ですが、「流る」「落つ」「死ぬ」では④≠⑤です。①と④はほとんどの動詞が同じ形をとりますが、「あり」は違う語形です。こうして七種類の活用形が抽出されました。

学校文法では、①の言い切りの形と、④の「べし」「らむ」が下接する形を一つのものと扱い、用言の活用形を六種類に設定しています。①と④とで語形を異にする動詞は、たかだか「あり・をり・はべり・いますがり」の四語にすぎず、またこの四語は言い切りの形もイ段音と特殊であるために、この四語の活用形式を例外とするのです（ただし形容詞なども①と④とで異形です）。私もこれにしたがって、①と④とを一つのものと扱い、①を④の位置に移動しましょう。基本の形（言い切りの形）を最初に出さない活用表はかなり奇異ですが、①を④の位置に移動することによって、動詞の過半をしめる「散る」型の語の活用語尾が、五十音図の段の順（アイウエオの順）に現れることになります。活用を発見整理した江戸時代の学者は、この活用語尾と五十音図の段との相関に、限りない神秘と美を見出したことでしょう。私もこれに従おうと思います。

①〜⑦の形には名称が付けられています。今日的な意味で活用形にはじめて名称を付けたのは義門（一七八六—一八四三）で、その著『和語説略図』（一八三三年）では、②に将然言、③に連用言、①④に截断言《せつだん》、⑤に連体言、⑥に已然言、⑦に希求言《けく》という名称が用いられました。その後さまざまな名称をへて、今日では、順に未然形・連用形・終止形・連体形・已然形・命令形の名称が用いられています。いま、①と④とを一つのものと扱って、①を④の位置に移動し、それぞれの形にこの名称を与えて、さきの表を組み直してみましょう。これが今日ふつうに用いられている活用表です。

（5）

語幹	ち	なが	お	（み）	し	あ
②未然形	ら	れ	ち	み	な	ら
③連用形	り	れ	ち	み	に	り
①④終止形	る	る	つ	みる	ぬ	り
⑤連体形	る	るる	つる	みる	ぬる	る
⑥已然形	れ	るれ	つれ	みれ	ぬれ	れ
⑦命令形	れ	れよ	ちよ	みよ	ね	れ

なお、活用形の名称は、各活用形の中で特徴的と思われる用法を代表させて名付けたもので、終止形だからといって必ず文の終止に用いられるとは限りませんし（右にみたような次第で、終止形は「べし」「らむ」などに続く形でもあります）、また文の終止は必ず終止形であるとも限りません。

活用において、音の変わる部分を**活用語尾**、その上部にあって形を変えず、各活用形に共通する部分を**語幹**といいます。

2・2　動詞の活用の種類

前節の活用表（5）から、古代語の動詞の活用には、三つのタイプがあることが知られます。第一は、「散る」「あり」のタイプで、**母音の交替によるもの**です。

（1）

	語幹	未然形	連用形	終止形	連体形	已然形	命令形
散る	ち	ら	り	る	る	れ	れ
咲く	さ	か	き	く	く	け	け

右にみるように、語尾がア段音・イ段音・ウ段音・エ段音の四段に活用するので、これを**四段活用**といいます。「ら・り・る・れ」のようにラ行の四段に活用する語をラ行四段活用、「か・き・く・け」のようにカ行の四段に活用する語をカ行四段活用といいます。「立つ」はタ行四段活用です。「あり」も、

（2）

	語幹	未然形	連用形	終止形	連体形	已然形	命令形
あり	あ	ら	り	り	る	れ	れ

のように四段に活用しますが、終止形が「ある」ではなく「あり」というイ段音なので、変則的な活用とみて、これを**ラ行変格活用**（略して「ラ変」）といいます。動詞のなかで終止形がイ段音なのは、ラ変の語だけです。ラ変の動詞は、「あり」「をり」「侍り」「いますがり」の四語だけです。

◆ほかに、「しかり（＜しか＋あり）」のように「あり」が複合した語は当然ラ変です。「あり」以外の三語は、「居《ゐ》＋あり＞をり」「這ひ＋あり＞はべり」のように、いずれも「あり」が複合したもので、本質的にラ変の語は「あり」一語といえます。終止形接続の助動詞は、ラ変には「―る」の形（連体形の形）に付きます。

四段活用の動詞は、動詞の中で最も数が多く、動詞の過半をしめます。なお、ア・ザ・ダ・ナ・ヤ・ワ行の四段活用の語はありません（パ行の動詞は日本語に一つもありません。動詞の行というとき、パ行はいつでも除外して考えます）。

活用の第二のタイプは、**接辞付加によるもの**です。学校などで広く行われている活用表は、語尾ゼロを認めないという大原則があるために、「見る」「蹴る」を、語幹と語尾の区別がない、として、

（3）a

	語幹	未然形	連用形	終止形	連体形	已然形	命令形
見る	（み）	み	み	みる	みる	みれ	みよ
蹴る	（け）	け	け	ける	ける	けれ	けよ

のように書きますが、これは、

（3）b

	語幹	未然形	連用形	終止形	連体形	已然形	命令形
見る	み	-φ	-φ	-る	-る	-れ	-よ
蹴る	け	-φ	-φ	-る	-る	-れ	-よ

のように、「み」「け」という不変の語幹に、「φ（ゼロ）」「る」「れ」「よ」という接辞が付加されたもの、と考えることができます（この「る」を「靡《なびき》」、「れ」を「靡伏《なびきふし》」ということがあります）。この活用形式をもつ語の語幹は、常にイ段音かエ段音で終わります。語幹がイ段音で終わる語を**上一段活用**、語幹がエ段音で終わる語を**下一段活用**といいます。

「見る」はマ行上一段活用、「蹴る」はカ行下一段活用です。一段活用の動詞は少なく、主な上一段活用の動詞は、

（4） 着る（カ行） 似る・煮る（ナ行） 干《ひ》る・嚔《ひ》る（ハ行） 見る（マ行） 射る・鋳《い》る（ヤ行） 居《ゐ》る・率《ゐ》る（ワ行）

くらいです（「試みる（＜心＋見る）」「用ゐる（＜持ち＋率る）」などの複合語も当然上一段活用です）。下一段活用の語は「蹴る」一語だけです。

◆1 上一段動詞は、古く、終止形接続の助動詞・助詞「べし」「らし」「らむ」「とも」に対して、「我に似べきは」（土佐）、「煮らしも」（万1879）、「花とや見らむ」（古今6）、「見とも飽かむ君かも」（万4503）のように語幹から接続した例がみえます。これは、一段動詞の語幹が古くは接辞「-る」なしで独立して用いられた痕跡と思われます。

◆2 単純語としての一段動詞は、語幹が一音節であることに注意すべきでしょう（この例外の語に「いさちる」「荒びる」がありますが、これは「いさつ」「荒ぶ」という上二段形も存します）。このような語が、四段や二段に活用すると、語の同定に困難が生じます。実際、「干る」「嚔る」「居る」は古く上二段活用でしたが（橋本進吉 1931a）、上一段活用に変化したのは、そのような困難を回避するためと考えられます。下一段活用の「蹴る」も、「蹴散此云倶穢簸邏邏箇須《クヱハララカス》」（紀）の「くゑ」（連用形）にみるように、古くは下二段活用「くう」ではなかったかといわれます。

◆3　下一段活用は「蹴る」一語なのに、変格活用としないのは、活用形式が上一段活用と並行的で、不規則活用とはいえないからです。

◆4　「射る・鋳る」は「い・いる・いれ・いよ」と活用するので、ほんとうはア行かヤ行か決定できません。ア行動詞がたいへん珍しいことと（「得《う》」一語だけです）、（「見る」が「目」と関連するように）「射る」は「矢」と関連するのではないかと考えて、仮にヤ行としているのです。

◆5　「用ゐる」はワ行上一段ですが、後世、ハ行上二段「もちふ」、ヤ行上二段「もちゆ」に誤用されることもありました。

活用の第三のタイプは、**母音交替と接辞付加を混合したもの**です。

（5）

	語幹	未然形	連用形	終止形	連体形	已然形	命令形
来	○	こ	き	く	くる	くれ	こ
為	○	せ	し	す	する	すれ	せよ
死ぬ	し	な	に	ぬ	ぬる	ぬれ	ね

（5）にみるように、母音交替し、さらに連体形と已然形は、終止形の形に対して靡の接辞（-る、-れ）が付加されています。いずれも所属語彙が少ないので、不規則活用と考えて、それぞれ**カ行変格活用**（略して「カ変」）、**サ行変格活用**（サ変）、**ナ行変格活用**（ナ変）といいます。カ変は「来《く》」一語、サ変は「す」「おはす」の二語、ナ変は「死ぬ」「往《い》ぬ」

の二語だけです。ただし「す」は、「愛す」「対面す」のように数多くのサ変複合動詞をつくります（「感ず」「念ず」のように「す」が濁音化することがありますが、これも「サ変」といいます）。

◆1　サ変は連用形部分を除けば、サ行下二段活用に似ています。ナ変は、四段に活用した上に、連体形・已然形で靡の接辞（-る、-れ）が付加されていて、母音交替形式と接辞付加形式の純粋な混合になっていますが、なぜこの二語だけにこのようなことが起こっているのかは不明です。

◆2　サ変の命令形は「せよ」ですが、「よくせ我が背子逢へる時だに」（万2949）のように、古くは「せ」だったようです。後には、カ変の命令形にも「装束してこよ」（蜻蛉）のように「よ」を伴う例が現れます。

◆3　「おはす」は、「さる人のおはし、おはせず」（源・蜻蛉）にみるようにサ変です（宮地幸一1962参照）。古典文中にごく稀にみえる、四段活用の形「おはさ（未然形）・おはす（連体形）」、下二段活用の形「おはせ（連用形）」は誤写または誤用と認められます。「います」はもと四段活用ですが、中古以後「おはす」に引かれてサ変に転じました。

母音交替と接辞付加の混合方式には、もう一つ、次のようなタイプがあります。

（6）a	語幹	未然形	連用形	終止形	連体形	已然形	命令形
流る	なが	れ	れ	る	るる	るれ	れよ

落つ	お	ち	ち	つ	つる	つれ	ちよ

このタイプの活用は、二つの母音交替（右例では「れ〜る」、「ち〜つ」）と、そのそれぞれに対する靡の接辞付加によって行われます。この種の活用は、ふつう、（6ａ）のように把握されていますが、このような把握では、両者の活用形式の平行性、二つの母音交替形に対して接辞が付加されていることが明示されません。（6ａ）で、「ながれ」「おち」を第一語幹、「ながる」「おつ」を第二語幹（交替形）と考え、

（6）ｂ

	語幹Ⅰ	語幹Ⅱ	未然形	連用形	終止形	連体形	已然形	命令形
流る	ながれ	ながる	Ⅰ-φ	Ⅰ-φ	Ⅱ-φ	Ⅱ-る	Ⅱ-れ	Ⅰ-よ
落つ	おち	おつ	Ⅰ-φ	Ⅰ-φ	Ⅱ-φ	Ⅱ-る	Ⅱ-れ	Ⅰ-よ

とすると、両者の活用を同一のものとして捉えることができます。このとき、第一語幹がエ段音で終わる語を**下二段活用**、第一語幹がイ段音で終わる語を**上二段活用**といいます。二段活用の名称は、第一語幹末尾と第二語幹末尾が、それぞれエ段とウ段、イ段とウ段の二段にまたがるところからの名称です。

下二段活用の動詞は四段活用の動詞についで数が多く、ア行からワ行の全行に存在します（ア行に活用する語は、動詞全体の中で、下二段活用の「得《う》」一語だけです）。上二段活用の動詞には、ア・サ・ナ・ワ行の語がありません。

◆1　ザ行上二段活用の語は「掘《こ》ず」一語で、これは「こじて」という連用形の例しかない

ため、四段か上一段か上二段か決定できません。仮に上二段かと考えられています。

◆2　下二段活用には一音節の動詞として「得《う》」、「消《く》」（平安時代には「消ゆ」が一般的になります）、「寝《ぬ》」、「経《ふ》」があります。

◆3　中古においては、サ変・二段・一段の命令形で、義務的に「よ」を伴いますが（したがって、これらにあっては「-よ」までが命令形語尾ですが）、この「よ」はもとは終助詞だったものと思われます。古く、次のような命令形もみられます。

・努《つと》め諸々《もろもろ》　進め諸々（仏足石歌）

・富士の嶺のならぬ思ひに燃えば燃え（＝燃エ上ガレ）（古今1028）

古代語の動詞の活用形式は、以上の九種です。ここに、もう一度まとめて、あげておきましょう。

①母音交替によるもの：四段活用、ラ変

②接辞付加によるもの：上一段活用、下一段活用

③両者の混合によるもの：上二段活用、下二段活用、カ変、サ変、ナ変

古代語の動詞は、その約六割が四段活用、約三割が下二段活用で、この二つで全体の約九割をしめます（築島裕 1969）。

◆1　同一の動詞が時代により異なる活用形式をとることがあります。例えば、「隠る」は古く四段で、のちに下二段に転じました。このように四段から下二段に転じた語には「忘

る」「触《ふ》る」「恐る」「放《さ》く」「隔つ」などがあります。ほかに「生く」「帯ぶ」は四段から上二段に、「貴ぶ」「恨む」は上二段から四段に転じました（「止《とど》む」は上二段から下二段に転じたと考えられますが、特異な変化といえます）。また、「学ぶ」は和文体では四段、漢文訓読体では「仏道に入りて法を学びよ」（今昔2-25）のように上二段が用いられました。

◆2 「忍ぶ」（＝耐エル、隠ス）は上二段、「偲ぶ（上代は「偲ふ」）」（＝思イ慕ウ）は四段ですが、「人知れず思い慕う」意が両方にまたがるため、中古以降混同されるようになりました。

◆3 「装束《しやうぞ》く」は名詞「装束」をそのまま動詞化したものです。同様の語に「謀りこつ」「独りごつ」「政《まつり》ごつ」「聖《ひじ》る」などがあります（いずれも四段です）。「騒動《さうど》く」「散楽《さるが》ふ」「かいまむ」は名詞「騒動」「猿楽」「垣間見」を四段に活用させた語です。

2・3 音便

活用語の連用形と連体形の語尾が、「い」「う」「ん」「つ」に臨時的に変わることがあります。これを**音便**といい、その変わった形を音便形といいます。（1a）では、「時雨めきて」の「き」が「い」に変じています。これを**イ音便**といいます。注意したいのは、（1b）のように、古代語の音便形は、音便を起こさない形と並存しているということです。

（1）a 時雨めいてうちそそく。（源・若紫）

b　時雨めきてうちそそけば（源・蓬生）

現代語の場合、例えば「書く」に「て」が付く場合「書いて」のように音便形が義務的に現れますが、古代語の場合、その現れかたが臨時的なのです。そこで、古代語の活用表には音便形を書き入れません。

音便は発音の便宜のためと説かれることが多いのですが、文法的な現象でもあって、動詞の音便形は、四段・ナ変・ラ変の語にしか現れません。

動詞のイ音便はカ行四段、ガ行四段、サ行四段の連用形語尾「き」「ぎ」「し」に現れます。

（2）紛らはし、さればみて書いたるさま、品《しな》なし。（源・夕顔）

（3）なつかしくやはらいだる形《かた》などを静かに描《か》きまぜて（源・帚木）

（4）［近江君ヲ］さるをこの者にしないてむ（源・常夏）

なお、（3）のようにガ・バ・マ行の音便形の下では、「て」「たり」は「で」「だり」と濁音になります。

（5）命長さの、いとつらう思う給へ知らるるに（源・桐壺）

（5）では、「思ひ」の「ひ」が「う」に変じています。これを**ウ音便**といいます。動詞のウ音便は、ハ行四段の連用形語尾「ひ」に現れます。

◆中古和文では動詞のウ音便形は活発ではなく、『源氏物語』でウ音便形をもつ動詞は、

「思ふ」「給ふ」「のたまふ」「候ふ」の四語にすぎません（江口正弘 1975）。鎌倉時代ごろからは、「子息の小二郎を呼うで」（平家9）、「読うでは泣き、泣いては読む。」（平家3）のように、バ行四段・マ行四段の連用形語尾「び」「み」がウ音便化した例がみえるようになりますが、中古和文では、バ行四段・マ行四段の連用形語尾には、撥音便が現れます。

（6）では、「摘みたる」の「み」が「ん」に変じています。これを**撥音便**といいます。動詞の撥音便は、バ行四段・マ行四段・ラ行四段・ナ変の連用形語尾「び」「み」「り」「に」、およびラ変の連体形語尾「る」に現れます。

（6）手切る切る摘んだる菜を（土佐）

撥音便は「ん」が表記されないことが多いので注意が必要です。

（7）摂州一谷にして既に誅せられをはぬ。（平家10）

（8）死し子、顔よかりき。（土佐）

（9）中将の声づくるにぞあなる。（源・野分）

（7）は「終りぬ」の「り」、（8）は「死にし子」の「に」、（9）は「ある」の「る」が撥音便になったもので、その撥音便「ん」が表記されていません。それぞれ「オワンヌ」「シンジコ」「アンナル」と読みます。

◆「置い給へめるものを」（落窪）は助動詞「り」（ラ変型活用です）の連体形の撥音便が表記されていません。「給ヘンめる」と読みますが、この場合「り」という語全体が表記上消えてしまいます。

（10）では、「放ちて」の「ち」が「つ」に変じています。これを**促音便**といいます。動詞の促音便はタ行四段・ハ行四段・ラ行四段・ラ変の連用形語尾「ち」「ひ」「り」に現れます。

（10）おのおの弓を引きて、箭《や》を放つて（今昔25-3）

促音便の「つ」もまた多く表記されません。

（11）忽ちに五徳の甲《よろひ》を造くて（＜造りて）使に与へて（今昔1-23）

（12）なんぢが宣旨に従《したが》て（＜従ひて）参りたるこそ神妙なれ。（平家5）

和歌では、ふつう、音便形は用いられません。

2・4　動詞の自他

（1a）（1b）では、「臥す」が同じ助動詞「たり」に上接していますが、両者の語形は違っています。

（1）a ［猫ガ］はしに出でて臥したるに（枕6）

b ［大君ノ様子ハ］中に身もなき雛を臥せたらむ心地して（源・総角）

これは、両者の活用形式が違うためです。助動詞「たり」の上には連用形がきますので、（1a）の「臥す」は四段活用、（1b）の「臥す」は下二段活用ということができます。

この活用形式の差が意義の差を生んでいて、(1a)は「(猫が)縁先に出て横になっている」の意、(1b)は「中身のない人形を横にしたような感じがして」の意になります。

(2)a　夜になして京には入らむと思へば(土佐)

b　蛍をとりて女の車に入れたりけるを(伊勢39)

の「入る」も同様で、(2a)の「入る」は四段活用で「(我々が京に)入る」の意、(2b)の「入る」は下二段活用で「(蛍を車に)入れる」の意です。

(1a)(2a)のように、動作・作用を主体自身の働きとして表現する動詞を**自動詞**、(1b)(2b)のように、主体から他に及ぶ働きとして表現する動詞を**他動詞**といいます。

(3)a　九月三日門出して、いまたちといふ所にうつる。(更級)

b　仏もみなかの寺にうつしてければ(源・宿木)

では、(3a)の「うつる」が「自ら移動する」意の自動詞、(3b)の「うつす」が「人が仏を移動する」意の他動詞です。

(1)～(3)にみるように、国語の自動詞と他動詞は、形態的に顕著な対応関係をみせます。自動詞・他動詞の対応関係は、次の三種に整理されます(釘貫亨 1996 など参照)。

①活用の種類の違いによる自他対応

A　自動詞(四段)‐他動詞(下二段):臥す・入る・付く・向く・添ふ

B　自動詞（下二段）－他動詞（四段）：切る・解く・焼く
C　自動詞（上二段）－他動詞（下二段）：伸ぶ

②語尾の違いによる自他対応
A　自動詞ル語尾－他動詞ス語尾：移る〜移す・寄る〜寄す・隠る〜隠す
B　自動詞がル語尾のもの：誤る〜誤つ
C　他動詞がス語尾のもの：越ゆ〜越す

③語尾付加による自他派生
A　ス語尾付加による他動詞派生：出づ〜出だす・明く〜明かす
B　ル語尾付加による自動詞派生：別く〜別かる・替ふ〜替はる

他動詞自体に二種の対立のあるものがあります。

（4）a　この宮を預かりて（源・若菜上）
　　b　むすめをばさるべき人に預けて（源・夕顔）

「預かる」（四段）、「預く」（下二段）はともに「を」格をとる他動詞ですが、（4）のように、同語根で活用を異にしています。違いは「預かる」より「預く」の方が「〜に」句が一つ増えている点にあります。いま、「預かる」を他動詞①、「預く」を他動詞②とすれば、その構文は（5）のように示されます（この他動詞②は「複他動詞」または「二重他動詞」と呼ばれることがあります）。

（5）N1ガ　　　　　　自動詞　（一項支配）
N1ガ　N2ヲ　　　他動詞①（二項支配）
N1ガ　N2ヲ　N3ニ　他動詞②（三項支配）

「見る（上一段）‐見す（四段）」、「頼む（四段）‐頼む（下二段）」の対立も同様です。動詞がとる項の数は、（5）のように個々の動詞ごとに決まっています。（6a）の「頼む」は四段活用で二項支配の他動詞①、（6b）の「頼む」は下二段活用で三項支配の他動詞②です。

（6）a　後の矢を頼みて（徒然92）
b　この世のみならぬ契りなどまで頼め給ふに（源・夕顔）

（6a）は「人ガ　後の矢ヲ　頼みにして」の意、（6b）は「光源氏ガ　夕顔ニ　自分ヲ　頼みにさせる」の意になります。「矧《は》ぐ（四段）‐矧ぐ（下二段）」では、前者は他動詞①で「矢を作る」の意、後者は他動詞②で「矢を弓につがえる」の意です。

形態的な自他の対応をもたない自動詞を**無対自動詞**、自他の対応をもたない他動詞を**無対他動詞**といいます。例えば「行く」「あり」などは無対自動詞、「書く」「蹴る」などは無対他動詞です。日本語では、形態的な自他の対応をみせない動詞について、自他を分類する明確な指標はありません。ふつう、「〜を」句をとるものを他動詞、とらないものを自動詞としますが、これによって自他の区別をするのは、困難な場合があります。まず、

「〜を」をとれば他動詞であるとすると、

（7） 巳の時ばかり、家を出づ。（蜻蛉）

の「出づ」も他動詞ということになりますが、それでは「出づ（自）－出だす（他）」の形態的対応に矛盾します。（7）の「出づ」を自動詞とするために、起点や移動の場所（「空を歩む心地して」源・御法）を示す「〜を」をとるものは自動詞とする、とすると、

（8） a 奈良坂を越ゆる時に（今昔19-36）

b 関守にあやしめられて、やうやうとして関を越す。（奥の細道）

の「越ゆ」「越す」の両方が自動詞ということになってしまいます。これもまた「越ゆ（自）－越す（他）」の形態的対応に矛盾します。また、次のような例もあります。

（9） 道《だう》をなり（＝仏道ヲ成就シ）、また三悪道を離れむこと疑ふべからず。（今昔4-19）

（10） 多くの年を積もれり。この故に鬢髪《びんはつ》長きなり。（今昔4-29）

（11） この川の鱗《うろくづ》をすなどり、身命を助かる者あり。（曽我物語）

（9）〜（11）の動詞は、「なる－なす」「積もる－積む」「助かる－助く」の対応から自動詞形と判断されますが、「〜を」をとっています。このように、「〜を」をとるか否かという統語上のふるまいが、自他の形態上の対応と必ずしも相関するわけではないのです。

しかし、多くの場合、「〜を」をとるか否かという統語上のふるまいと、自他の形態上

の対応が一致していることもまた事実なので、ふつう、「〜を」をとるか否かという統語上の基準に意味的基準を加味して、自他の区別を行います。

◆1 直接受身文を作るか否かで自動詞・他動詞を区別しようという考えかたもありますが(三上章 1953)、その場合は、「太郎が次郎にからむ〜次郎が太郎にからまれる」のように「〜に」をとる動詞の一部も他動詞ということになってしまいます。

◆2 「笑ふ・増す」(四段)、「閉づ」(上二段)、「控ふ」(下二段)などは、同形・同活用型で自動詞と他動詞とに用いられます。

日本語の動詞に自他の区別は無用だとの意見もありますが、

(12) a あさましう、美しげさ添ひ給へり。(源・桐壺)

b 限りあることに事を添へさせ給ふ。(源・桐壺)

(12a)の「そふ」は自動詞なので「驚くほど愛らしい感じが加わりなさった」の意、(12b)の「そふ」は他動詞なので「限度のある元服の儀式に、それ以上のことを(帝は)加えなさる」の意、というように、解釈上、自他の区別は重要です。

◆1 次例の傍線部は自動詞ですが、現代語なら他動詞で表現されるところです。

・裳の裾濡れて鮎か釣るらむ(万861)

・稲葉そよぎて秋風の吹く(古今172)

◆2 次例は動詞の自他の点から、よく問題にされる例です。

・由良の門を渡る舟人梶を絶え行方も知らぬ恋の道かな（百46）
・女郎花多かる野辺に宿りせばあやなくあだの名をや立ちなむ（古今229）
・荒海や佐渡に横たふ天の川（奥の細道）

2・5 動詞の格支配

前節で、動詞には、一項支配の自動詞と、二項支配、三項支配の他動詞があることをみました。動詞には、もうひとつ「〜ガ〜ニ」の二項をとる動詞があります。「に」格をとる動詞は二項支配ですが、「を」格をとるわけではないので、自動詞です。動詞がとる句型をもう一度まとめておきましょう。

（1）〜ガ　自動詞①（一項支配）
〜ガ　〜ニ　自動詞②（二項支配）
〜ガ　〜ヲ　他動詞①（二項支配）
〜ガ　〜ヲ　〜ニ　他動詞②（三項支配）

動詞がどの句型をとるかは、個々の動詞ごとに決まっています。これを**動詞の格支配**といいます。（2）は一項支配の自動詞、（3）は二項支配の自動詞、（4）は二項支配の他動詞です。

（2）風吹きぬべし（土佐）　雨降りぬ（土佐）

（3）女にあふ（竹取）人にまじる（源・少女）
（4）花を折りて（源・帚木）月を見る（源・帚木）
◆1「歌を歌う」「踊りを踊る」のように、本来自動詞であるものが、その動詞と語源的・意味的に重複する目的語をとることがあります。このような目的語を同族目的語といいます。
②は「うちとけて眠《い》も寝ず」と同意です（第7・1・4節参照）。
①家思ふと眠《い》を寝ず居《を》れば（万4400）
②うちとけたる眠も寝ず（徒然9）
③つらく悲しければ、人知れず音《ね》をのみ泣き給ふ。（源・蓬生）
次例の「香を」も同族目的語と考えられます（小柳智一1999a）。
④花の色は雪にまじりて見えずとも香をだに匂へ人の知るべく（古今335）
◆2 ①のような「同族ニ格」、②のような「同族主格」の例もあります。
①干死《ひじ》にに死なむ（＝餓死スルダロウ）（古本説話集58）
②煙けむらば（＝煙ガ煙ルナラ）（和泉式部集）
一つの述語に対して、同じ格が複数たつことがあります。
（5）賀茂川のほとりに、六条わたりに、家をいとおもしろく造りて（伊勢81）
（6）自《みづか》らの髪を切りて、この木の上に、穴の中に置きてき。（今昔7-26）
（7）淡路の国の南面《みなみおもて》に、田野の浦といふ所に、塩焼く海人《あま》の住む所に至り着きぬ。

（今昔12-14）

（8）またの年の正月《むつき》に、梅の花ざかりに、去年《こぞ》を恋ひて行きて（伊勢4）

（9）先《さい》つころ、京より、大輔がもとより申したりしは（源・宿木）

現代語には、一つの述語に二つ以上の「〜を」句をかけてはならないという強い制約がありますが（これを二重「を」制約といいます）、古代語では、この制約がありません［補注3］。

（10）この鏡を、こなたにうつれる影を見よ。（更級）

（11）大きさ柚のごとくして色は赤きを、三丸を遣る。（今昔1-15）

（12）緑の袈裟を新しく清げなるを着給へり。（今昔6-13）

（13）手を以て頭《かしら》を疵《きず》を撫でて（今昔6-13）

（14）国司を、館を追ひ去りけり。（今昔25-1）

（15）速やかに将門を召し問はるべき由を、宣旨を下されぬ。（今昔25-1）

同じ動詞が「に」格をとったり「を」格をとったりすることがあります。

（16）a　もとなや（＝ヤタラニ）妹《いも》に［妹尓］恋ひ渡りなむ（万2974）
　　b　よそのみに見つつや君を［君乎］恋ひ渡りなむ（万2983）

（17）a　［明石姫君ハ］風に怖ぢさせ給ひて（源・野分）
　　b　院をいみじく怖ぢ聞こえ給へる［女三宮ノ］御心に（源・若菜下）

（18）a　いにしへの例になずらへて（源・少女）

b　式部の省の試みの題をなずらへて、御題賜ふ。（源・少女）

（19）a　座より立ちて仙人に別れ給ふ。（今昔1-5）

b　国を捨て父を別れて（今昔1-5）

この場合、例えば（19）では、「に-別る」は、状況に従って人と分かれる意（したがって死別の場合はすべて「に-別る」です）、「を-別る」は、主体から積極的に別れて行く意、という意義の差があるといわれています（中西宇一1996）。また、（20）では、自然現象の場合には「に-覆ふ」、意志をもって行われた動作の場合には「を-覆ふ」となっています（工藤力男1978）。

（20）a　紫雲立ちてその家に覆へり。（今昔11-11）

b　貝をおおふ人（＝貝覆イノ遊ビヲスル人）の（徒然171）

（21）も意義によって格支配を異にしていて、（21a）の「に-語らふ」は「話を交し合う」の意、（21b）の「と-語らふ」は「親しく交際する」の意、（21c）の「を-語らふ」は「説得して味方に引き入れる」の意です（工藤力男1978）。

（21）a　忠こそ、山伏に語らひ給ふ。（うつほ・忠こそ）

b　女房と語らひ（大鏡）

c　小君を語らひ給へど（源・夕顔）

いずれも「を」句の方が**他動性**（transitivity）が強くなるということができます。

◆1　現代語では「彼〔に／を〕頼る」、「痛み〔に／を〕耐える」などがあります。
◆2　古代語には、現代語と格支配の異なる動詞があります。少し例をあげます。
・大坂に遇ふや少女を〔袁登売袁〕道問へば（記歌謡77）
・鹿島の神を〔可美乎〕祈りつつ（万4370）
・あの〔月ノ〕国の人をえ戦はぬなり。（竹取）
・御あたりをもさらに馴れ給はず（源・蓬生）
・我、大王の勅を背きて（今昔3－25）
・にはかに頭を痛むこと堪へがたし（今昔7－43）
・馬を乗ること久しくして（今昔7－31）
・この大臣、医道に極めたるによりて（今昔4－32）

2・6　ヴォイス

述語に接辞を付加することによって、主語と補語とが規則的に交替する文法形式を**ヴォイス**（voice）といいます。「次郎が太郎に呼ばれる（⇕太郎が次郎を呼ぶ）」のような受動態、「三郎が太郎に次郎を呼ばせる（⇕太郎が次郎を呼ぶ）」のような使役態がヴォイスの代表的なものですが、ほかに「故郷が偲ばれる（⇕故郷を偲ぶ）」のような自発態、「英語が話せる（⇕英語を話す）」のような可能態もヴォイスです。「太郎が次郎に本を売る⇕次郎が太郎から本を買う」は、接辞付加による主語と補語との交替ではないので、ヴォイスではありません。同様に、「象は犬より大きい⇕犬は象より小さい」もまたヴォイスではありません（形容詞・形容動詞にはヴォイスはありません）。

2・6・1 受動態

古代語の受動態は、動詞に助動詞「る／らる」を付けて表します。「る／らる」は、付く動詞の活用形式によって選択されます。四段・ナ変・ラ変の動詞（未然形がア段音の動詞）には未然形に「る」が、それ以外の動詞（未然形がア段音以外の動詞）には未然形に「らる」が付きます。「る／らる」は下二段活用です。

（1）我、閻羅王《えんらわう》の使に捕はれて（今昔11-2）

（2）聖人、蛇に食はれなむとすることを知りて（今昔14-17）

（3）思ふ人の、人にほめらるるは、いみじううれしき。（枕129）

（1）〜（3）は、それぞれ「閻羅王の使ガ 我ヲ 捕ふ」「蛇ガ 聖人ヲ 食ふ」「人ガ 思ふ人ヲ 褒む」に対応する受身文です。このように主語と直接目的語とが交替する関係にある受身文を**直接受身文**といいます。また、（1）〜（3）の「閻羅王の使」「蛇」「人」は、もとの能動文の主語なので、これを「受身文の旧主語」といい、「我」「聖人」「思ふ人」を「受身文の新主語」といいます。受身文の旧主語はふつう「に」で表されますが、漢文訓読体では「の為に」、鎌倉時代以降は「より」も用いられます。

（4）白竜の子、赤竜の子の為に殺されぬ。（今昔10-3）

（5）舟どもを、秩父が方よりみなわられて（＝コワサレテ）（平家4）

◆1 次例の「に」句は結果を表す補語で、旧主語ではありません。

・松も千年を待たで薪に砕かれ（徒然30）

◆2 次例は直接受身文ですが、動作主が明確ではなく、対応する能動文を考えるのは困難です。

・今日は物忌みとて、閉ぢこめられてあればなむ、口惜しう。（和泉日記・寛元本）

国語の受身文には、（1）～（5）のような直接受身文のほかに、主語と直接目的語とが交替しない受身文があります。これには二つのタイプがあります。一つは、（6）～（10）のような**自動詞の受身文**です。

（6）霞にたちこめられて（蜻蛉）

（7）今は野山し近ければ春は霞にたなびかれ（古今1003）

（8）男、来たりけるに、雨に降りこめられてゐたるに（古本説話集48）

（9）何ゆゑかかる大雨に降られて（うたたね）

（10）狐、人のやうについ居て、さし覗きたるを、「あれ狐よ」ととよまれて（＝騒ガレテ）、惑ひ逃げにけり。（徒然230）

現代語の「雨に降られて困った（⇔雨が降る）」などと同様の言い方で、「霞ガ　たちこむ」「霞ガ　たなびく」といった完結した内容に対して、第三者を新主語にたて、第三者がその事態に影響を受けて困るという意を表します。このタイプの受身文は一般に迷惑の意を表します。

◆現代語の自動詞の受身文は一般に迷惑の意を表しますが、古代語では次のような例に注意されます。

・沫雪に降らえて咲ける梅の花君がり遣らばよそへてむかも（万1641）

主語と直接目的語とが交替しない受身文のもう一つのタイプは、他動詞の受身文ですが、直接目的語が「〜を」句のまま置かれる、というものです。

(11)［源氏ガ朧月夜ニ］扇を取られて（源・花宴）

(12) 国王に必ず頸《くび》を召されなむ。（今昔11-15）

(11) は「朧月夜ガ　源氏の扇ヲ　取る」という能動文に対して、直接目的語「扇を」を存置したまま受身文が作られています（直接受身文なら「扇ガ　朧月夜ニ　取らる」になります）。現代語の「泥棒が太郎の財布を盗む⇔太郎が財布を盗まれる」と同様の表現で、新主語は、能動文の直接目的語の持ち主という関係になっています（これを**持ち主の受身文**といいます）。類例をあげます。

(13) かすかなる脚弱き車など輪を押しひしがれ（源・行幸）

（14）海賊にあひて財《たから》を奪はるるは常のことなり。（今昔19-30）
（15）鹿の、背を射られて（今昔23-23）
（16）平貞盛は、前に、父国香を将門に討たれにければ（今昔25-1）
（17）舎人が、寝たる足を狐に食はる。（徒然218）

（6）～（17）のような受身文を**間接受身文**といいます。間接受身文は、完結した内容に対して第三者を新主語にたてるので、項の数が一つ増えることになります。

中古和文には、（18）のような形の受身文はありません（現代語でも（18ａ）のようには言えず、（18ｂ）のように旧主語表示を「聖徳太子によって」とする必要があります）。

（18）ａ　＊法隆寺は聖徳太子に建てられた。
　　　ｂ　法隆寺は聖徳太子によって建てられた。

このことから、従来、中古和文では、非情物（無生物）を新主語とした受身文は極めて少ない、と説かれてきました。しかし、それはあたらないようです。中古和文中に、非情物を新主語にした受身文は、ある程度の量みられます。

◆『枕草子』では全受身文中の二六パーセント（原田信一 1974）、『讃岐典侍日記』では三六パーセント、『大鏡』では二五パーセントが非情物を主語にした受身文です（三浦法子 1973）。

（18ａ）が存在しないのは、非情物が主語になる受身文がなかったためではなく、非情物主語の受身文で、有情の旧主語を表示するという構文がなかったため、つまり（19ａ）（19ｃ）に対して、（19ｂ）の句型が存在しなかったためと考えられます（金水敏 1991）。

（19）ａ　非情物ガ　（有情物ニ）非表示　～サレル
　　ｂ×非情物ガ　有情物ニ　表示　～サレル
　　ｃ　非情物ガ　非情物ニ　表示　～サレル

（19ａ）の句型、

（20）人の家居のなごりなくうち棄てられて（源・匂兵部卿）
（21）衣の裾、裳などは、御簾の外にみな押し出だされたれば（枕100）
（22）ことに建てられたる御堂の、西の対の南にあたりて（源・賢木）

（19ｃ）の句型、

（23）大きなる木の、風に吹き倒されて（枕120）
（24）蓬の、車に押しひしがれたりけるが（枕206）
（25）露は月の光に照らされてきらめきわたり（古本説話集1）

は、ふつうに存在します。

◆動作主（旧主語）の表示されない（19ａ）の句型では、動作性が希薄になり、動詞は一般に状態化辞（「たり」「り」）を伴います（小杉商一 1979）。

（18ｂ）のような、現代語の旧主語表示「によって」は、それまで欠如していた（19ｂ）

の句型に対する新しい旧主語表示方法だったのです（金水敏 1991）。

なお、（19b）の句型は、漢文訓読体ではみることができます（（27）では旧主語が「の為に」で表示されています）。

（26）腹帯・手綱・鞦等皆鼠に飡《は》み切られて、全き物一つ無し。（今昔5-17）

（27）財物、盗賊の為に奪はれぬ。（今昔2-12）

一四世紀前半に成立した『神皇正統記』には、現代語と同じ、旧主語を「によって」で表示する非情物主語の受身文がみられます（高見亮子 1996）。

（28）此の寺は即ち此の宗によりて建立せられけるにや（神皇正統記）

◆受身の意志形の例をあげます。

・使はれむとて、つきて来る童あり。（土佐）

「[光源氏ハ藤壺ニ] 志を見え奉る。」（源・桐壺）のような意図的な受身は、使役（見せる）と同意になります。「生ける時（＝生キテイル時ニ）うれしと思ほえよ」（落窪）はその命令形で、「中納言から思われよ＝中納言に思わせよ」の意です。

2・6・2 可能態・自発態

可能態・自発態も動詞に助動詞「る／らる」を付けて表します。

（1）涙のこぼるるに、目も見えず、ものも言はれず。（伊勢62）

（2）男はた寝られざりければ、外《と》のかたを見出だして臥せるに（伊勢69）

（3）秋来ぬと目にはさやかに見えねども風の音にぞおどろかれぬる（古今169）

（4）住みなれしふるさと、限りなく思ひ出でらる。（更級）

（1）（2）は可能の例、（3）（4）は自発の例です。**自発**とは、動作や作用が自然に実現する意を表すもので、現代語でも「故郷が偲ばれる」などと使います。現代語訳するときは「自然に〜られる」「〜ないではいられない」などとします。

平安時代の可能の「る／らる」は（1）（2）のように、すべて打消しをともなってしか用いられません。したがって、例えば、

（5）おもしろき夕暮に、海見やらるる廊に出で給ひて（源・須磨）

は可能ではなく自発と考えるべきです。平安時代の「る／らる」が不可能しか表さないのは、不可能が自発と表裏の関係にあるからです。「できない」とは、自発を打消した姿です。（6）〜（8）のような例にあっては、自発と可能の境界は曖昧です［補注4］。

（6）「昔を今にと思ひ給ふるもかひなく、［シカシ］取り返されむもののやうに（＝昔ヲ今ニ取返セソウニモ存ジマシテ）」と、馴れ馴れしげに（源・賢木）

（7）この［琵琶ノ］手どもを、［夢カラ］覚めて、さらにとどこほらず弾かる（＝自然ニスラスラ弾ケル）。（夜の寝覚）

（8）たまたまこの道（＝紀伝道）にまかり入りにければ、かうだにわきまへ知られ

侍る。（枕5）

◆中世になると、打消しを伴わない可能の例が現れます。

・［大豆ニ］暖かなる時、酢をかけつれば、…、にがみて（＝皺ガ寄ッテ）よく挟まるるなり。然らざれば、すべりて挟まれぬなり。（宇治4-17）

・家の作りやうは、夏をむねとすべし。冬はいかなる所にも住まる。（徒然55）

平安時代、「できる」の意を表すには、

（9）まことに［和琴ヲ］弾き得ることは、かたきにやあらむ。（源・常夏）

（10）もし見給へ得ること（＝何カ見ツケ出サセテイタダケルコト）もや侍ると（源・夕顔）

のような「動詞＋得」という形式もありましたが、アスペクト形式（第4章参照）を用いて、可能の意を表すこともあったようです。次例の傍線部は、可能の意を添えて現代語訳されます。

（11）白雲の絶えずたなびく峯にだに住めば住みぬる世にこそありけれ（古今945）

（12）［アイ見ズ］ありぬやと（＝イラレルダロウカト）心みがてら逢ひ見ねばたはぶれにくきまでぞ恋しき（古今1025）

（13）かばかりになりては、飛び降るるとも降りなむ。（徒然109）

（14）今いく日《か》ありて若菜摘みてむ（古今19）

（15）汝、和歌は読みてむや。（今昔24‐55）

◆「読める」というのは可能を表す言いかたですが、これには、二種類の意味があります。一つは、読む能力があるという意、もう一つは、明るいなどの理由で読める状況にあるという意です。前者を能力可能、後者を状況可能といいます。現代共通語では両者を同じ形式で表現しますが、日本の多くの方言では両者を言い分けています（例えば共通語の「読める」は、青森で「ヨメル（能力可能）／ヨムニイー（状況可能）」、福岡で「ヨミキル（能力可能）／ヨマルル（状況可能）」のようです）。古代語での詳細は今のところ不明です。

（16）の「え」は、（9）（10）のような動詞「得」の連用形が副詞化したものです。

（16）川瀬を渡るさ小舟のえ行きて泊てむ［得行而将泊］川津し思ほゆ（万2091）

副詞「え」は、平安時代、下に打消し（の意をもつ語）を伴って「できない」の意を表す形式として多用されます。

（17）子は京に宮仕へしければ、［母ノ所へ］まうづとしけれど、しばしばえまうでず。（伊勢84）

（18）しりに立ちて追ひ行けど、え追ひつかで、（伊勢24）

（19）え開けて入れ奉るまじ。（今昔24‐18）

（20）［ヒドイ歌ナノデ、歌ヲココニ］書けりとも、え読み据ゑがたかるべし。（土佐）

「え〜ず」の間には修飾語を伴うことがあります（村山昌俊 1981）。

(21) え型のやうにも［言葉ヲ］続け給はねば（源・末摘花）

(22) ［玉鬘ガ］まめだちてさぶらひ給へば、［帝ハ］え思すさまなる乱れごともうち出でさせ給はで（源・真木柱）

次例では、「え」に呼応する打消しの語が略されています。

(23) 「今宵はえなむ［参ラヌ］」などしぶらせ給ふに（枕100）

(24) は無意志動詞の不可能態、(25) は形容詞の不可能態です（このような表現は現代語にはありません）。

(24) この歌は、ところ（＝実景）を見るに、えまさらず（＝勝ルコトガデキナイ）。（土佐）

(25) ［劣リ腹ノ子ハ］人も思ひおとし、親の御もてなしも［本妻腹ノ子ト］え等しからぬものなり。（源・薄雲）

潜在的可能（動作の成立可能な状態にあること）は「べし」で表されます（第5・2・1節参照）。

(26) この川ゆ（＝通ッテ）船は行くべくありといへど（万1307）

(27) 水底の玉さへさやに見つべくも照る月夜かも（万1082）

◆1 ①では「え〜ず」と可能を表す「る」が重複しています。②の「え〜ず」は、「できない」の意ではなく、「まったく〜ない」の意です。

①大臣はあきれて、え物も言はれず。（落窪）

②をぢなきこととする舟人にもあるかな。え知らでかく言ふ。（竹取）

◆2　不可能性を表す表現には、ほかに、「～やらず」、「～あへず」、「～かぬ」、「～かてず」、「～わぶ」、「～わづらふ」、「～かたし」、「～にくし」などがあります。

◆3　上代には、受身・可能・自発を表す助動詞に「ゆ／らゆ」がありました。

・か行けば人に厭はえかく行けば人に憎まえ（万804）〈受身〉

・堀江越え遠き里まで送り来《け》る君が心は忘らゆましじ（万4482）〈可能〉

・ぬばたまの夜はすがらに音《ね》のみし泣かゆ（万3732）〈自発〉

中古になると上代の「ゆ」は「る」にとってかわられ、「ゆ」は「聞こゆ」「おぼゆ」「あらゆる」「いはゆる」などにあとを残すだけになりました。「らゆ」は中古の「らる」に相当すると思われますが、「寝らえず」という可能の用例しかみられません。「射ゆ獣《しし》を」（紀歌謡117）では、終止形のままで連体修飾に用いられています（「射らゆ」でない点も問題ですが、「見る→見ゆ」でも同じく上一段に「ゆ」が付いています）。

◆4　次例は、自発（「おぼゆ」「見ゆ」）の受身形かと思われます。

・［ドウシテ私ハ葵上ニ］つらしとおぼえられ奉りけむ（源・葵）

・うたて、心無しと見えられたるやうにこそ。（落窪）

◆5　次例は動詞「あり」の自発形です。

・ひとり走り出で（＝出奔）など、はたえせぬままに、さてあらるるが、かへすがへす心憂くて（建礼門院右京大夫集）

2・6・3　使役態

古代語の使役態は、動詞に助動詞「す／さす」または「しむ」を付けて表します。「す／さす」は、付く動詞の活用形式によって選択されます。四段・ナ変・ラ変の動詞（未然形がア段音の動詞）には未然形に「す」が、それ以外の動詞（未然形がア段音以外の動詞）には未然形に「さす」が付きます。「しむ」はすべての動詞の未然形に付きます。「しむ」は上代に使役の助動詞として用いられたもので、中古和文ではほとんど用いられません。しかし「しむ」は漢文訓読の世界に残り、中世の和漢混淆文で再び用いられるようになりました。「す／さす」および「しむ」は下二段活用です。

（1）［紫上ハ］人々に物語など読ませて、聞き給ふ。（源・若菜下）

（2）阿闍世王、提婆達多の語らひ（＝教唆）によりて、大象に酒を呑ましめて（今昔1-10）

（3）父を本国に返らしめて（今昔9-9）

使役は、

（2）b　大象ガ酒ヲ呑む　→　阿闍世王ガ［大象ガ酒ヲ呑む］しむ

のような二重の構造になった文で、元の文（「大象ガ酒ヲ呑む」）に対して項が一つ増えます。

◆現代語で「急いで書かせる」は「［急いで書く］させる」のか「急いで［書く］させる」のか曖昧です。古代語の「夜も寝《い》も寝《ね》ず縫はす」（落窪）は前者、「［験者ヲ］からうじて待ちつけて、よろこびながら加持せさせるに」（枕25）は後者の構造です。

（2）では「阿闍世王」が使役者、「大象」が被使役者です。（1）（2）のように他動詞の使役文では被使役者は「に」で、（3）のように自動詞の使役文では被使役者は「を」で表示されます（小田勝2006）。

（4）では使役者がもう一人追加されています。

（4）［仏ガ］阿難を以て［難陀ヲ］出家せしめ給ひつ。（今昔1-18）

使役は、ふつう、意志的に第三者に動作をさせる意を表しますが、無意志的な使役の用法もあります。一つは、非情物を使役者にたて、**誘因を表す**もの、

（5）若菜ぞ［七草ノ日ノ］今日をば知らせたる。（土佐）

（6）嘆けとて月やは物を思はするかこち顔なるわが涙かな（百86）

もう一つは、「するにまかせておく」といった**放任を表す**ものです。

（7）あやしのふしどへも帰らず、浪に足うち洗はせて（平家3）

（8）かの花は失せにけるは。いかでかうは盗ませしぞ。いとわろかりける女房たち

かな。（枕259）

（7）（8）は現代語の「野菜を腐らせる」などにも通じる表現です。この延長上に、軍記物で用いられる次のような使役表現があります。

（9）私の党の殿ばらの不覚でこそ、河原兄弟をば討たせたれ。（平家9）

（10）景経、内甲《うちかぶと》を射させてひるむところに（平家11）

これは、現代語の「息子を死なせた」にも通じる表現で、処置しなかった、または、処置できなかったという放任的状態を、自分の責任として表現したものです。（9）が「河原兄弟をば討たれたれ」という受身文と結果的に同意になるのは、現代語の「息子を死なせた」が「息子に死なれた」と結果的に同意になるのと同じです。

使役の否定形は、「被使役者がその動作をしないようにさせる」の意を表します。

（11）恨めしく君はもあるかやどの梅の散り過ぐるまで見しめずありける（万4496）

（12）今宵、かかることと声高にものも言はせず。（土佐）

（13）は動詞「あり」の使役態、（14）は形容詞の使役態です（このような表現は現代語にはありません）。

（13）［明石入道ハ女房ヲ都カラ］迎へ取りて［明石君ノ許ニ］あらすれど（源・澪標）

（14）諸の障難を無からしめけり。（今昔6-27）

◆1　現代語の「させられる」（使役＋受身）という言いかた（使役受身文といいます）は、

古典文中には存在しません。

◆2　①「驚かす」「悩ます」「散らす」、②「着す」「見す」などは、動詞に使役の助動詞「す」が付いたものではありません。①は四段活用ですし（使役の助動詞は下二段活用です）、②は下二段活用ですが「着る」「見る」は上一段活用の動詞ですから、使役の助動詞が付くときは「さす」が用いられて「着さす」「見さす」となるはずです。したがって①②は一語の動詞ということになります。

◆3　次例はもったいぶった表現として「しむ」が用いられたもので、使役ではありません。

・何ごとをかは女人の嫌はしむべきにあらしめずや（＝「女人ガ私ヲ」嫌ふべきにあらずや）。（うつほ・祭の使）〈大宰帥滋野真菅ノ詞〉

2・7　補助動詞

（1a）の「賜ふ」は「お与えになる、くださる」の意の動詞ですが、（1b）ではそれが単に敬意を添えるだけのものとして用いられています。

（1）a　使に禄賜へりけり。（伊勢98）

b　かぐや姫、いといたく泣き給ふ。（竹取）

（2a）の「あり」は「存在する」の意の動詞ですが、（2b）では肯定判断の意を添えるだけのものとして用いられています。

（2）a　むかし、男ありけり。（伊勢2）
　　b　時は五月になむありける。（伊勢43）

（1b）（2b）のように、動詞のうち、本来の実質的意味を失って、述語の下に付いてもっぱら付属的に用いられるようになったものを**補助動詞**といいます（これに対して通常の動詞は、独立動詞と呼ばれます。補助動詞は動詞の用法の名称で、品詞の名称ではありません）。補助動詞は助動詞と同様の機能を有しますが、独立動詞としての用法も持つ点で、助動詞と区別されます。

◆「照りや給はぬ［照哉多麻波奴］」（万892）のような助詞の介入例からも、助動詞とは異なるものといえます。

補助動詞には次のようなものがあります（橋本進吉1935、中村幸弘1995）。

①動詞について敬譲の意を表すもの（用例（1b））
②断定の助動詞の下につく「あり」（用例（2b））
③形容詞・形容動詞・「べし」・「ず」の下に付く「あり」
④助詞を介して動詞の下につく「す」
⑤「て」「つつ」を介して動詞の下につく「あり」
⑥「て」を介して動詞の下につく「みる」など

なお、上記の「あり」には「侍り」「候ふ」「おはす」などの敬語形を含みます。③〜⑥の例をあげます。

③ つれもなくあるらむ人を片思ひに我は思へば苦しくもあるか（万717）

④ 起きもせず寝もせで夜を明かしては（古今616）

⑤ かくさし籠めてありとも、かの国の人来ば、みな開きなむとす。（竹取）

⑥ 女もしてみむとてするなり。（土佐）

⑥の用法が一般化するのは時代が下がってからで、例えば

（3）〔落窪君ハ邸ニ〕うちはめておきたるぞよき。（落窪）

などは、後世の「〜ておく」ではなく、独立動詞とみるべきでしょう（中村幸弘1995）。なお、②③で、「あり」の否定は「あらず」ですが、（5）のように「なし」も用いられ、後世この「なし」が一般化します。

（4）おのが身は、この国の人にもあらず。（竹取）

（5）〔オ前ハ〕ここに使はるる人にもなきに（竹取）

（5）のような「なし」を**補助形容詞**といい、補助動詞とあわせて**補助用言**といいます。

2・8　代動詞・空所化

（1）の「ものす」は「食べる」の意、（2）の「ものす」は「参籠する」の意です。

（1）走り井にて、破子《わりご》などものすとて（蜻蛉）

（2）例ものする山寺へ登る。（蜻蛉）

このように「ものす」は様々な動詞の朧化表現として用いられます。このような動詞を代動詞と呼ぶことがあります。「ものす」は特に『蜻蛉日記』に、多彩な動詞の代用として多用されています（『蜻蛉日記』に「ものす」が二二八回も使われている一方で、『枕草子』には「ものす」が四回しか使われていません。このようなところからも、『蜻蛉日記』が朧化的表現を好み、『枕草子』が直接的表現を好むといった、表現態度の差が浮かび上がってきます）。

（3）立ちながらなどものして、「いかにぞ」などもある。

（4）八月つごもりに、とかうものしつ。

（5）門強うなどものしたりければ

（3）～（5）は『蜻蛉日記』からの例ですが、（3）は「見舞う」の意、（4）は「出産する」の意、（5）は「閉める」の意です。

（6）では複合動詞の後項が「ものす」になっています（文脈からは「思ほし嘆く」のような意が想定されます）。

（6）［源氏ハ］「我もいと心地悩ましく、いかなるべきにかとなむおぼゆる」とのたまふ。［惟光ハ］「何か、さらに思ほしものせさせ給ふ。…」など申す。（源・夕顔）

「す」もまた様々な動詞の代用をします。

（7）漆を塗り、蒔絵して壁し給ひて（竹取）

（8）時雨いたくしてのどやかなる日（源・総角）

（7）の「し」は「造る」の意、（8）の「し」は「降る」の意です。「す」は他動詞だけでなく、（8）のように自動詞の代用もします。

（9）たたむ月（＝翌月）に死ぬべしといふさとしもしたれば（蜻蛉）

（10）吉野なる夏実の川の川淀に鴨そ鳴くなる山陰にして（万375）

（9）の「し」は「あり」の代用で「お告げもあったので」の意、（10）は「にあって」の意です。「す」は元来、無概念の語で、動作・状態一般を広く表します（「す」によって数多くのサ変複合動詞が作られるのもこのためです）。一方、

（11）世にいささかも人の心をまげたることはあらじと思ふを（源・桐壺）

（12）さりともかかる［幼キ］御ほどをいかがはあらむ。（源・若紫）

（11）は「せじ」、（12）は「いかがはせむ」と同意です。

等位接続句中の同一の動詞は、省略することができます。これを**空所化**（gapping）といいます。日本語では前方の動詞が空所化されます。

（13）絵は巨《こ》勢相覧《せのあふみ》φ（＝書キ）、手は紀貫之書けり。（源・絵合）

（14）女はらから二人ありけり。一人はいやしき男の貧しきφ、一人はあてなる男もたりけり。（伊勢41）

◆下例のφには「あつかはせ」が想定されます。

・これ（＝コノ子）をまづ人にもφ、我もあつかふほどに、人に抱かすれば泣き、我抱けば泣きやみ給ふを（成尋阿闍梨母集）

反復を避けるための省略は後方に起きます。

・夜もすがら、雨やまず。けさもφ（＝雨やまず）。（土佐）

・男はこの女をこそ得めと思ふ、女はこの男をφ（＝こそ得め）と思ひつつ（伊勢23）

2・9 ダイクシス動詞

動詞の中には、

（1）いまそちらへ{行きます／*来ます}。

（2）a 私が太郎に本を{やった／*くれた}。

　　b 太郎が私に本を{*やった／くれた}。

のように、視点からの方向性によって使用制限をもつ動詞があります。このような動詞を**ダイクシス動詞**（deictic verb）といいます。現代語の移動動詞や授受動詞はダイクシス動詞で、「行く」「やる」は視点から遠ざかることを表す遠心性動詞（centrifugal verb）、「来る」「くれる」は視点に近づくことを表す求心性動詞（centripetal verb）です。

古代語の**授受動詞**は、「取らす」「やる」が、

（3）唐《もろこし》にをる王けい（＝人名）に金《こがね》をとらす。（竹取）

（4）梅の花君がり（＝アナタノ許へ）やらばよそへてむかも（＝人ガ噂スルダロウカ）（万1641）

のように、遠心性の制約をもつほかは、「くる」「おくる」「得さす」「おこす」は視点の制約をもちません。

（5）a 逢坂を今朝越え来れば山人の我にくれたる山杖ぞこれ（神楽歌）

b この長櫃の物は、［私ガ］みな人、童までにくれたれば、飽き満ちて、船子どもは腹鼓を打ちて（土佐）

（6）a 梅の花折りて［我ガ］おくらむ愛《は》しき児《こ》もがも（万4134）

b 我妹子《わぎもこ》が下にも着よと［我ニ］おくりたる衣の紐を我解かめやも（万3585）

（7）a 人にさとは知らせで［夕顔ノ娘ヲ］我に得させよ。（源・夕顔）

b ［私ハ隣人ニ］たよりごとに物も絶えず得させたり。（土佐）

「やる」「おこす」は通常、（8）のように、「やる」が遠心性、「おこす」が求心性として用いられますが、（9）のような「おこす」の例もあります。

（8）月日経ておこせたる文に、「……」といへりければ、［男ハ歌ヲ］よみてやる。（伊勢46）

（9）［かぐや姫ノ許ニ］文を書きてやれど、［かぐや姫ハ］返事せず。わび歌など書き

ておこすれども、かひなしと思へど（竹取）

移動動詞　「行く」「来」は、

（10）都辺《みやこへ》に行かむ船もが（万3640）

（11）人々、絶えず訪《とぶら》ひに来《く》。（土佐）

のように、現代語と同様、「行く」が遠心性、「来」が求心性ですが、古代語では、到着点を視点として「私がそちらに来る」という表現もありました。

（12）からうじて大和人（＝大和ノ男）、「来《こ》む」（＝ソチラニ行コウ）と言へり。（伊勢23）

（13）名にし負はば逢坂山のさねかづら人に知られで［アナタノ許ニ］くるよしもがな（百25）

移動動詞は、敬語形になると視点の制約から解放されます（近藤泰弘1986a）。（14）の「おはす」は遠心的移動「行く」の尊敬語、（15）の「おはす」は求心的移動「来」の尊敬語です。

（14）おはする所は六条京極わたりにて、内裏《うち》よりなれば、すこしほど遠き心地するに（源・若紫）

（15）門を叩きて、「くらもちの皇子おはしたり」と告ぐ。（竹取）

2・10 複合動詞

「切り倒す」「落ち着く」のように、二つの動詞が連続したものを**複合動詞**といいます(広義では「旅立つ」「軽んず」「あやしがる」の類も複合動詞ということがあります)。寺村秀夫(1969)によれば、複合動詞は、次のⅠ〜Ⅳのように分類されます(ただし「見落とす」のように、後項が前項を打ち消すタイプの複合動詞はこの分類に収まらないので(山王丸有紀1996)、これを仮に「Ⅴ打消型」として追加します)。

Ⅰ 並立型 木を切り倒す (○木を切る ／○木を倒す)
Ⅱ 補助型 薬を飲み込む (○薬を飲む ／×薬を込む)
Ⅲ 修飾型 酒を取り扱う (×酒を取る ／○酒を扱う)
Ⅳ 融合型 彼は落ち着く (×彼は落ちる／×彼は着く)
Ⅴ 打消型 字を見落とす (字を［見る＋否定］)

『源氏物語』から例を拾うと、次のようです。

Ⅰ 並立型 追ひ払ふ、尋ね聞く、吹き寄る
Ⅱ 補助型 言ひなす、老いまさる、思ひやる
Ⅲ 修飾型 うちふす、とりつく、ひきとむ
Ⅴ 打消型 言ひ消つ、書きそこなふ、聞き漏らす

Ⅳの「落ち着く」のような、融合型の複合動詞の確実な例は『源氏物語』にはみえないよ

うです。古代語の複合動詞は、並立型の場合、

（1）a　人ごとに折りかざし（＝折ッテ髪ニ挿シ）つつ遊べども（万828）

b　［コノ枝ヲ］かざし折りけむ（万1118）

（2）a　法文を読み習ひ給へば（源・橋姫）

b　わざと閉ぢこもりて［法文ヲ］習ひ読み（源・橋姫）

（3）a　なほ人のあがめかしづき給へらむに助けられてこそ。（源・夕霧）

b　この宮を父帝のかしづきあがめ奉り給ひし御心おきてなど（源・若菜上）

のように語順に任意性があり、また（4）～（6）のように間に助詞を介在させることもできました（沖森卓也1990）。

（4）梅の花折りてかざせる諸人《もろひと》は今日の間は楽しくあるべし（万832）

（5）なほすこし出でて見だに送り給へかし。（源・須磨）

（6）二条院の君（＝紫上）は、そのままに起きも上がり給はず（源・須磨）

このようなところから、一般に、古代語の複合動詞は、真に複合していないといわれます。（7）に三つの、（8）に四つの動詞の連続の例をあげます。

（7）ありがたきまで遊びののしり明かし給ふ。（源・澪標）

（8）見れば、臥しまろび泣き嘆きたる影うつれり。（更級）

◆1　ただし、中古では、「立ち出づ」が「外に出る」意、「出で立つ」が「旅立つ、宮仕え

に出る」意に、「行き過ぐ」が「通り過ぎる」意、「過ぎ行く」が「（時が）過ぎて行く」意に偏るなど、結合の固定化が一部進行しているともいわれます（関一雄1977）。

◆2　複合動詞の間には、助詞のほか敬語の補助動詞も介在します。下例はその両方の介在した例です。

・かたがた思ひ給へ、なむ、わづらふ。（源・竹河）

◆3　「雪はところどころ消え残りたる」（源・若菜上）は特殊な動詞連続で、「消えナイデ、残る」の意です。

第3章　述語の構造

3・1　助動詞の分類

用言に付属して、用言の叙述のしかたに一定の意味を加えたり、体言に付いて、これに叙述の働きを添えたりする語を**助動詞**といいます。

助動詞は、文法的性質から、次のように分類されます。

A　動詞だけにつき、付いた動詞の格支配を変えるもの
B　用言の叙述のしかたに一定の意味を加えるもの
C　体言等に付くもの

Aは受身・使役の助動詞（「る・らる・す・さす・しむ」）です。Bの助動詞の場合、例えば、

（1）a　[神田に本を買いに行っ]た
　　b　[雨が降る]だろう

のように、叙述内容を変更せず、（1a）では叙述内容全体が過去のこととして、（1b）では叙述内容全体が断言できないこととして述べられています。それに対して、受身・使

役の助動詞は、（1）のように把握することはできません。すなわち、「太郎が次郎に呼ばれる」は、「太郎が次郎に呼ぶ」という叙述内容に「れる」が付いているわけではありません（「太郎が次郎に呼ぶ」という言いかたもありません）。

（2）＊太郎が次郎に呼ばれる

したがって、「呼ぶ」と「呼ばれる」は、異なる格支配をもつ、異なる動詞と考えられます。Aの助動詞には、他の助動詞にはない次のような特徴があります。

① 付いた動詞の格支配を変更する（したがって別の動詞を作る）。
② 補助動詞に先行する（「人にも知られ給へり。」源・匂兵部卿）。
③ 複合語の前項になる（「責められわびて」大和156、「詠ませはてて」伊勢81、「この御《み》社《やしろ》の獅子の立てられやう」徒然236）。

こうした点から、Aの助動詞を、接尾辞とする説があります（時枝誠記1950）。

Cの助動詞は指定辞の「なり」です。Bの助動詞が、まとめあげられた叙述に対して一定の意味を添えるものであるのに対し、Cの助動詞は、体言に叙述の働きを添える機能をもちます。

◆「ごとし」は助動詞とされますが、上代・中古では直接名詞を受けることがなく、「昨日のごとし」（土佐）のように助詞を受けたり、「花のごと笑みて立てれば」（万1738）のように語幹が単独で用いられたりするところから、形式形容詞とみる（山田孝雄1908）べきでしょう（第6・1・2節参照）。平安末期以降、「往生要集ごときの抄物」（方丈記）のような例が現れます。

助動詞は、次のように、種々の観点から分類されます（北原保雄 1981）。

①　意味による分類
②　活用のしかたによる分類
③　接続のしかたによる分類
④　活用形の完備・不完備による分類
⑤　相互承接順序による分類
⑥　表現性による分類
⑦　接続句の制約による分類

①は、助動詞を受身や推量といった意味で大別するものです。実際、「受身の助動詞」「推量の助動詞」などと呼ぶ習慣があり、実用的には便利ですが、この分類には、意味の設定にゆれが生じたり（例えば「推量」と一括するのか、「推量」のほかに「推定」という分類をたてるのかなど）、複数の意味をもつ語が重複して分類されたりといった短所があります。

②は、「下二段型活用の助動詞」「四段型活用の助動詞」のように、活用形式によって助動詞を分類するものです。これは、客観的かつ重複のない助動詞分類ができますが、意味上の連関をもつ（と考えられる）、例えば「つ」（下二段型）と「ぬ」（ナ変型）とが分散し

てしまうなどの短所があります。

③は、「未然形接続の助動詞」「連用形接続の助動詞」のように、接続のしかたによって助動詞を分類しようとするものです。これも客観的かつ重複のない分類ができます。この分類は、古文解釈上実用的であるとともに、時に関する助動詞が連用形接続、推量に関する助動詞が多く終止形接続であるなど、助動詞の意味ともある程度相関しています。

④は、「る・らる」のように「六活用形のすべてをもつもの」、「き」のように「連用形・命令形を欠くもの」、「む」のように「終止形・連体形・已然形の三形しか用いられないもの」のように、使われる活用形の数の多寡によって助動詞を分類するものです。一見奇異な分類ですが、これは⑤の分類と相関をみせます。

⑤は、助動詞の配列順序から助動詞を分類するものです。助動詞は、

（2）　愚かならず思ひ　たりし を（源・夢浮橋）

のように重ねて用いることができますが、その配列順序は一様で、

（2）b　*思ひ　き　めり　たる　を

のように、別の並べかたをすることは一般にできません。古代語の助動詞の配列順序は次のようです（「A＞B」はAが承接上Bの上位に立つことを示します。小田勝（2008a））。

（3）　る・らる ＞ す・さす ＞ ぬ ＞ たり・まほし ＞ ず・まじ ＞ つ ＞ べし ＞ めり・なり（終止形接続）＞ き・まし・けり・む・らむ・けむ

◆「（ら）る」と「（さ）す」については、中古和文では通常、「思ひ出でられさせ給ふに」（源・葵）のように、「（ら）れ-さす」の語順で現れます。「…とこそ言ひつめれ」（落窪）、「まじらひ給ふめりつるを」（源・桐壺）のように、承接に二様あるものもあります（小田勝2008a参照）。また、「心地まどひにけるなめり。」（源・手習）のように断定の助動詞「なり」が介在すると（3）の配列順に従わないことがあります［補注5］。

この承接順序は、「ヴォイス∨完了・判断∨過去・推量」のように、意味とある程度相関をみせますし、後のほうにいくほど、活用形が不完備なものになっていきます。このように、異なる視点に立つ分類が、ある程度相関をみせるという事実は重要です。

⑥は、北原保雄（1969）によるものです。北原は断定の助動詞「なり」に注目して、

（4）［S］は［P（a）］なり（b）

の（a）の位置に現れる助動詞（「なり」に上接する助動詞）を「客体界の事態に対応した表現にあずかる助動詞」、（b）の位置に現れる助動詞（「なり」に下接する助動詞）を「主体的表現にあずかる助動詞」としました。その分類結果は次のようです。

（5）A「なり」に上接するもの（客体的表現）：す・さす・しむ・る・らる・まほし・たし・つ・ぬ・たり・り・き・ず・まじ

B「なり」に下接するもの（主体的表現）：む・まし・じ・けむ・らむ・らし・めり・なり（終止形接続）

A類の助動詞は重ねて用いることができますが、B類の助動詞は重ねて用いることがありません。使役・受身・過去などは重複して存在することができますが、主体的表現は一つだからです。この結果を⑤の分類とくらべてみると、A類の助動詞は相互承接で動詞に近いほうに、B類の助動詞は動詞から遠いほうにたち、この分類結果も⑤の結果と矛盾しないことが知られます。

◆断定の「なり」に上接も下接もする助動詞が二つあります。「べし」と「けり」です。これについて、北原保雄（1969）は、「べし」と「けり」には、「客体的表現にあずかるもの」と「主体的表現にあずかるもの」の二種類があるのだ、としています。客体的表現の「けり」は時に関するもの、主体的表現の「けり」はいわゆる「気づき」でしょうから、これによって、古来、「けり」に過去と詠嘆の二種類があるといわれてきたことが、構文的に証明されたことになります。「けり」に二種類あるのですから、

・［匂宮ハ中君ノ許ニ］忍びて渡り給へりけるなりけり。（源・宿木）

のような、「けるなりけり」という言いかた（『源氏物語』中に五例あります）も、奇妙な表現ではないことが知られます。

⑦は、小田勝（2006）によるものです。例えば、現代語で「本を読み-つつ」といえますが、「*本を読まない-つつ」「*本を読まなかった-つつ」「*本を読まなかっただろう-つつ」とはいえません。同様に、

（6）a　本を読ま｛ない／＊なかった／＊なかっただろう｝と困る
b　本を読ま｛ない／なかった／＊なかっただろう｝ので
c　本を読ま｛ない／なかった／なかっただろう｝けれど

のように、従属句中に現れることのできる助動詞には制限があり、かつその制限は、

（7）「つつ」　内は　動詞のみ
「と」（仮定）内は　動詞＋否定
「ので」　内は　動詞＋否定＋過去
「けれど」　内は　動詞＋否定＋過去＋推量

のように段階的に広がっていることが知られます（動詞と過去は受けることができるが否定は受けることができない、といった接続助詞はありません）。このような制限は文の階層性を反映したものと考えることができます（南不二男 1974、澤田治美 1983 など参照）。中古和文において、接続句内にどのような助動詞が出現し得るか調査すると、（8）のようになります（（8）の「未ば」は未然形接続の接続助詞「ば」、「已ば」は已然形接続の接続助詞「ば」の意です）。

（8）

	つつ	て	とも	未ば	已ば	ども
動詞	○	○	○	○	○	○
Ⅰ　る・らる・す・さす	○	○	○	○	○	○
Ⅱ　連体なり・べし・まじ・まほし・ず	×	○	○	○	○	○
Ⅲ　ぬ・り・つ・たり	×	△	○	○	○	○
Ⅳ　き・まし	×	×	×	○	○	○
Ⅴ　けり・めり・終止なり	×	×	×	×	○	○
Ⅵ　む・らむ・けむ	×	×	×	×	×	○
終助詞	×	×	×	×	×	×

（8）の○は、上の助動詞が、横列に示す接続助詞の内部に生起可能であることを示し、×は生起不可能であることを示します。例えば、Ⅵが「已ば」に対して×、「ども」に対して○なのは、「*めば／*らめば／*けめば」という例はなく、「めども／らめども／けめども」の例は存するということを示します。

◆上代では「ぬ」は「つつ」内に生起します。

・ぬばたまの夜は更けにつつ〔闌尓乍〕（万2076）

次例は違例です。河内本「むことも」を採るべきでしょう。

・大臣に知らせ奉らむとも、誰かは伝へほのめかし給はむ。（源・玉鬘）

この結果を⑥の分類とくらべると、北原保雄（1969）のA類が（8）ではⅠ〜Ⅳに、B類がⅣ〜Ⅵにあたることが知られます。また、（8）のⅠ〜Ⅵは、⑤の分類でみた相互承接順にほぼ並び、④の活用形の完備・不完備の分類でみても、Ⅵにいくにしたがって活用形が不完備なものになっていきます。また、意味的にも、Ⅰ〜Ⅵはおおよそ次のようにまとまりをもって並んでいます。

（9）（動詞）－ヴォイス－事柄の認定－完了－時－推量－（終助詞）

以上、①〜⑦という、視点の異なる七種の助動詞分類をみましたが、その結果は驚くほど似ているのです。助動詞は、ヴォイスという最も動詞に近い性格のものから、終助詞に近い性格のものまで連続していて、終助詞に近づくにつれて、活用形を喪失してゆき、主体的意味を表すようになってゆく、と捉えることができます。

3・2　名詞述語文

（1）のように述語が動詞からなる文を動詞述語文、（2）のように述語が形容詞からなる文を形容詞述語文、（3）のように述語が名詞からなる文を名詞述語文といいます。

（1）住む館より出でて、船に乗るべき所へ渡る。（土佐）
（2）十日あまりなれば、月おもしろし。（土佐）
（3）御局《つぼね》は、桐壺なり。（源・桐壺）

名詞述語文は、古くは、

（4）大和は国のまほろば（記歌謡30）

のように、名詞だけで構成されたと考えられますが、のちに、指定辞（copula）を伴うことが一般化しました。

◆名詞はそのままで述語になることも可能で、（4）の句型が後世に存しないわけではありません。

・家にありたき木は、松・桜。（徒然139）

指定辞の代表的なものは助動詞「なり」ですが、「なり」より古く「ぞ」という指定辞があったと考えられています（春日和男1954）。「ぞ」は活用がないので助詞です。

（5）我が心　浦渚《うらす》の鳥ぞ［宇良須能登理叙］（記歌謡3）

この「ぞ」の位置に新しい指定辞「なり」が進出したのは、「ぞ」では否定や仮定などの表現ができなかったためでしょう。（6）では、波線部のように、否定を表すために「なり」が用いられています。

（6）この御酒《みき》は　我が御酒ならず［那良受］…少名御神《すくなみかみ》の…献《まつ》り来《こ》し御酒ぞ（記歌謡39）

この「なり」は場所を表す助詞「に」と動詞「あり」とが融合してできたもので、（7a）にはその原形がみられます。

（7）a　この位は、天地《あめつち》の置き賜ひ授け賜ふ位にあり［仁在］。（続紀宣命33）

b　汝《いまし》たち諸《もろもろ》は、吾が近き姪《をひ》なり［奈利］。（続紀宣命17）

名詞述語文「XはYなり。」において、XとYとの関係には、同等、指定、帰属の三種があります（丹羽哲也2006）。

（8）これは、蓬莱の山なり。（竹取）〈同等〉

（9）この大臣の御宿直所《とのゐどころ》は、昔の淑景舎なり。（源・澪標）〈指定〉

（10）この月（＝三月）は、季のはてなり。（源・玉鬘）〈帰属〉

次例（12）は、指定文（11）のXとYを入れ替えた関係にあります。

（11）朱雀院の行幸は、神無月の十日あまりなり。（源・紅葉賀）

（12）十二月十余日ばかり、中宮の御八講なり。（源・賢木）

また、次のような文は「性質文」といいます（丹羽哲也2006）。

（13）瓶子は紺瑠璃なり。（源・宿木）

◆「XはYなり。」の特殊な句型としては、次のようなものがあげられます。

・川は飛鳥川。（枕59）

・そらおぼれする（＝トボケテイル）君は君なり。（源・若菜下）

「に＋あり」は、もともと「その場所に存在している」という意味ですから、それが融合した「なり」も原義のままで用いられることがあります。（14）（15）の「なり」は「〜にある」の意です（この「なり」はふつう連体修飾中に用いられますが、稀に（15）のような例もみえます）。

（14）御前なる人々、一人二人づつ失せて（枕293）

（15）今日もかも都なりせば［奈里世婆］見まく欲《ほ》り（＝逢イタサニ）西の御厩《みまや》（＝右馬寮）の外《と》に立てらまし（万3776）

◆「大井なる所にて、人々酒たうべけるついでに」（後撰1231詞書）は「〜トイウ」の意で、近世文語文によくみる用法です。

指定辞「なり」が、活用語の連体形を受けるようになるのは中古以降のことです。

（16）女もしてみむとてするなり。（土佐）

（17）宮の御心のいとつらきなり。（源・少女）

活用語を受ける「なり」は、多く背後の事情説明に用いられる点で、現代語の「のだ」に似ています。現代語の「のだ」は、背後の事情や実情を表します（田野村忠温1990）。

（18）今日は休みます。頭が痛いのです。

（19）あれは非常ベルの点検をしているのです。

（20）実は私、この店には一度来たことがあるのです。

活用語を受ける「なり」も、多く背後の事情説明に用いられます。「なり」の用いられる句型は次のようです（田島光平1971）。

①理由＋事柄―なり（「〔桐壺更衣ヲ〕女御とだに言はせずなりぬるがあかず口惜しう思さるれば、いま一階《ひときざみ》の位をだにと贈らせ給ふなりけり。」源・桐壺）

②事柄＋理由―なり（「右近の司の宿直奏《とのゐまうし》の声聞こゆるは、丑になりぬるなるべし。」源・桐壺）

③（事柄の省略）＋理由―なり（「〔春宮ハ〕例はいととく大殿籠るを、〔寝ナイデイルノハ〕〔藤壺ガ〕出で給ふまでは起きたらむと思すなるべし。」源・賢木）

②の句型の（21）のような場合には、「なり」の上に「故」などのことばを補って解釈する必要があります。

（21）〔左大臣ガ春宮ノ所望ニ対シテ〕思しわづらふことありけるは、この君（＝源氏）に〔娘ヲ〕奉らむの御心〔ノ故〕なりけり。（源・桐壺）

「なり」には、「てなり」「ばなり」など助詞を直接受ける用法があります。

（22）宮の問はせ給ひしも、かかること（＝浮舟ノ噂）をほの思し寄りてなりけり。（源・手習）

（23）都へと思ふをものの悲しきは帰らぬ人のあればなりけり（土佐）

（22）（23）もまた②の句型です。（24）（25）のような「てなり」「となり」では、「なり」の上に適当な言葉を補って解釈する必要があります。

（24）また帰り来て今のごと逢はむとならばこの櫛笥《くしげ》開くなゆめ（万1740）

(25) よそにのみあはれとぞ見し梅の花あかぬ色香は折りてなりけり（古今37）

(24)は「今のごと逢はむと［思ふ］ならば」、(25)は「折りて［知らるる］なりけり」のように語を補って、それぞれ「今のように逢おうと思うなら」、「折ってはじめて分るものだ」のように解釈されます。

◆(22)〜(25)は句を体言相当のものとして「なり」で受けたものです。中世には、「嬉しとも言ふべきにやなれども」（とはずがたり1）、「あはれもなどか深からざらむなりしを」（同3）、「参るまいならば、そのやうを言へ」（天草版平家物語）などの句型も広くみられます。

「なり」の連用形「に」は、下に「あり」（「おはす」「侍り」などの敬語形を含む）を伴う場合、「て」を伴って中止法にたつ場合に用いられます。

(26) おのが身は、この国の人にもあらず。月の都の人なり。（竹取）

(27) 父は直人《なほびと》にて、母なむ藤原なりける。（伊勢10）

◆「なり」の命令形は極めて稀です（湯沢幸吉郎1959）。

・［私ガ］あらむかぎりは、わびしと思はで、思ふさまなれ。（十訓抄・7-序）

次例のように、「なり」が格成分を受けることもあります。

・賀茂の臨時祭はじまること、この御時よりなり。（大鏡）

「にてあり」は、「〜という状態・資格でいる」という意を表す存在表現で、中古においては指定表現の「なり」とは異なる表現性をもっていました（南里一郎1995、吉田永弘1997）。

（28）［大輔命婦ハ］いといたう色好める若人にてありけるを、君（＝源氏）も召し使ひなどし給ふ。（源・末摘花）

漢文訓読語では、この「にてあり」に相当する存在表現として「たり」が用いられます（吉田永弘2006）。

（29）仏、太子とおはせし時、我に娶《とつ》ぎて、［我ハ太子ノ］御妻たりき。（今昔1-17）

（29）の第一例「と」は「たり」の連用形です。現代語の（30）のような用法に、この「たり」が姿をとどめています。

（30）社長がスムーズに仕事をできるようにするのは、秘書たる者のつとめである。（赤川次郎『女社長に乾杯！』）

3・3　肯定判断

単純な肯定判断を表す語に「あり」があります。様々な語の下で、その叙述を助けます。

（1）川風のすずしくもあるか（古今170）

（2）人の「さなむある」と言ひしを、「さしもあらじ」と思ひしに（枕38）

（3）その（＝出立ノ）日とある暁に（源・松風）

肯定判断を示す「あり」だけで、実質的意味を表すことばが表現されていないことがあります。その場合、文脈から、ことばを補って解釈する必要があります。

（4）［介ノ子達ハ］情けづくれど、うはべこそあれ、［空蟬ニハ］つらきこと多かり。
（源・関屋）

（5）雪とのみ降るだにあるを桜花いかに散れとか風の吹くらむ（古今86）

（6）月やあらぬ春や昔の春ならぬわが身一つはもとの身にして（伊勢4）

（4）は「うはべこそ［情け］あれ」、（5）は「雪とのみ降るだに［惜しく］あるを」、（6）は「月や［昔の月に］あらぬ」のように解釈されます。次のような例では、

（7）妹《いも》とありし時はあれども別れては衣手寒きものにそありける（万3591）

（8）今こそあれ我も昔は男山さかゆく時もあり来しものを（古今889）

（7）は「妹とありし時は［寒からず］あれども」、（8）は「今こそ［さかゆく時もなくて］あれ」のように、主節の述語を否定したことばが補われることになるので注意が必要です（佐伯梅友1963）。

「ばこそあらめ」の句型は反実仮想を表しますが、「ばこそ［悪しく］あらめ」の意を表す場合と、「ばこそ［良く］あらめ」の意を表す場合との二つのタイプがあります（中村幸弘1995）。（9）は前者、（10）は後者の例です。

（9）なべて人に（＝スッカリ他人ニ）知らせばこそあらめ、この小さき上人《うへびと》（＝小

君）に［アナタヘノ便リヲ］伝へて聞こえむ。（源・空蟬）

(10) みづからも（＝大君自身モ）、「たひらかにあらむ」とも仏をも念じ給はばこそあらめ、「なほかかるついでにいかで亡《う》せなむ（＝死ンデシマイタイ）。…」と思ひしみ給ひて（源・総角）

◆「ばこそあらめ」の「ば」は未然形接続です。「［恋文ジミタ］花や蝶やと書けばこそあらめ、わが心にあはれと思ひ…」（源・夕霧）は違例です。

「あり」が、単独で用いられることがあります。

(11)「翁丸か」とだに言へば、よろこびてまうで来るものを、呼べど寄り来ず。あらぬなめり。（枕6）

(11) は「いないのだろう」ではなく、「（この犬は翁丸）ではないのだろう」の意です。

3・4 否定判断

古代語の基本的な否定形式は「活用語の未然形＋ず」です。

(1) 京には見えぬ鳥なれば、みな人見知らず。（伊勢9）

「ず」は打消しの助動詞で、三系列の特殊な活用をします。

（2）	未然形	連用形	終止形	連体形	已然形	命令形
	○	に	○	ぬ	ね	○
	ず	ず	ず	○	○	○
	ざら	ざり	○	ざる	ざれ	ざれ

三系列のうち、ナ行系統の活用が最も古く、「ず」の形は、その古い連用形「に」にサ変動詞「す」が融合して成立したものと考えられています。（3）の「に＋す」は「ず」の原形をうかがわせるものです。

（3）そこ故に皇子の宮人行くへ知らずも［不知毛］、一云、さす竹の皇子の宮人行くへ知らにす［不知尓為］（万167）

連用形「に」は（4）のように上代の文献にみられ、中古では（5）のように慣用表現にその姿をとどめる程度で用いられなくなります。

（4）嘆けどもせむすべ知らに恋ふれども逢ふよしをなみ（万210）

（5）言へば得《え》に（＝言オウトスルト言エナイデ）言はねば胸にさわがれて心ひとつに嘆くころかな（伊勢34）

◆ナ行系統の未然形には「な」が想定されます。次例の傍線部はこの「な」である可能性があります（山口佳紀（1998）。歌意から「なむ」は希求の終助詞ではありえません）。

・諾《うべ》な諾な　君待ちがたに　我が着《け》せる　襲《おすひ》の裾に　月立たなむよ（＝月水ガ立タナイコトガア

ロウカ）（記歌謡28）

「ざり」は、

（6）心をだにか（＝心ダケデモ）相思はずあらむ［受阿良牟］（記歌謡60）

のような、「ず」に動詞「あり」が融合してできた、さらに新しい形で、中古では、助動詞に続けるときには、「ざら-む」「ざり-き」のように、「ざり」系列の語形が義務的に選択されます。上代では、「ざり」が十分発達していなかったため、「思はず-き［不思寸］」（万2601）、「恋やまず-けり［受家里］」（万3980）のように、「ず」から助動詞に続いた例がみえます。中古では、助動詞には必ず「ざり」系統の形から続きますが、「ざり」系統の形が用いられるのは助動詞に続くときだけとは限りません。

（7）筒井つの井筒にかけしまろがたけ過ぎにけらしな妹《いも》見ざる間に（伊勢23）

しかし中古和文では、（7）のような場合、「見ぬ間に」の形をとるほうがふつうです。

◆「天の川出づる港は海にざりける」（土佐）は「ぞ（係助詞）＋あり（動詞）」が約《つづ》まったもので、打消しではありません。

否定表現で注意を要するのは、否定しているのは何か、という問題です。

（8）中納言殿にまだ知られ奉り給はぬことを、飽かず思す。（落窪）

（9）明け暮れ見奉る人だに飽かず思ひ聞こゆる［明石姫君ノ］御有様を（源・初音）

（8）の「飽かず」は「満足する」の否定で「満足しない→不満だ」の意、（9）の「飽かず」は「飽きる」の否定で「飽きることがない→すばらしい」の意です。否定の及ぶ範囲にも注意が必要です（これを否定のスコープ（scope）といいます）。

（10）諸天、太子に従ひて、その所に至りてたちまちに見えず。（今昔1-4）

（11）「御坏《つき》遅し遅し」と言へども、疾《と》くにももて来ず。…さて、御坏参らす。（今昔28-5）

（10）は「たちまちに［見えず］」という構造、（11）は持って来はしたが、急には持って来ないの意で、「［疾くにももて来］ず」という構造と考えられます。

（12）大将（＝源氏）、よろづのことかき集め思しつづけて泣き給へる気色、いと尽きせずなまめきたり。（源・須磨）

（13）よき細工（＝工匠）は、少しにぶき刀をつかふといふ。妙観が刀はいたく立たず。（徒然229）

（12）は「いと［尽きせず］」（まことに限りなく）ですが、（13）は、「いたく［立たず］」（非常に切れない）ではなく、「［いたく立た］ず」（たいして切れない）の意です。一般に、（14）のような句型では、否定される内容は「いと」という極端さです（中村幸弘1995）。

（14）いと口惜しうはあらぬ若人どもなむ侍るめる。（源・夕顔）

（14）は「いと口惜し」（たいへん悪い）という極端さの否定で、「それほど悪くはない」の意です。このような「いと」は「たいして」「それほど」と訳されます。

（15） 皇子、「いと忍びて［行カム］」とのたまはせて、人もあまた率ておはしまさず。（竹取）

（15）は「供人も多くは連れていらっしゃらない」の意で、実際に否定される対象は「あまた」です。このような実際の否定の対象を**否定の焦点**（focus）といいます。

否定のスコープに関連して、次のような構文にも注意が必要です。

（16） たとひ舞を御覧じ、歌を聞こしめさずとも、御対面ばかり候うて、かへさせ給ひたらば、ありがたき御情《なさけ》でこそ候はんずれ。（平家1）

（16）は「舞を御覧になり、歌をお聞きにならなくても」の意ではありません。「舞をご覧にならず、歌をお聞きにならなくても」の意です。「聞こしめさず」の「ず」が「御覧じ」のほうにもかかっているのです。このような構文を**対偶中止**といいます（第9・3節参照）。対偶中止の例をあげます。例えば（17）（18）を「当世風で～」「不器量で～」と読むと、解釈を誤ることになります。（21）は現代語の例です。

（17）［教養アル人ノ住マイハ］今めかしく、きららかならねど、木だちものふりて、わざとならぬ庭の草も心あるさまに（徒然10）

（18）［右近ハ］容貌《かたち》などよからねど、かたはに見苦しからぬ若人なり。（源・夕顔）

（19）などかこの世の濁りも薄く、仏道をつとむる心もまめやかならざらむ。（徒然49）

(20) 松も引き若菜も摘まずなりぬるをいつしか桜はやも咲かなむ（後撰5）

(21) 何人も、自己に不利益な唯一の証拠が本人の自白である場合には、有罪とされ、又は刑罰を科せられない。（日本国憲法第三八条三）

「難しいとは思わない（＝難しくないと思う）」のように、主文中の否定が補文に係る解釈をもつとき、これを**否定繰上げ**（Neg-Raising）といいます。古代語では、次のような表現がみられます。

(22) ［薫ハ］げに、さるべくて（＝当然ソウナルハズノ因縁ガアッテ）、いとこの世の人とはつくり出でざりける、［仏菩薩ガ］仮に宿れるかとも見ゆること（＝芳香）添ひ給へり。（源・匂兵部卿）

(23) 主とおぼしき人は、いとゆかしけれど、見ゆべくも構へず。（源・玉鬘）

(24) 悔ゆれども取り返さるる齢《よはい》ならねば（徒然188）

(22)は「この世の人ならずつくり出でける」、(23)は「見ゆべからず構ふ」、(24)は「悔ゆれども取り返されぬ齢なれば」の意です。

否定と肯定が同意となる現象もみられます。

(25) 夜の明けはてぬさきに［源氏ヲ］御舟に奉れ。（源・明石）

は「夜の明けはつる前に」と同意です（古代語では「肯定形＋前に」という表現は通常しません（三宅清1989））。「おぼろけなり」は「並一通りだ」の意なので、(26)は「おぼろけならぬ願」の意、逆に（27）は「おぼろけならぬ（＝並一通リデナイ）ことならでは」の意です（浜田敦 1948）。

（26）おぼろけの願によりてにやあらむ、風も吹かず、よき日出で来て、漕ぎ行く。（土佐）

（27）［明石君ハ］おぼろけならでは［尼君ト］通ひあひ見給ふことも難きを（源・若菜上）

（28）の「怪《け》しからず」は「異様だ、悪い」の意で（29）の「怪《け》し」と同意、（30）の「怪しうはあらず」は「悪くない」の意で「怪し」の打消しです。

（28）木《こ》霊《たま》など、怪しからぬ物ども所を得てやうやう形をあらはし（源・蓬生）

（29）内にはいつしか怪しかる物など住みつきて（増鏡15）

（30）昔、若き男、怪しうはあらぬ女を思ひけり。（伊勢40）

「～**ずなりぬ**」には、「今までしていたことをしなくなった」の意と、「最初から最後までしないままになってしまった」の意とがあります。（31）は前者、（32）は後者です。

（31）船の人も見えずなりぬ。（土佐）

（32）楫取《かぢとり》、「今日、風、雲の気色はなはだ悪し」と言ひて、船出ださずなりぬ。（土佐）

（33）の傍線部は、否定の状態を否定したもので、これを**二重否定**といいます。

（33）［帝ハ］はかばかしうものたまはせやらず、むせかへらせ給ひつつ、かつは人も心弱く見奉るらむと、思しつつまぬにしもあらぬ御気色の心苦しさに、［私ハ］承りも果てぬやうにてなむまかで侍りぬる。（源・桐壺）

二重否定は、肯定の状態なのかどうかが不分明の、複雑に揺れ動く曖昧性をもった表現をつくります。山口仲美（1978）の指摘するように、次のような例にあっては、絶妙な二重否定表現の効果を味わうべきでしょう。

（34）ことにふれて、心ばせ、ありさま、なべてならずもありけるかなと、［源氏ハ明石君ヲ］ゆかしう思されぬにしもあらず。（源・明石）

（35）二日といふ夜、男、われて（＝無理ニ）「あはむ」と言ふ。女もはた、いとあはじとも思へらず。（伊勢69）

次のような表現にも、否定の効果をみることができます。

（36）見わたせば花も紅葉もなかりけり浦の苫屋の秋の夕暮れ（新古今363）

そこにない花や紅葉を、わざわざ「ない」と表現することによって、ないはずの花や紅葉が一瞬、浦の夕暮に現出して、それが打ち消されます（佐藤信夫1978）。このような手法を**修辞否定**といいます（野内良三2005）。

3・5　喚体句

述語が「用言」または「体言＋指定辞」からなる文を**述体句**、「体言」または「体言＋終助詞」からなる文を**喚体句**といいます（山田孝雄 1908）。ここで「句」とは文のことです。喚体句は、主語－述語に分節されない体言一体的な句です。

（1）いみじうも積もりにける雪かな。（源・幻）

（2）あな、かひなのわざや。（竹取）

（3）あはれ、紅葉をたかむ人もがな。（徒然54）

（1）～（3）は喚体句です。このうち、（1）（2）を**感動喚体句**、（3）を**希望喚体句**といいます。現代語では、このようなとき、「大変に積もった雪だなあ」、「ああ、甲斐のないことだなあ」、「ああ、紅葉をたいて酒を温めてくれる人がいればよいのになあ」のように、述体表現になるのがふつうです。特に、希望喚体句は、現代語にはありません。（4）は全体が一つの喚体句、（5）は二句構成で、下句が喚体句です。

（4）もののふの八十娘子《をとめ》らが汲みまがふ寺井の上の堅香子《かたかご》の花（万4143）

（5）桜花咲きにけらしもあしひきの山の峡《かひ》より見ゆる白雲（古今59）

喚体句が述体の従属句を伴うことがあります。（6）では主節が喚体句です。

（6）夏の夜の臥すかとすれば郭公鳴く一声《ひとこゑ》にあくるしののめ（古今156）

次のような文も喚体句です。

（7）「天下《あめのした》の人の、見思はむことの恥づかしきこと」とのたまひて（竹取）

文を連体形で終止させると、(7)のような喚体的な効果が現れます。

(8) ひとりして物を思へば秋の田の稲葉のそよといふ人のなき(古今584)

(9) み吉野の山の白雪踏みわけて入りにし人のおとづれもせぬ(古今327)

(8)(9)のような文を**連体形終止**といいます。連体形終止は述体でありながら、喚体的性格をおびるので、これを**擬喚述法**といいます(山田孝雄1908)。用言の連体形は体言に相当するので、(8)(9)は、「人のないことよ!」「訪れもしないことよ!」という喚体的表現を構成しているのです。主文中の述語に対する主語が「の」「が」で示されるとき、述語は連体形になり、喚体的表現を構成します。

(10) 雀の子を犬君《いぬき》が逃がしつる。(源・若紫)

(11) 春たてば花とや見らむ白雪のかかれる枝にうぐひすの鳴く(古今6)

なお、

(12) 奥山に紅葉踏み分け鳴く鹿の声聞く時ぞ秋は悲しき(百5)

の「悲しき」は「ぞ－連体形」という係り結びですから、擬喚述法の句ではありません。係り結びの文は、述語に推量等の助動詞が現れ得るところから、述体句であることが明らかにされています(近藤泰弘1986b)。また、

(13) わが名はうかんるり。(竹取)

(14) 春はあけぼの。(枕1)

は、「SはP」という二項対立を含む判断的な表現ですから、指定辞が付属していない名詞述語文（すなわち述体句）と考えられます。

喚体句は、一般に述体句に転換可能です。例えば、（1）は「雪いみじうも積もりにけり」という述体句の喚体表現ですし、（5）は「山の峡より白雲見ゆ」という述体句の喚体表現です（（4）では、「寺井の上の」は「寺井の上にある（咲く）」の意ですから、「堅香子の花、寺井の上にあり」のような述体句に転換されます）。

一方、呼びかけや感動詞による、次のような文は、述体と交渉をもちません。

（15）「北殿こそ。聞き給ふや」など言ひかはすも聞こゆ。（源・夕顔）

（16）「母よや」と叫びて泣く。（今昔5-22）

（17）［空蟬ハ］物におそはるる心地して、「や」とおびゆれど（源・帚木）

（18）召せば、「を」と、いとけざやかに聞こえて出で来たり。（源・行幸）

山田孝雄（1908）は、これらの句は述体と交渉をもたず、未分化の文であるとして、これを**不完体の句**と呼んでいます。

◆まれに（上に係助詞「こそ」がなく）文を已然形で終止させることがあります。これを已然形終止といいます。

・［男女ノ仲ハ崩レ始メルト］なごりなきやうなることなどもみなうちまじるめれ。（源・椎本）

・松山の石は動かぬけしきにて思ひかけつる浪に越さるれ（赤染衛門集）

第4章　時間表現

4・1　テンス・アスペクト

言語は、「先月、京都に行った」のように、出来事の時間的位置をさまざまな方法で表示します。そのような時間表示のうち、特に、発話時を基準として、出来事時と発話時との前後関係を表す用言の形態を**テンス**（tense）といいます。現代語のテンスは、「した」のような「た」のついた形（タ形といいます）と、「する」のような「た」のつかない形（ル形といいます）の二つがあって、どちらか一方が義務的に選択されます。

（1）a　あそこに犬がいる。
　　b　昨日、あそこに犬がいた。
（2）a　明日、学校に行く。
　　b　昨日、学校に行った。

タ形はふつう（1b）（2b）のように過去を、ル形はふつう（1a）のように現在か、（2a）のように未来を表します（現代語では、一般に、動作を表す動詞のル形は未来を、状態を表す動詞のル形は現在を表します）。すなわち、タ形とル形の対立は、過去（past）か非過去（non-past）かの対立ということができます。

語られる事態が「動き」である場合、その事態が、動き全体（動きの開始から終了まで）の中でどのような段階にあるかを表現することができます。「食べる」であれば、「食べ始める」「食べている」「食べ終わる」のようにです。このように、語られる事態が、動き全体の中でどの段階（局面）にあるかを表す用言の形態を**アスペクト**（aspect）といいます。現代語では「する」の形（ル形といいます）と「している」の形（テイル形といいます）がアスペクトの基本的な形です。形容詞類にはアスペクトはありません（「*美しいている」のような形は作れません）。

アスペクトは運動内部の時間的展開の表示であって、その動き全体が時間軸上のどの位置にあるかは表示しないので、本来、テンスとは別の概念です。しかし、動きを表す動詞述語文では、テンスとアスペクトは密接に結びついています。例えば「食べた」は、タ形であることから過去が、テイル形をとらなかったことから完成相が、同時に表示されます。そのことは、

（3）a　ご飯食べた？　——いや、食べなかった。
　　b　ご飯食べた？　——いや、まだ食べていない。

のように、「ご飯食べた？」に対する答えかたが二様であり得ることからも知られます。

（3a）は過去の事態の否定、（3b）は完成相の否定としての答えとなっています。

アスペクトは、動詞の語彙的意味と密接な相関関係にあります。例えば、「読み終わる」とはいえますが、「死に終わる」とはいえません。また、「歩いている」と「死んでいる」では「ている」の意味が異なります。したがって、テンス・アスペクトの把握には、動詞の分類が非常に重要になってきます。現代語では、一般に、「歩く」「食べる」など、主語の動作を表す動詞（**主体動作動詞**）のテイル形は進行相（動作の継続。「進行態」の用語が一般的ですが、本書ではアスペクトは「相」、ヴォイスは「態」に統一します）を、「死ぬ」「積もる」など、主語の変化を表す動詞（**主体変化動詞**）のテイル形は既然相（結果の継続）を表します（奥田靖雄 1977、工藤真由美 1995）。

◆「着る」など、主体の動作とも変化とも捉えられる動詞のテイル形は、進行相も既然相も表します。動詞の中には、動作も変化も表さないものがあります（これを静態動詞 static verb といいます）。静態動詞のうち、「ある」「要る」のようにテイル形をとることができないものを状態動詞、「優れる」「そびえる」のように主文末で常にテイル形で用いられるものを第四種動詞といいます（金田一春彦 1950）。古代語では、「あり」が状態動詞に、主文末で常に「たり」「り」を伴って現れる「だむ」（「訛る」の意）、「おほとる」（「だらける」の意）などが第四種動詞に相当すると思われます（工藤力男 1987 参照）。

古代語においてテンス・アスペクトを表す形態には、次のようなものがあります。

（4）　φ形・ツ形・ヌ形・リ形・タリ形・キ形・ケリ形

「ツ形」以下は、それぞれ動詞に助動詞「つ」「ぬ」「り」「たり」「き」「けり」が付いたもの（有標形式marked form）、「φ形」は動詞にそれらの助動詞が付かないもの（無標形式unmarked form）です。二次的には、これらの助動詞が複合した、「て-き」、「に-き」、「に-けり」などの形があります。また助動詞「む」は、時制専用の助動詞ではありませんが、未実現の事態（未来）を表示します。

（4）にあげる各形式が、それぞれどのようなテンス・アスペクト的意味を表すかは、まだよくわかっていません（諸説については、小林好日1941、鈴木泰1999、橋本修2001、井島正博2001などを御覧ください）。

（4）の有標形式は、相互承接のありようから、次の三類として捉えられます。

A　ツ形・ヌ形

B　リ形・タリ形

C　キ形・ケリ形

なぜなら、「つ」と「ぬ」、「り」と「たり」、「き」と「けり」は互いに重ねて用いることができないのに対し、AとB、BとC、CとAの各語は重ねて用いることができるからです。

◆1　AとB（リツ、タリツ、リヌ、ニタリ）、BとC（リキ、リケリ、タリキ、タリケリ）、

CとA（テキ、ニキ、テケリ、ニケリ）の承接例はすべて『源氏物語』に例があります（リ－ヌは「殿の内には立てりなむはや。」（常夏）が唯一例です）。

◆2　上記ABC内の各語が重ねて用いられることは原則としてありませんが、『源氏物語』には「ぬべかりつ」という承接例が三例、「しなりけり」という承接例が二例あります（これは「ぬべし」「なりけり」が複合辞化していることを示しています）。

◆3　テ－ケリは中古では普通にみられますが（『源氏物語』に八〇例存します）、上代では存在しない複合でした（「八つ峰《を》の椿つらつらに見とも飽かめや植ゑてける〔宇恵弖家流〕君」（万4481）が上代の唯一例です（野村剛史1989））。

（4）の有標形式について、「む」の下接、「ず」の上接・下接の可否を『源氏物語』で検すると、次のようです。

（5）

	つ	ぬ	り	たり	き	けり
「む」下接	○	○	○	○	×	×
「ず」下接	×	×	○	○	×	×
「ず」上接	○	×	×	×	○	○

この表から、

①キ形・ケリ形は未実現を表す「む」を下接できないこと

②ツ形・ヌ形・キ形・ケリ形の表す事態は、取り消すことのできない現実性を有して

いること

③打消された事態はヌ形・リ形・タリ形をもたないこと

の諸点が指摘されます。

◆次例①②のような「なず」「てず」は極めて例外的な承接例です（いずれも反語の例で、結果的に事態は肯定されます）。③のような「なで」は少数例存します（近藤明 1989 参照）。

①道知らで止みやはしなぬ相坂の関のあなたは海といふなり（後撰786）

②かくながら散らで世をやはつくしてぬ花の常磐もありと見るべく（後撰・新編国歌大観本95）

③潮に濡れたる衣をだに脱ぎかへなでなむ、こちまうで来つる。（竹取）

4・2　ツ形・ヌ形

「つ」は下二段活用、「ぬ」はナ変の助動詞で、ともに用言の連用形に接続します。「つ」は動詞「棄《う》つ」が語頭母音消失（aphesis）を起こして文法化したもの（大野晋 1955）、「ぬ」は動詞「往《い》ぬ」が語頭母音消失を起こして文法化したもの（富士谷成章 1778）といわれます（文法化 grammaticalization とは、実質的意味をもつ内容語が、助詞や助動詞などの機能語に変化することです）。「つ」「ぬ」は**完了化辞**です。

φ形が不完成相を表す（第4・6節参照）のに対して、**ツ形**は**完成相**を表します。

（1）［犬ガ］死にければ、陣の外《と》に引き捨てつ。（枕6）

（2）雀の子を犬君が逃がしつる。（源・若紫）

◆中古以降、キ形が発話当日中の過去を表すことがなくなったため、中古以降のツ形は発話当日中の過去をも表します。

・「［時鳥ノ声ヲ］一夜聞きき。この暁にも鳴きつる」と言ふを（蜻蛉）

・昨日は、などいととくはまかでにし。［今日ハ］いつ参りつるぞ。（源・紅梅）

・「その馬は一昨日までは候ひしものを。昨日も候ひし。今朝も庭乗りし候ひつる」なンど申しければ（平家4）

中古以降のキ形が発話当日中の過去を表さない、ということについては、小松登美（1957）に指摘があり、今昔物語集の調査（岡崎正継1986）、土佐日記の調査（加藤浩司1997）、源氏物語の調査（鈴木泰1999）が発表されています。上代では、「今朝降りし淡雪に」（万1436）、「今朝鳴きし雁に」（万1515）、「今日降りし雪に」（万1649）のような例があります。なお、昨日以前の事態でもツ形は用いられます。

・難波より昨日なむ都にまうで来つる。（竹取）

ヌ形のアスペクト的意味については諸説ありますが、恐らく、変化の実現を表す、といってよいと思われます（中西宇一1957、野村剛史1989、堀口和吉1993、鈴木泰1999など参照）。

（3）熟田津《にきたつ》に船乗りせむと月待てば潮もかなひぬ今は漕ぎ出でな（万8）

（4）秋は来《き》ぬ紅葉はやど（＝庭）に降りしきぬ（古今287）

（5）月出でぬ。桂川、月の明きにぞわたる。（土佐）

変化に時間的な幅がある場合、変化の始発の局面も、変化の完成の局面も表します。例えば、

（6）a　渡守、「はや船に乗れ、日も暮れぬ」と言ふに（伊勢9）
　　b　はかなく暮れぬれば、その夜はとどまり給ひぬ。（源・玉鬘）

（7）a　秋来ぬと目にはさやかに見えねども風の音にぞおどろかれぬる（古今169）
　　b　秋は来ぬ今やまがきのきりぎりす夜な夜な鳴かむ風の寒さに（古今432）

（6a）（7a）は変化の始発の局面、（6b）（7b）は変化の完成の局面です。したがって、前者のヌ形は「変化の発生」（中西宇一 1957、井島正博 2002a）と、後者のヌ形は「変化の完成」（鈴木泰 1999）と捉えられます。

ここで、「寝る」に対して「寝入る」、「恋う」に対して「恋に落ちる」などのアスペクト的意味を**起動相**（inceptive）と呼べば、ヌ形は起動相を表す、という理解もできるだろうと思います。次例では、ツ形（完成相）とヌ形（起動相）との差が明瞭に現れています。

（8）［良少将ハ］法師にやなりにけむ、身をや投げてけむ。（大和168）

多くの場合、他動詞・意志動詞・主体動作動詞はツ形を、自動詞・無意志動詞・主体変

化動詞はヌ形をとる傾向にあります。ただしこれには例外もあって、例えば（9）では、他動詞・意志動詞・主体動作動詞の「［私ガ文ヲ］取る」がヌ形を、（10）では、自動詞・無意志動詞・主体変化動詞の「［雀ガをかしう］なる」がツ形をとっています。

（9）「［文ヲ誰ニ差シ上ゲタラヨイノカ］もてわづらひ侍りつるを、例の、［中君ノ］御前にてぞ御覧ぜむとて［私ガ文ヲ］取り侍りぬる」と言ふも（源・浮舟）

（10）［雀ガ］いとをかしうやうやうなりつるものを。（源・若紫）

ヌ形は（3）～（7）のように、自然推移的事態を表すことが多いのですが、次例（11）のように、未実現の人為的・意志的動作がヌ形をとることもあります。

（11）「翁（＝私ハ）いたう酔ひすすみて無礼《むらい》なれば、まかり入りぬ（＝引込ンデシマウヨ）」と言ひ捨てて入り給ひぬ。（源・藤裏葉）

この場合の「まかり入りぬ」は、「まかり入りなむ」と同意といえます。

同じ動詞がツ形もヌ形もとることがあります。その場合ツ形は完成相を、ヌ形は起動相を表します。

（12）a　我が袖に降りつる雪も流れ行きて妹《いも》が手本《たもと》に（＝アノ娘《こ》ノ袖ニ）い行き触れぬか（万2320）

b　梓弓おして春雨今日降りぬ明日さへ降らば若菜摘みてむ（古今20）

（12a）は「降った」、（12b）は「降るようになった」の意（中西宇一1996）、

（13）a　「さらに知られじと思ひつるものを」とて、髪を振りかけて泣く〔物ノ怪ノ〕けはひ、ただ昔見給ひし物の怪のさまと見えたり。（源・若菜下）

b　思はぬ人におされぬる宿世になむ、世は思ひの外《ほか》なるものと思ひ侍りぬる。（源・乙女）

（13a）は「決して本性は知られまいと思っていたのに（つい本性を現してしまった）」、（13b）は「この世は思いがけない成り行きになるものだと思うようになった」の意（鈴木泰1999）と考えられます。

「あり」は実現している場合にツ形を、未実現の場合にヌ形をとります（野村剛史1989）。

（14）夢の中《うち》にも父帝の御教へありつれば、（源・明石）

（15）をかしきことなどありつらむかし。（源・玉鬘）

（16）明らかなる所（＝極楽浄土）にて、また対面はありなむ。（源・若菜上）

したがって、「あり」のヌ形は、「ありな-む」「ありぬ-べし」「ありな-まし」の語形をとります。（17）のような「ありぬ」も未実現で、「ありなむ」と同意です。

（17）おのづから、人にまじらひ、さる方に（＝ソノ立場ニ）なれば、さてもありぬかし。（源・常夏）

◆『土佐日記』の「かかること、なほありぬ（＝コノヨウナコトガ、ナオ以後モアッタ）。」は、後日この日記が構想されたことによる表現です。

テキ形は過去の時点における完成相、ニキ形は過去の時点における起動相、テム形は未来の時点における完成相、ナム形は未来の時点（または仮想の時空）における起動相を表します。

(18) いとねぶたし。昨夜《よべ》もすずろに起き明かしてき。（源・浮舟）

(19) ［侍従ハ］にはかに胸を病みて亡せにきとなむ聞く。（源・橋姫）

(20) つとめてのほどにも、これは縫ひてむ。（源・浮舟）

(21) 少し秋風吹きたちなむ時、かならず逢はむ。（伊勢96）

ツ形、ヌ形はともにテンスではありませんから、時制的には、(22)(23)のように過去時にも、(24)(25)のように未来時にも用いることができます。

(22) 見つとも言ふな会ひきとも言はじ（古今649）

(23) 「絶え入り給ひぬ」とて人参りたれば（源・若菜下）

(24) かくながら身をはふらかしつるにやと心細う思せど（源・明石）

(25) 「心深しや」などほめたてられて、あはれ進みぬれば、やがて尼になりぬかし。（源・帚木）

形容詞・形容動詞にアスペクトはありませんが、古代語の場合、形容詞・形容動詞にもツ形、ヌ形があります（形容詞・形容動詞のヌ形は、「あり」と同じく、すべて「なむ」「ぬべし」「なまし」の形で現れます）。

(26)［頼ミ事ガアッテ貸ソウト］思すなれば、給はらむに（＝オ貸シイタダイタラ）わづらはしかりなむ。（蜻蛉）

(27)さやうにて（＝女三宮ヲ出家ノ人トシテ）見奉らむはあはれなりなむかし。（源・柏木）

(28)「何人ならむ。げにいとをかしかりつ」と、ほのかなりつるを、なかなか思ひ出づ。（源・手習）

形容詞・形容動詞のヌ形は、未来時（または仮想時）における状態の発生を、ツ形は近接した過去の時点における状態を表すかと思われます（吉田茂晃 1997 参照）。

◆次のようなツ形は、扱いの難しい例です。

・今御宇《あめのしたしら》しめしつる［豆留］天皇に授け賜ひて（続紀宣命3）

4・3　リ形・タリ形

動詞のリ形は、動詞の連用形に「あり」が付いた姿です。動詞「咲く」「す」に「あり」を付けると、saki＋ari＞sakiari、si＋ari＞siari になりますが、奈良時代以前の日本語では母音の連続は避けられ、ia は一音化して e に変わるのがふつうでした。そこで、sakiari、siari は sakeri、seri と変化することになります（稀に「持ち＋あり」→「持たり」のように変化した例もあります）。この sakeri、seri を、仮名を使って「咲けり」「せり」と表記すると、「咲け」の形が動詞「咲く」の已然形として、「せ」の形が動詞「す」の未然形として存在するために、見かけ上、「動詞の一活用形＋り」のように分析されることになります。助動詞「り」はこのようにして分出されたもので、「り」が「四段活用動詞の已然形、およびサ変動詞の未然形に付く」と説明されるのも、以上のような理由によるものです。上一段動詞「着る」やカ変動詞「来」にも「あり」が付き、ki＋ari＞kiari＞keri のようになったのですが（「我が着《け》る［家流］妹《いも》が衣の」万3667、「使ひの来《け》れば［家礼婆］」万3957）、この場合は、「けり」の「け」という形が上一段およびカ変の活用形にないため、「り」を分出することができず、「けり」は「着《け》り」「来《け》り」という一語の動詞として扱わざるを得ないことになります。

「あり」は以上のように動詞の連用形に付いたのですが、i_2、e_2 という母音の後には付けることができなかったようです（下記◆参照）。

◆　奈良時代、「ユキ（雪）」のキと「ツキ（月）」のキとは異なる音でした。「キミ（君）」「キノフ（昨日）」のキは「雪」のキと同じ音、「キリ（霧）」のキは「月」のキと同じ音で、平安時代以降は同じキの音が、奈良時代には「雪」「君」「昨日」などのキの音と、「月」「霧」などのキの音との、二つの音韻に分かれていました（それぞれが具体的にどのような音だったのかはわかりませんので、仮に一方をキ甲、一方をキ乙とします）。同様に、「コヒ（鯉）」のヒと、「コヒ（恋）」のヒも異なる音でした（これも一方をヒ甲、一方をヒ乙とします）。このようにして、甲乙二種がたてられる奈良時代の音節は、キヒミケヘメコソトノモヨロの一三（およびその濁音）におよびます。キ甲とキ乙、ヒ甲とヒ乙は、それぞれに発音が異なるのですが、橋本進吉（1931b）は、この二類相互の関係を考察して、四段活用の連用形に表れるキヒミ、および四段活用の命令形に現れるケヘメを甲、現れない方を乙と仮称しました（キの二類をキ甲とキ乙、ヒの二類をヒ甲とヒ乙とすることと、キ甲とヒ甲を「甲類」と纏めることの間には、飛躍があることに注意してください。なお、コ・ソ・トなどオ列音の二類については「相互の対応関係を見出すのが困難」（橋本進吉1932）としながらも、おそらく万葉仮名の漢字音に依拠して甲乙の分属を行ったようです）。キ甲をki_1、キ乙をki_2のように書きます（ニは甲乙の別がありませんからniと書きます）。また、ア列音を表す便宜的符号としてaを用い、同様にイ列甲をi_1、イ列乙をi_2と書きます（甲乙の別のない場合、甲乙の別を問題としない場合には単にiと書きます）。このような奈良時代の音韻体系によって動詞の活用表を書くと、次のようになります（甲乙の別のある部分だけ表示します）［補注6］。

	未然形	連用形	終止形	連体形	已然形	命令形
四段活用		$-i_1$			$-e_2$	$-e_1$
上一段活用	$-i_1$	$-i_1$	$-i_1ru$	$-i_1ru$	$-i_1re$	$-i_1yo_2$
上二段活用	$-i_2$	$-i_2$				$-i_2yo_2$

下二段活用	$-e_2$	$-e_2$	$-e_2yo_2$
カ行変格活	ko_2	ki_1	ko_2

「あり」が、i_2、e_2 の後には付けることができなかったのは、おそらく i_2、e_2 という母音が合成母音であることに起因するようです（e_1、e_2、i_1、i_2、o_1 は $ia>e_1$、$ai>e_2$、$ui,o_2i>i_2$、$ua>o_1$ のような過程で出現した合成母音と考えられます（大野晋 1953））。そこで、i_2 または e_2 の後（つまり上二段と下二段の連用形の後）には、助詞「て」を介して「あり」が接続しました。

（1）　島のむろの木離れてある［波奈礼弖安流］らむ（万 3601）

このような「てあり」から「たり」が成立します（記紀歌謡には「り」は用いられていますが、「たり」はみえません）。

（2）　皆人の得がてにすといふ安見《やすみ》児《こ》得たり［衣多利］（万 95）

この「たり」は、「り」と異なり、どのような動詞にも接続することができるので、中古和文では種々の語について広く用いられるようになりました。『万葉集』では「り」が五七四例、「たり」が一七三例用いられていますが、『源氏物語』では「り」が三四二〇例、「たり」が四三四八例用いられており、「たり」が増大していることが知られます。タリ形とリ形とでは、文法的に有意的な差はないといわれます（野村剛史 1994）。（3）は、同じ動詞がリ形とタリ形をとった例です。

（3）　四季の絵書けるうしろの屏風に書きたりける歌（古今 357 詞書）

「たり」の勢力が増大する一方で、リ形は「給へり」という形に偏在し、それ以外は用いられなくなっていきます（例えば『狭衣物語』では「り」全七六三例中、「給へり」の形が七二〇例（九四パーセント）を占めています（近藤政行1988））。

◆1 「り」の衰退期には、「汝、知れりや忘れりや」（平家3）、「現《あらは》に見えるに」（今昔25-5）のように、誤って二段活用に「り」が接続した例がみえます。

◆2 サ変のリ形は訓読文で用いられ、中古和文ではふつう用いられません（『源氏物語』では「面がはりせる」が二例みられるだけです）。

◆3 「たり」は「てあり」から生じたのですが、次例のような「てあり」は、上代の「たり」では表現できないものと思われます。

・「吾《あれ》は、いなしこめ（＝ナントモ醜イ）、しこめき穢《きたな》き国に到りてありけり［而在祁理］。故《かれ》、吾は、御身の禊《みそぎ》をせむ」とのり給ひて（記）

・今年の六月十六日の申の時に、東南の角に当りて、いと奇《あや》しく異《こと》に麗はしき雲、七色相交りて立ち登りてあり［天在］。（続紀宣命42）

◆4 「春過ぎて夏来たるらし」（万28）、「人来たれりと」、（万3772）は四段動詞「来たる」で、「来《く》」のタリ形とは別語です（ただし両者の区別は困難な場合が多くあります）。

「り」「たり」は、**状態化辞**で（金水敏2006）、**既然相**（過去に起こった事態が今に継続存在していること）および**状態**（単にある状態で存在していること）を表します（野村剛史1994参照)。状態化辞は状態動詞にはつきません(したがって、「あり」はリ形・タリ形をもちません)。

(4) 我が里に大雪降れり大原の古《ふ》りにし里に降らまくは後(万103)

(5) 大和の青香具山は日の経《たて》の大き御門に春山と(＝春山ラシク)しみさび(＝茂リ栄エテ)立てり(万52)

(6) 住吉《すみのえ》の岸に向かへる淡路島あはれと君を言はぬ日はなし(万3197)

(7) ひさかたの月は照りたり暇《いとま》なく海人《あま》のいざり(＝イサリ火)は灯《とも》しあへりみゆ(万3672)

(8) 沖つ波辺波静けみ漁りすと藤江の浦に舟そ騒ける(万939)

◆1 (8)は一見進行相のようにみえますが、これは「ずっとこの町に住んでいる」のような成立持続的なもので、リ・タリ形には、「本を読んでいる」「食べている」のような動的(dynamic)な進行相の例は見出しにくいことが指摘されています(野村剛史1994)。「本を読んでいる」「食べている」のような進行相(不完全成相)は、古代語では、φ形で表されます(第4・6節参照)。

◆2 「あり」のリ形の例、「王璹《わうじゆ》を縛《いましめ》てあれるを解かしめて」(今昔9-34)は違例です。

リ・タリ形は、事態の継続存在に重点のある表現ですから、強い**メノマエ性**(事態が話者の眼前(〈今・ここ〉)に現れていること)をもっています(鈴木泰1995)。したがって、移動動詞のヌ形（起動相）が、〈ここ〉を出発点とし、移動主体が〈ここ〉から消失することを表すのに対し、移動動詞のリ・タリ形（既然相）は、移動主体が移動してきて〈今・ここ〉に存在していることを含意します。

（9）例の、弁の君、宰相などのおはしたると［一条御息所（落葉宮ノ母）ハ］思しつるを、いと恥づかしげに清らなるもてなしにて、［夕霧ガ］入り給へり（＝入ッテ来ラレタ）。（源・柏木）

（10）いぎたなかりつる人々（＝女房）は、かうなりけり（＝大君ト薫ガ契リヲ交シタノダ）とけしきとりてみな入りぬ（＝皆奥ニ入ッテシマッタ）。（源・総角）

（9）（10）を鈴木泰（1995）は、次のように図示しています。

（11）ヌ形：□→　リ・タリ形：→□

鈴木泰（1995）は、このヌ形とリ・タリ形の違いが、場面展開の上にも現れるという興味深い指摘をしています。

（12）かの大将殿（＝薫）は、例の、秋深くなりゆくころ、［宇治行キハ］ならひにしことなれば、寝覚め寝覚めに［亡キ大君ヲ］もの忘れせず、あはれにのみおぼえ給ひければ、宇治の御堂造りはてつと聞き給ふに、みづから［宇治ニ］おはしましたり。【→ここから宇治の場面が始まる】（源・東屋）

（13）「……」と［紫上ガ匂宮ニ］聞こえ給へば、［匂宮ハ］うちうなづきて、［紫上ノ］

御顔をまもりて、涙の落つべかめれば、［匂宮ハ］立ちておはしぬ。【↑匂宮が場面から去り、ここでこの場面が終了する】（源・御法）

(12) では、移動動詞のリ・タリ形が、新たに始まる場面を始発させるものとして、(13) では、移動動詞のヌ形が、場面を終結させるものとして用いられています。

4・4 その他のアスペクト表現

次例のような「〜をり」も進行相を表す形式として用いられました。

(1) ［かぐや姫ヲ］え止《とど》むまじければ、たださし仰ぎて泣きをり。（竹取）

この「をり」は、変化動詞「ゐる」（じっとする）の状態形で（金水敏 1983）、中古にはやがて「ゐたり」と交替します（中世には卑語化します）。中古には、上代にはなかった「〜てゐたり」という形式も現れますが、原義である「〜してじっとしている」の意が強く、純粋に進行相を表す補助動詞としては確立していません。

(2) 入道、例のよろこび泣きしてゐたり。（源・澪標）

「〜はじめる」「〜おわる」のように運動の局面（phase）を表す動詞を**局面動詞**といいます。古代語では、次のような形式があります。

(3) 雪間の草若やかに色づきはじめ（源・初音）

(4) 春雨に争ひかねて我がやどの桜の花は咲きそめにけり（万 1869）

（5）藤波の咲きゆく見ればほととぎす鳴くべき時に近づきにけり（万4042）
（6）雷《かみ》すこし鳴りやみて、風ぞ夜も吹く。（源・須磨）
（7）花の木ども散りはてて（枕37）
◆中古和文では「～をはる」という言いかたはありません（岡野幸夫1996）。日本語の動詞は、一般に**結果の含意**がないので、「開けても開かなかった」「溺れたけれど助かった」のような表現が成立します（影山太郎2002）。
（8）［袴ヲ］取らするを、［侍女ハ］取らず。（古本説話集54）
（9）大臣、押し放ち引き寄せて見給へど、［老齢ノタメ］え見給はで（落窪）
（10）遣戸開くるに、いとかたければ、…押し引けど、内外《うちと》に詰めてければ、揺るぎだにせず。（落窪）
次例の傍線部の動詞もtry toの意です。
（11）助、「馬槽《むまぶね》（＝馬ノ飼葉桶）しばし」と借りけるを、［頭ノ君ハ］例の文の端に、「助の君に、「ことならずは（＝私ノ頼ミ事ガ成就シナケレバ）、馬槽もなし（＝オ貸シデキマセン）」と聞こえさせ給へ」とあり。（蜻蛉）
（12）親のあはすれども聞かでなむありける。（伊勢23）
◆上代には、「奈良山の峰なほ霧らふ」（万2316）のような、反復・継続を表す助動詞「ふ」がありました。「住まふ」「慣らふ」「計らふ」「呼ばふ」「移ろふ」はこの「ふ」が動詞語尾に固定して一語化したものです（「移ろふ」のように音変化したものもあります）。「仕へまつりまさへる［麻佐部流］ことをなも」（続紀宣命52）では、この「ふ」に「り」が接続しています。

4・5　キ形とケリ形

「き」と「けり」はともに連用形接続の助動詞で、次のように活用します。

（1）	未然形	連用形	終止形	連体形	已然形	命令形
	（せ）	○	き	し	しか	○
	（けら）	○	けり	ける	けれ	○

◆1 「き」の未然形「せ」は、「世の中にたえて桜のなかりせば春の心はのどけからまし」（古今53）のような仮定条件のときだけに用いられます。この「せ」をサ変動詞とみる説がありますが、「降りにせば」（万3214）、「我が行けりせば」（万1497）、「流れざりせば」（古今302）のような承接例から、この「せ」をサ変動詞とみることは困難です。カ行とサ行に活用するのは、もともと別語だったカ行系の語とサ行系の語が混合したものでしょう。サ行系の語は「まし」と活用が同型です。「白腕《しろただむき》枕かずけばこそ」（記歌謡61）のような例に、「け」というカ行系の古い未然形が認められます。「ほととぎす言《こと》告げ遣りしいかに告げきや」（万1506）は、「き」と「し」がすでに異活用形態として成立している証拠です。

◆2 「き」は連用形接続ですが、連体形の「し」、已然形の「しか」は、サ変とカ変の動詞に対しては未然形に付きます（「せ-し」「せ-しか」「こ-し」「こ-しか」）。また、平安時代の「きし方」という言いかたに限り、カ変の連用形「き」＋「し」という接続があります（奈良時代、鎌倉時代は「こし方」です（小林芳規 1986 参照））。終止形の「き」はカ変には付きません。

◆3 「けり」の未然形「けら」は「青柳は蔓にすべくなりにけらずや」（万817）のように上代だけに用いられました。なお上代には「けら＋ず」のほかに「恋ひ止まずけり」（万3980）という承接順序もあり、中古になると「ざりけり」という語序で固定します。

「き」は**時制専用辞**で、発話者がその事態の真実性に関与している過去の事態を表します。多く、現在から隔たった過去に存在し、現在は存在しない過去の事態の回想に用いられます。

（2）昨日こそ早苗とりしかいつのまに稲葉そよぎて秋風の吹く（古今172）

（3）妹《いも》として（＝亡キ妻ト共ニ）二人作りし我が山斎《しま》（＝庭）は小高く繁くなりにけるかも（万452）

（4）京より下りし時に、みな人、子どもなかりき。（土佐）

（5）まだ文章生《もんじやうのしやう》に侍りし時、かしこき女の例をなむ見給へし。（源・帚木）

（6）たしかに人の語り申し侍りしなり。（源・藤袴）

◆1　細江逸記（1932）は、トルコ語の過去を表す接尾辞には -di と -mish の二つがあって、yazdi = He wrote (in my presence)、yazmish = He wrote (it is said) のように、-di は経験回想、-mish は非経験回想を表す、これが日本語の「き」と「けり」の使い分けに一致するとして、「「き」は「目睹《もくと》回想」で自分が親しく経験した事柄を語るもの、「けり」は「伝承回想」で他よりの伝聞を告げるのに用ひられたものである。」と主張しました。この説のうち、「き」が経験した過去を表すというのは、中古物語の会話文に限っていえば、ほぼ例外なく当たるようです（吉岡曠 1977）。次例では、発話者の事態への関与性の有無によってキ形とケリ形とが使い分けられています。

・いときなきよりなづさひし者の、いまはのきざみにつらしとや思はむと思う給へて、まかれりしに、その家なりける下人《しもびと》の病《やまひ》しけるが、にはかに出であへで亡くなりにけるを、怖ぢ憚りて、日を暮らしてなむ取り出で侍りけるを、聞きつけ侍りしかば（源・夕顔）〈源氏ノ詞〉

しかし、「けり」が非経験の過去を表すというのは、必ずしもあたらないようです。例えば、次例では、かぐや姫が同じ事実を述べるのに、①では「き」を、②では「けり」を用いています。また、下例（14）でも発話者が直接経験した過去の事態にケリ形が用いられています。
①片時の間とて、かの国よりまうで来しかども（竹取）
②昔の契ありけるによりなむ、この世界にはまうで来たりける。（竹取）

◆2　次例は発話者が直接経験した過去の事態ではありませんが、事態に対する真実性が確信されているためにキ形が用いられたと考えられます。

・香具山と耳梨山とあひし時［阿菩大神ガ］立ちて見に来し印南国原（万14）

・松浦潟佐用姫の児《こ》が領布《ひれ》振りし山の名のみや聞きつつ居《を》らむ（万868）

・古《いにしへ》の小竹田壮士《しのだをとこ》の妻問ひし菟原処女《うなひをとめ》の奥《おく》つ城《き》ぞこれ（万1802）

・近江大津宮に大八島国知らしめしし［之］天皇が大命として（続紀宣命13）

・継母なりし人は、宮仕へせしが［父ト共ニ上総ニ］下りし［人］なれば（更級）

◆3　上代、連体形「し」に、アスペクトの「たり」のような意で用いられた例がみえます（古い時代の用法の痕跡かと思われます）。

・天皇、その［猪ノ］うたき（＝唸リ声）を畏《かしこ》みて、榛《はり》の木の上に登り坐しき。かれ歌ひ給ひしく、「やすみしし我が大君の遊ばしし猪《しし》の病み猪のうたき畏み我が逃げ登りしありをの（＝目立ツ丘ノ）榛の木の枝」（記歌謡98）

「けり」は、テンス的意味として、①過去に起こって現在まで持続している（または結果の及んでいる）事態、②発話者がその事態の真実性に関与していない過去の事態を、認識的意味として、③気づかなかった事態に気づいたという認識の獲得（気づき）を表します。例をあげます。

①潮待つとありける船を知らずして悔しく妹《いも》を別れ来にけり（万3594）

②鶏《とり》が鳴く東《あづま》の国に古《いにしへ》にありけることと今までに絶えず言ひける（万1807）

③みやびをに我はありけり（万127）

次例では第一例が①、第二例が②、第三例が③を表しています。

（7）常磐なす岩屋は今もありけれど住みける人そ常なかりける（万308）

①②③の意は、その性質上、真偽疑問文をもちません（したがって、「けり」はほとんど問いの文に現れません）。

②の用法を伝承過去（reported past）といい、（8）のように用いられます。特に（9）を物語過去（narrative past）といいます。

（8）昔、阿倍仲麻呂といひける人は、唐土《もろこし》にわたりて、帰り来ける時に、…漢詩作《からうた》りなどしける。（土佐）

（9）今は昔、竹取の翁といふものありけり。（竹取）

◆一般に、物語中の「今」は、表現時（または我々が物語を読んでいる〈今〉）からは過去と位置づけられます。そのような物語中の「今」に「けり」が用いられ、物語内部での過去に「き」が用いられると考えられます（片桐洋一 1969、糸井通浩 1995、井島正博 2002b参照）。

近い過去の事態に対する伝承過去は、伝聞の「なり」の過去形という色彩をおびます。

（10）［兼家ガ来ナイ理由ヲ］参りて聞かむ、とて［道綱ガ兼家邸ニ］ものす。「昨夜《よべ》は悩み給ふことなむありける（＝アッタソウデス）。［兼家ハ］「にはかに、いと苦しかりしかばなむ、えものせずなりにし」となむのたまひつる」と［道綱ガ私ニ］言ふしもぞ、…（蜻蛉）

③の用法は、(11)のような例のほか、(12)(13)のように未来の事態にも、(14)のように発話者の体験した過去の事態にも用いられ、(15)のように意外性（mirativity）も示します。

(11) 手を打ちて、「あがおもとにこそおはしましけれ。…」といとおどろおどろしく泣く。（源・玉鬘）

(12)「今宵は十五夜なりけり」と思し出でて（源・須磨）

(13) 式部卿宮、明けむ年ぞ五十になり給ひけるを（源・少女）

(14)「明後日《あさて》ばかり、また参り侍らむ。…」とてまかり出でぬ。三日ばかりありて、少将がもとより、「くやしくぞ後に逢はむと契りける今日を限りと言はましものを」さて、その日失せにけりとぞ。（古本説話集11）

(15) あさましう、犬などもかかる［人間同様ノ］心あるものなりけり。（枕6）

(15)のような用法からは、後に、詠嘆といわれる用法が生じます。

(16) 見わたせば花も紅葉もなかりけり浦の苫屋の秋の夕暮れ（新古今363）

◆「昔、世心つける女、いかで心情《なさけ》あらむ男にあひ得てしかなと思へど、言ひ出でむも頼りなさに、まことならぬ夢語りをす。」（伊勢63）のような例にも注意されます。

4・6 現在・未来

現代語では、第4・1節用例（1a）（2a）のように、動作を表す動詞のφ形は未来を、状態を表す動詞のφ形は現在を表しますが、古代語では、φ形がそのまま現在（すなわち現在進行中の事態）を表したようです。

（1）湊風寒く吹くらし奈呉《なご》の江に偶呼《つま》び交はし鶴《たづ》さはに鳴く（万4018）

（2）竜田川もみぢ葉流る神なびのみむろの山に時雨降るらし（古今284）

（3）我が庵は都の辰巳しかぞ住む世をうぢ山と人はいふなり（百8）

（4）惟光に、「この西なる家は何人《なにびと》の住むぞ。問ひ聞きたりや」とのたまへば（源・夕顔）

（5）「道定朝臣は、なほ仲信が家にや通ふ」「さなむ侍る」と申す。（源・浮舟）

現代語のように、φ形が未来を表すことはなかったようですが、次のような例がみえることが指摘されています。

（6）「この月の二十八日になむ舟に乗り給ふ。…」と言ひたれば（落窪）

（7）明日渡るとなむ聞く。（落窪）

（8）宮の御前に御消息聞こえ給へり。「院におぼつかながりのたまはするにより、

今日なむ参り侍る。…」とあれば（源・葵）

未来は、一般に、ム形で表されます。

（9）春日野に時雨降るみゆ明日よりは黄葉《もみち》かざさむ高円《たかまと》の山（万1571）

（10）み吉野の山の嵐の寒けくにはたや今夜《こよひ》も我がひとり寝む（万74）

この「む」は推量の形式であって、テンス形式ではありません。ただし、連体修飾句が未実現（未来）の出来事をあらわすとき、古代語ではほとんど義務的にム形が現れるようです。

（11）ぬばたまの今夜《こよひ》の雪にいざ濡れな明けむ朝《あしたけ》に消なば惜しけむ（万1646）

（12）翁のあらむ限りは、かうてもいますかりなむかし。（竹取）

（13）船の帰らむにつけて賜《た》び送れ。（竹取）

（14）月の出でたらむ夜は、見おこせ給へ。（竹取）

（15）翁顔を探るに、年ごろありし瘤跡なく、かいのごひたるやうにつやつや無かりければ、木こらむことも忘れて家に帰りぬ。（宇治1-3）

（16）おのれ死なむ後には、この所をば寺を建て給へ。（今昔15-27）

この「む」を「婉曲」とか、現代語に訳せないとかいうのは不当です。現代語では、連体修飾句が未実現（未来）の出来事を表すとき、

（17）検査を受けた人はこちらに、検査を受ける人はこちらに並んでください。

の傍線部のように、ル形によって表します。(11)〜(16)のム形は、現代語のル形(無標形)に対応しています。

4・7　従属節のテンス

前節用例(16)に、「おのれ死なむ後には」とありました。また、古代語では次のような例があります。

(1)　御身くづほれ(＝衰弱)させ給はざりしさきに、などか仰せられざりし。(宇治4-8)

このような「*する後で」「*した前に」という言いかたは、現代語にはありません。現代語では、

(2)「逮捕された後でも、解雇しないつもりよ。」(赤川次郎『女社長に乾杯!』)

(3)「美濃の旦那様が、その最期をとげられる前に、おぬしに、京の御料人様に報らせよ、と言い置きなされたか」(司馬遼太郎『国盗り物語』)

のように、未来の出来事でも「逮捕された後で」、過去の出来事でも「とげられる前に」としか言えません。今、ある出来事Bに先立って(Bより過去に)出来事Aが起きたことを、「A→B」と表示すると、(2)は次のように表されます。

(2)b　発話時→逮捕される(従属節時)→解雇する(主節時)

（2）は、従属節時、主節時ともに発話時からみて未来ですが、従属節は夕形、主節はル形になっています。ここで従属節時が夕形をとるのは、従属節時が主節時からみて過去だからです。同様に、（3）は、

（3）b　言い置く（主節時）→最期をとげる（従属節時）→発話時

のように、従属節時、主節時ともに発話時からみて過去ですが、従属節はル形、主節は夕形になっています。ここで従属節時がル形をとるのは、従属節時が主節時からみて未来だからです。現代日本語では、主節は、発話時を基準としてテンスが表示されますが（これを**発話時基準**といいます）、相対名詞節（「～前」や「～後」を相対名詞節といいます）では、主節を基準としてテンスが表示されます（これを**主節時基準**といいます）。一方、第4・6節用例（16）、本節用例（1）にみるように、古代語では、相対名詞節のテンスも主節同様、発話時基準であったと考えられます（井島正博 1996）。

連体修飾節については、現代語で次のような現象が観察されます（寺村秀夫 1984）。

（4）a　昨日、{はげしい／*はげしかった} 雨が降りました。

b　{*はげしい／はげしかった} 雨が夕方やっと小降りになりました。

この現象については、（4a）のような限定修飾の連体修飾節は主節時基準に、（4b）のような非限定修飾は発話時基準になるといわれます（東弘子 1995）。古代語では、（4）に対応する例として、

（5）a　俊蔭は、激しき波風におぼほれ、知らぬ国に放たれしかど（源・絵合）

b　さばかり激しかりつる波風に、いつの間にか舟出しつらむと、心得がたく思へり。（源・明石）

のような例が拾えますが、古代語における連体修飾節のテンスのしくみについては、今のところ不明です。

第5章　文の述べかた

5・1　法助動詞

文は、事柄的内容を表す部分と、その事柄的内容に対する発話者の心的態度を表す部分とから成り立っています。

（1）a　留学するだろう。
b　留学するほうがいい。
c　留学しよう。
d　留学するよ。

（1）では、「留学する」が文の事柄的内容を表し、「だろう」「ほうがいい」「う」「よ」が、事柄的内容に対する発話者の判断や、聞き手への伝達といった、文の述べかたを表しています。このような、文の述べかたに関する言語上の表示を**モダリティ**（modality）といいます。モダリティのうち、事柄的内容に対する発話者の判断を表すことを主たる機能とする助動詞を**法助動詞**といいます。古代語における法助動詞には、次のようなものがあります。

（2）む・じ・らむ・けむ・まし・らし・めり・なり・べし・まじ
法助動詞は相互に承接しませんが、「べし」と「まじ」だけは例外です。

（3）いかがすべからむと思ひ乱れ給へり。（源・早蕨）

（4）いとど忍びがたく思すべかめり。（源・匂兵部卿）

（5）寅の時になむ渡らせ給ふべかなる。（枕259）

（6）人のたはやすく通ふまじからむ所に（堤・よしなしごと）

「べし」と「まじ」は、

（7）この、人の御車入るべくは、引き入れて御門鎖してよ。（源・東屋）

（8）さだに［心配ガ］あるまじくは（源・宿木）

のように仮定節内に生起することができる点でも、発話者の主体的態度を表すモダリティからは遠いということができます。

「べし」と「まじ」を除く法助動詞も、テンスを下接し得るか否かによって二分されます。すなわち、「む・じ・らむ・けむ・まし」はテンスを下接できず、発話者の発話時における判断しか示せないのに対し、「めり・なり」は、

（9）それより後は、局の簾うちかづきなどし給ふめりき。（枕46）

（10）物の怪もさこそ言ふなりしかと思ひあはするに（源・手習）

のようにテンスを下接させ、過去にそういう判断が成り立ったということを示すことができます（「べし」「まじ」もテンスを下接できます）。以上から、古代語の法助動詞は、次のように分類されることになります。

A　べし・まじ　（法助動詞下接○・テンス下接○）
B　めり・なり　（法助動詞下接×・テンス下接○）
C　む・じ・らむ・けむ・まし・らし　（法助動詞下接×・テンス下接×）

C類の語は、理由節内に生起できません（高山善行1987）。すなわち、「＊〜めば」「＊〜らめば」などの言いかたはありません（B類では「〜めれば」「〜なれば」が可能です）。B類の「めり・なり」は疑問文に現れず、一人称を主語とすることがありません。「らし」はC類に分類されますが、根拠のある推定を表す点、一人称主語をとらない点、ほとんど疑問文に現れることがない点では、B類に似ています。

法助動詞の中で、「まじ」と「じ」は否定の意を含んだ語です。一般に、「まじ」は「べし」の否定、「じ」は「む」の否定と考えられます。従って、対で用いるときは、次のように現れます。

（11）　夢をも仏をも用ゐるべしや、用ゐるまじやと定めよとなり。（蜻蛉）
（12）　来むか来じかと飯盛りて門に出で立ち待てど来まさず（万3861）

◆「人聞きもうたて思すまじかべきわざを」（源・夕霧）は、不思議な例で、河内本「人き、もうたておほすましきわさを」を採るべきでしょう。

法助動詞の「む」「じ」「べし」「まじ」には、推量などの、事態に対する発話者の認識に関わる意味（認識的意味）と、意志や勧誘などの、行為の実行に関わる意味（行為的意味）とがあります。

5・2 証拠性

法助動詞の中には、何らかの証拠に基づいた認識を表すものがあります。これを**証拠性**（evidentiality）といい、証拠性をもって成立した認識を**推定**といいます。古代語で推定を表す法助動詞は「べし・まじ・らし・なり・めり」で、いずれも終止形接続です。

◆終止形接続の助動詞は、ラ変の語には連体形に接続します。ただし、「なり」には、上代に、「葦原の中つ国は、いたくさやぎてありなり［阿理那理］」（記）のような接続例があります。

5・2・1 様相的推定・論理的推定

外観から性質や兆候を推定する様相的推定（現代語の「そうだ」）、および論理的推論によって推定する論理的推定（現代語の「はずだ」）は、古代語では「べし」で示されます（中西宇一 1969）。

（1）我がやどに盛りに咲ける梅の花散るべくなりぬ見む人もがも（万851）

（2）藤波の咲き行く見ればほととぎす鳴くべき時に近づきにけり（万4042）

（1）は梅の花に「散る」という兆候がみえるという様相的推定（「散りそうだ」）、（2）は「藤波の咲きゆく」ことから「ほととぎす鳴く」という事態が推論されるという論理的推定（「鳴くはずだ」）を表しています。

（3）青柳は蘰《かづら》にすべく（＝デキソウニ）なりにけらずや（万817）

（4）逢ふべかる（＝デキルハズノ）夕《よひ》だに君が来まさざるらむ（万2039）

（3）（4）では、この様相的推定と論理的推定とが可能の意を含んでいます。

（5）文をとりて見れば、いと香ばしき紙に、切れたる髪をすこしかいわがねて（＝輪ニシテ）包みたり。いとあやしうおぼえて、書いたることを見れば、「あまの川空なるものと聞きしかどわが目のまへの涙なりけり」と書きたり。尼になりたるなるべしと見るに（大和103）

（6）［かぐや姫ハ］月のほどになりぬれば、なほ時々はうち嘆きなどす。これを、使ふ者ども、「なほ物思すことあるべし」とささやけど（竹取）

（5）は、論理的推定の延長上にあって「に違いない」と訳される例、（6）は、様相的推定の延長上にあって「ようだ」と訳される例です。「べし」はまた、当為表現も担います（第5・6節参照）。

「べし」の否定には、「べくもあらず」と「まじ」とがあります。

◆「べからず」は漢文訓読で用いられたもので、和文では用いられません（『源氏物語』では「べくもあらず」八五例に対して、「べからず」は僧都の詞として一例みえるだけです。なお「べくはあらず」が二例あります）。「まじ」に相当する形式として「ざるべし」もあり得るはずですが、用例は多くありません（『源氏物語』では「まじ」五七三例に対して、「ざるべし」は九例です）。

・風のつてにも［源氏ガ朧月夜ニ］ほのめき聞こえ給ふこと絶えざるべし。（源・少女）

「べくもあらず」が打消された事態の成立を強く主張する表現を作るのに対し、「まじ」は打消された事態に対する様相的・論理的推定を表します。

（7）立ちて見、ゐて見、見れど、去年《こぞ》に似るべくもあらず。（伊勢4）

（8）顔むげに知るまじき童一人ばかりぞ率ておはしける。（源・夕顔）

（9）ことにもののあはれ深かるまじき若き人々、みな泣くめり。（枕128）

（7）が「全く似ていない」という否定事態を強く主張したものであるのに対し、（8）は打消された事態に対する論理的推定（「顔を知っていないはずの」）、（9）は打消された事態に対する様相的推定（「深く感じなさそうな若い人々」）を表しています。すなわち、「べくもあらず」は現代語の（10a）に相当し、「まじ」は（10b）に相当するといえます。

（10）a　失敗するはずがない。（＝決して失敗しない）

b　失敗しないはずだ。（＝「失敗しない」ことが論理的に推定される）

◆1　次例の「まじ」は可能の意を含んだ様相的推定の否定です。

・たはやすく人寄り来まじき家を作りて（竹取）

様相的推定の「まじ」に「いかにも～の様子である」の意の接尾辞「-げなり」を付けた「まじげなり」も用いられました。

・木の葉の残りあるまじげに吹きたる、常よりものあはれにおぼゆ。（和泉日記）

◆2　「まじ」は上代には「ましじ」という語形でした。「ましじ」は「まじ」の古い語形といわれ、終止形と連体形の例しかありません。

・堀江越え遠き里まで送り来《け》る君が心は忘らゆましじ［麻之自］（万4482）

・末桑《うらぐは》の木寄るましじき［麻志士枳］河の（紀歌謡56）

「まじ」は「ましじ」の後に成立した新しい語であるせいか、和歌にはほとんど用いられません（三代集には用例がありません）。

◆3　中古の一時期「**べらなり**」という推量の助動詞が用いられました。これは、形容詞「清し」から形容動詞「清らなり」が派生したように、「べし」から派生した語形と考えられます。三代集中に例がみえ（四六例）、特に紀貫之が好んで用いました。

・鳴きとむる花しなければ鶯もはてはもの憂くなりぬべらなり（古今128）

・北へ行く雁ぞ鳴くなるつれてこし数は足らでぞ帰るべらなる（古今412）

・春のきる霞の衣ぬきを薄み山風にこそ乱るべらなれ（古今23）

・知らぬ茸《たけ》と思すべらに、独り迷《まど》ひ給ふなりけり。（今昔28-19）

同じく「べし」から派生した語形に「べかし」がありますが、これはラ変動詞「あり」に付いて「あるべかし」の形でしか使用例がありません。

・おほかたのあるべかしき（＝当然アルハズノ）ことどもは（源・総角）

5・2・2 証拠に基づく推定

「らし」は、その認識が、外部に存在する情報を根拠にして成立したことを表す語です。下例では、波線部に推定の根拠が示されています。

（1）沖辺より潮満ち来らし可良《から》の浦にあさりする鶴《たづ》鳴きて騒きぬ（万3642）

（2）春日野に煙立つ見ゆ娘子《をとめ》らし春野のうはぎ摘みて煮らしも（万1879）

松尾捨治郎（1961）によれば、『万葉集』で「らし」が用いられた歌一七五首中、一五〇首（八六パーセント）までが、（1）（2）のように、推定の根拠を示した二文構成になっています。「らし」は、

（3）常やまず通ひし君が使ひ来ず今は逢はじとたゆたひぬらし（万542）

のように「ぬ」は承けますが、「つ」や「き」は承けません。「昨日雪が降ったらしい」のように、眼前の事態を根拠にして過去の事態を推定する意を表すには、「けらし」を用い

ます。この「けらし」は、「けるらし」が約《つづ》まったものといわれます。

（4）年魚市潟《あゆちがた》潮干にけらし知多の浦に朝漕ぐ舟も沖に寄るみゆ（万1163）

◆「けらし」を「けり」の形容詞形とする説もありますが、「けらし」に形容詞としての活用形態はなく（「らし」同様無活用です）、①のような「寒からし」は「寒かる＋らし」の約と考えらることから、「けるらし」の約と考えてよいものと思われます。②③は同様に「あるらし」「なるらし」の約です。

①秋の夜は露こそことに寒からし草むらごとに虫のわぶれば（古今199）

②武庫の海の庭《には》良くあらし漁りする海人の釣船波の上ゆ見ゆ（万3609）

③かく行けば人に憎まえ老《お》よし男《を》はかくのみならし（万804）

（5）（6）では、「らし」は既定事実（眼前の事実）に承接し、その理由を推定しています。この用法は、中古にはありません。

（5）我が背子がかざしの萩に置く露をさやかに見よと月は照るらし（万2225）

（6）汝《いまし》たちのよからぬに依りてし、かくあるらし。（続紀宣命17）

（7）（8）のように、推定の根拠が言語上表現されない場合があります（（7）（8）の根拠は眼前の状況です）。（9）のような「らし」は、ふつう、確信をもった推定と説明されます。

（7）み雪降る冬は今日のみ鶯の鳴かむ春へは明日にしあるらし（万4488）

（8）［松原ニ鶴ガ遊ブノハ］波かけの見やりに立てる小松原心を寄することぞあらし（蜻蛉）〈松原ニ鶴ガ遊ブ屏風歌ニ寄セタ歌〉

（9）色まさるまがきの菊もをりをりに袖うちかけし（＝袖ヲ連ネテ青海波ヲ舞ッタ）秋を恋ふらし（源・藤裏葉）

「らし」は『万葉集』では一七五例用いられていますが、『古今和歌集』では一九例、『源氏物語』では三例（すべて（9）のように和歌中の例です）、『枕草子』では〇例です。「らし」は平安時代、和歌では「らむ」に、散文では新進の「めり」に圧倒され、急激に衰退しました（松尾捨治郎1961）。したがって、古代語の助動詞「らし」は、現代語の助動詞「らしい」に繋がりません。

「らし」は無活用です。（10）（11）は係助詞に対する結びとして、連体形、已然形に相当します。

（10）この川にもみぢ葉流る奥山の雪げの水ぞ今まさるらし（古今320）

（11）ぬき乱る人こそあるらし白玉のまなくも散るか袖のせばきに（古今923）

◆次例①は「らし」が形容詞型活用に転ずる萌芽を示していますが（上代では、形容詞型活用の語は、「こそ」の結びに連体形が用いられました）、結局活用形式を獲得するに至りませんでした。

①古《いにしへ》も然《しか》にあれこそうつせみも妻を争ふらしき［良思吉］（万13）

「けらし」にも、一例だけですが「偲ひけらしき［偲家良思吉］」（万1065）の形がみえます。「らし」はほとんど文の終止にしか用いられませんが、②は連体修飾用法です。

②大君の継ぎて見《め》すらし高円《たかまと》の野辺見るごとに音《ね》のみし泣かゆ（万4510）

5・2・3 聴覚に基づく推定

終止形接続の「なり」は、聴覚によって事態を推定する意を表します（松尾捨治郎 1919）。ラ変型活用です。

（1）我のみや夜船《よふね》は漕ぐと思へれば沖辺の方に梶の音すなり（万3624）
（2）吉野なる夏実の川の川淀に鴨そ鳴くなる山陰にして（万375）
（3）皆人を寝よとの鐘は打つなれど君をし思へば寝《い》ねかてぬかも（万607）

上代の「なり」は（1）～（3）のように、音響を表す動詞を直接受ける例がほとんどです。（4）（5）では、「～らし」の推定の根拠たる現状を表す部分に「なり」が現れています（井手至 1970）。これは、「なり」が主体的表現ではなく、「そういう音が聞こえる」という判断辞であったことを示しています。

（4）梶の音そほのかにすなる海人娘子《あまをとめ》沖つ藻刈りに舟出すらしも（万1152）
（5）ぬばたまの夜は明けぬらし玉の浦にあさりする鶴《たづ》鳴き渡るなり（万3598）

◆上代には、判断辞「なり」と対になる、「終止形＋みゆ」という語法がありました。

・潮瀬の波折《なを》りを見れば遊び来る鮪《しび》がはたでに妻立てりみゆ（記歌謡108）

この「みゆ」は、終止形につく点で動詞「見ゆ」とは異なるもので、判断辞（助動詞）とすべきものです（井手至1981）。上例のような「みゆ」が「〜とみえる」の意を表すのと対になる形で、「なり」は「〜と聞こえる」の意を表したと考えられます。北原保雄（1965）は、これを、

・妻（主語）－立てり（述語）－みゆ（述語）

・梶の音（主語）－す（述語）－なり（述語）

のように把握し、「複述語構文」と名づけています［補注7］。

「なり」は中古になって、音響を表す動詞以外の語について、音響をたよりにして見えない事態を推定するという主体的意味を表すようになりました。

（6）［鶏ガ］おそろしう鳴きののしるに、皆人起きなどしぬなり。（枕293）

（7）月のおもしろきに、夜更くるまで遊びをぞし給ふなる。（源・桐壺）

このような聴覚による判断は、

（8）聞けば、侍従の大納言の御むすめ、亡くなり給ひぬなり。（更級）

（9）男もすなる日記といふものを、女もしてみむとてするなり。（土佐）

のような、「耳にしたところ〜だそうだ」という伝聞の用法に発展します。

◆「火鼠の皮といふなる物」（竹取）では伝聞表現が重複しています。

相手の話から判断したという意を表す例も少なくありません。

(10) 難《かた》きことどもにこそあなれ。この国にある物にもあらず。(竹取)

(11) 人々、「海龍王の后になるべきいつき娘ななり。心高さ苦しや」とて笑ふ。(源・若紫)

(12) は、聴覚による推定という中核的意味からはずれています。

(12) 宰相の中将こそ参り給ふなれ。例の御匂ひいとしるく(堤・このついで)

◆ 終止形に接続した「なり」は推定伝聞、連体形に接続した「なり」は断定を表しますが、

・野辺近く家居しせれば鶯の鳴くなる声は朝な朝な聞く(古今16)

・障子を五寸ばかりあけて言ふなりけり。(枕5)

のように、終止形・連体形が同形の動詞に「なり」が付いた場合、推定伝聞であるのか断定であるのか、形の上からは区別できないことになります。これについては、次のような判別基準があることが知られています(北原保雄1967a)。すなわち、活用語についた「なり」について、

①未然形の「なら」は、「ならく」のとき推定伝聞、それ以外はすべて断定。

②連用形の「なり」は、「なり+き」「なり+つ」のとき推定伝聞、「なり+けり」「なり+けむ」のとき断定。

③連体形の「なる」は、助動詞が下接していないときはすべて推定伝聞、「なるべし」のよ

うに助動詞が下接しているときは断定。
④已然形の「なれ」は、係助詞「こそ」の結びのときは推定伝聞。
⑤撥音便形の下の「なり」は推定伝聞。
です。他の場合、例えば終止形「言ふなり。」などとあった場合、形の上から推定伝聞か断定かを判別するすべはありません。基準③によって上例第一例「鳴くなる」の「なる」は推定伝聞、基準②によって上例第二例「言ふなり」の「なり」は断定であることがわかります。なお、②で「なり＋き」の「なり」は伝聞、「なり＋つ」の「なり」は推定を表します（岡崎正継1989）。「恨み侍るななりな。」（源・少女）は、⑤によって、最初の「な」が断定（「なり」の連体形「なる」の撥音便の「ん」が表記されない形）、「なり」が推定伝聞（終止形接続ですが、ラ変には連体形に接続します）です（最後の「な」は終助詞です）。

5・2・4　視覚に基づく推定

「めり」は、視覚によって事態を推定する意を表します。ラ変型活用です。
（1）かぐや姫の、皮衣を見ていはく、「うるはしき皮なめり。…」（竹取）
（2）のぞき給へば、…簾すこし上げて、花奉るめり。（源・若紫）
（3）人々（＝コノ二人ハ）、足どもいと白し。盗人にはあらぬなめり。（落窪）
見ることによって何かを推定するというところから、発話者の見る限りでの判断、個人的な判断を示す語として用いられることになります。

（4）「［縫物ハ］いま少しなめり。［アナタハ］はやう寝給ひね。［私ハ］縫ひ果ててむよ」と言へば（落窪）

（5）我も世にえあるまじきなめり。（源・夕顔）

このようなところから、「めり」は控えめな表現としても多用されます。「めり」の、このような用法を**婉曲**といいます。（6）は実際に手紙を持って来ての発言、（7）はその事情を熟知しているはずの父親の発言で、推定などする必要のない事柄です。

（6）［あこぎハ少将ノ手紙ヲ姫ノ所ニ］持《も》て参りて、「ここに御文《ふみ》侍るめり。…」（落窪）

（7）（父ガ娘ニ）「［オ前ハ］親（＝母親）なかんめれば、いかでよろしく思はれにしかなとこそ思はめ。…」とて（落窪）

「見ゆめり」という、「見ゆ」の婉曲表現も存します。

（8）かりそめの隠れ処《が》とはた見ゆめれば（源・夕顔）

次例のような「めり」は、単に語気を和らげるために用いられています。

（9）かくてまた明けぬれば、天禄三年といふめり。（蜻蛉）

（10）「かの花盗むは誰ぞ。あしかめり」と言へば（枕259）

次例は、既定事実（眼前の事実）に承接して、その理由を推定する用法です。

(11) 明日からは若菜摘まむと片岡の朝《あした》の原は今日ぞ焼くめる (拾遺18)

「めり」は上代には例がなく(ただし「をぐさ勝ちめり[可知馬利]」(万3450)という存疑例が一例あります。これは東歌で、「めり」が連用形に接続しています)、平安時代に登場した新しい助動詞です。「めり」は、中古和文で使用が激増し、例えば『源氏物語』には九八一例用いられていますが、短命で、鎌倉時代になると急速に衰退しました。新しい語であったせいか、和歌にはあまり用いられません(八代集全体でも二二例用いられているにすぎません)。

◆1 次例は自分の行為に「めり」を用いています。「乞ふ」らしい様子が童から見える、という表現と思われます。

・この花のはなばなと咲きたるを見て[私ガ]乞ふめれば、童の多く折りて持て来たるも、折からにもののみあはれに(成尋阿闍梨母集)

◆2 「まだ夜深からむめるを」(浜松中納言物語)、「違ふ所なからむめり」(夜の寝覚)は、衰退期の特殊な接続例です。

5・3 推量

「む・じ・らむ・けむ」は、助動詞相互承接にあって最下位にたち、発話者の推量判断を示す法助動詞です。いずれも、終止形、連体形、已然形しか用いられず、「む/む/め」

「らむ／らむ／らめ」「けむ／けむ／けめ」と活用します。「じ」には語形変化がありません。「む」と「じ」は未然形接続、「らむ」は終止形接続、「けむ」は連用形接続です。

◆「じ」の連体形は例が少なく、已然形は用いられません。「幾世しもあらじ我が身を」（古今934）は連体形の例、已然形は「風にこそ知られじ」（新続古今153）がほとんど唯一例です。

5・3・1　一般的推量・未実現の事態の推量

「む」は、認識的意味として一般的推量および未実現の事態の推量を、行為的意味として意志および勧誘を表します（第5・7〜5・8節参照）。「む」が意志と解釈されるとき、主語は必ず一人称です。

◆「〜む」の主語が一人称であれば必ず意志の意を表すとは限りません。例えば次例の主語は一人称ですが、「む」の意味は推量です。

・［アナタガ私ヲ］うち棄てて入らせ給ひなば、［私ハ］いと心細からむ。（源・総角）

「む」は、広く推量（発話者にとって事実として確認されない事態）を表します。

（1）待ち顔ならむ夕暮などの［手紙］こそ、見どころはあらめ。（源・帚木）
（2）［梨ノ花ハ興ザメダガ］なほさりともやうあらむと、せめて見れば（枕34）
（3）宮聞こしめしつけば、さぶらふ人々（＝女房）のおろかなるにぞさいなまむ

（＝オ叱リガアリマショウ）。（源・若紫）

（1）は時間にかかわりのない一般的推量、（2）は発話者の認識外の事態に対する推量、（3）は未実現の事態の推量を表しています。ただし（1）～（3）のように、平叙文末の「む」が単独で推量を表す例は実際は少なく、「む」が推量を表す場合、疑問文の形式と共起するのがふつうです。（4）（5）は疑問文の形式と共起して疑いの意を、（6）（7）は疑問文の形式と共起して未来の予測を表しています。

（4）きしめく車に乗りて歩く者。耳も聞かぬにやあらむと、いとにくし。（枕25）

（5）何人ならむ。（源・若紫）

（6）乱れ憂ふることやあらむ。（源・桐壺）

（7）［紫上ハ］いかなる様にさすらへ給はむ。（源・須磨）

第4・6節で述べたように、古代語では、連体修飾句が未実現（未来）の出来事をあらわすとき、これを「む」によって表示します。

（8）ぬばたまの今夜《こよひ》の雪にいざ濡れな明けむ朝《あした》に消《け》なば惜しけむ（万1646）

（9）のように確実に起きる未来の事態でない場合は、仮定の色彩が出ます。

（9）恋しからむ折々（＝モシ恋シカッタ時ハ）、［コノ手紙ヲ］取り出でて見給へ。（竹取）

（10）（11）のような、いわゆる仮定の用法は、（9）のような例の延長線上にあるということができます。

(10) 思はむ子を法師になしたらむこそ心苦しけれ。（枕4）

(11) 淋しくあばれたらむ葎《むぐら》の門に、思ひの外にらうたげならむ人の閉ぢられたらむこそ、限りなく珍しくはおぼえめ。（源・帚木）

(10)は、「む」の仮定の意味を誇張して現代語にうつせば、「仮に愛する子があったとして、その子を法師にするということが仮にあったとしたら、それは気の毒だ」のような意です（そう現代語訳するのがよいと主張しているわけではありません）。

◆1　次例のような「〜む、…」は「〜むに」のような意で、下文に対して順接仮定条件の関係を作ります。

・もしこの鼠を棄てむ、蛇の為に必ず呑まれなむとす。（今昔14-2）

・されば舎利を我等に得しめたらむ、国こぞりて重き宝として共に供養せむ。（今昔3-35）

◆2　平安時代、「む」に助詞「と」とサ変動詞「す」がついた「**むとす**」が「**むず**」と変化して用いられはじめました（自然な音変化ではないので「むず」の成立には異説もあります）。

・かの国（＝月）の人来ば、［戸ガ］みな開きなむとす。（竹取）

・かのもとの国（＝月）より、［私ヲ］迎へにまうで来むず。（竹取）

『枕草子』には次のような記述があります。

・何事を言ひても、「その事させむとす、言はむとす、何とせむとす」といふ「と」文字を失ひて、ただ「言はむずる、里へ出でむずる」などいへば、やがていとわろし。まいて、文に書いてはいふべきにもあらず。(186)

「むず」は院政期に他の法助動詞を下接した例がみえはじめ、中世には特に「むずらむ」の使用が目立ちます。

・我はこの蛇に食はれなむずるなめり。(古本説話集64)

・この児、定めて［僧ガ私ヲ］驚かさむずらむと待ちゐたるに(宇治1-12)

「むとす」の打消し形「じとす」は、複合辞化することはありませんでした。

・「許さじとす」とて、［かぐや姫ヲ］率ておはしまさむとするに(竹取)

「じ」は、「む」の否定と考えられ、打消された事態に対する推量および意志(第5・7節参照)を表します。(12)は推量の例です。

(12) 一生の恥、これに過ぐるはあらじ。(竹取)

「じ」が「む」の否定であるならば、「ざらむ」と同義になるはずですが、「じ」と「ざらむ」は互いに相補の関係にあったことが知られています(小松登美1961、桜井光昭1970)。意志を表す用法は「ざらむ」にはありません。推量の場合、終止法はもっぱら「じ」が、連体法は「ざらむ」が表しました。

5・3・2　現在推量

「らむ」は、現在の事態に対する推量を表します。

（1）憶良らは今は罷らむ子泣くらむそれその母も我を待つらむそ（万337）

次例（2）は仮定条件に対する現在の推量、（3）は一般的な推量を表していますが、これらの用法は、いずれも現在推量の延長上に派生したものといえるでしょう。

（2）［夕顔ガ］まだ世にあらば、はかなき世にぞさすらふらむ。（源・帚木）

（3）五月五日にぞ、［姫君ノ生後］五十日《いか》にはあたるらむと、人知れず数へ給ひて（源・澪標）

◆次のような例に注意されます。

・「今夜こそ流泉・啄木（＝琵琶ノ曲名）は弾くらめ」と思ひて（今昔24-23）

・［私ハアナタガ］さきざき見給ふらむ人のやうにはあらじ。（和泉日記）

「らむ」が用いられた文では、推量される事柄がどの部分がであるのかに注意が必要です。（1）では「らむ」の直前の句「子泣く」「その母も我を待つ」が推量される事柄ですが、（4）では「らむ」の直前の句（波線部）は既定事実になっていて、二重傍線部が推量される事柄になっています。

（4）春日野の若菜摘みにや白妙の袖ふりはへて人の行くらむ（古今22）

さらに（5）では、「既定事実＋既定事実」という構造になっていて、推量される事柄が言語上に表示されていません（（5）は詞書に「桜の花の散るをよめる」とあります）。

（5）ひさかたの光のどけき春の日に静心なく花の散るらむ（古今84）

（5）は、「日の光がのどかに照らすこの春の日に、どうして落ちついた心もなく桜の花が散るのだろう」（新大系訳）のように、ふつう、「どうして」ということばを補って解釈されます。この構文の類例をあげます（（9）は散文の例です）。

（6）春の色の至り至らぬ里はあらじ咲ける咲かざる花の見ゆらむ（古今93）

（7）秋風にかきなす琴のこゑにさへはかなく人の恋しかるらむ（古今586）

（8）秋の野の草は糸とも見えなくに置く白露を玉と貫くらむ（後撰307）

（9）［朝顔ハ］あながちに情《なさけ》おくれても、［何故、源氏ヲ］もてなし聞こえ給ふらむ。（源・朝顔）

◆「など」が言語上表示された例も存します。

・やどりせし花橘も枯れなくになど郭公声たえぬらむ（古今155）

連体形の「らむ」には、不確かな伝聞を表す用法があります。伝聞の「らむ」は「～とかいう」と現代語訳すると当たります。

（10）古《いにしへ》に恋ふらむ鳥はほととぎすけだしや鳴きし我が思へるごと（万112）

5・3・3　過去推量

「けむ」は、過去の事態に対する推量を表します。

（1）昔こそ難波田舎と言はれけめ今は都引き都びにけり（万312）

（2）前の世にも御契りや深かりけむ、世になくきよらなる玉の男御子さへ生まれ給ひぬ。（源・桐壺）

「けむ」にも第5・3・2節用例（4）と同様の構文、

（3）唐土《もろこし》の人は、これをいみじと思へばこそ、記しとどめて世にも伝へけめ。（徒然18）

第5・3・2節用例（5）～（9）と同様の構文があります。

（4）よそにのみ聞かましものを音羽川渡るとなしに見なれそめけむ（古今749）

（5）葵のただ三筋ばかりあるを、「世離れてかかる山中にしも生ひけむよ」と、人々あはれがる。（更級）

連体形の「けむ」には、不確かな伝聞を表す用法があります。

（6）海は少し遠けれど、行平の中納言の「関吹き越ゆる」と言ひけむ浦波、夜々《よるよる》はげにいと近く聞こえて（源・須磨）

（7）かぐや姫を見つけたりけむ竹取の翁よりもめづらしき心地するに（源・手習）

次例（8）の「けむ」は確実な記憶ではないことを表しています。また（9）では病気のために記憶が不確実なので、「けむ」が用いられています。

（8）わ翁《おきな》の歳こそ聞かまほしけれ。生まれけむ年は知りたりや。（大鏡）
（9）沼尻といふ所もすがすがと過ぎて、いみじくわづらひ出でて、遠江にかかる。さやの中山など越えけむほどもおぼえず。（更級）

5・4 反実仮想

仮定を表す言いかたには、二種類のものがあります。すなわち、（1a）の仮定は事態成立の可能性に関して中立であるのに対し、（1b）（1c）は現在、過去の事実に反することを仮定しています。（1a）のような仮定のしかたを**開放条件**（open condition）、（1b）（1c）のような仮定のしかたを**却下条件**（rejected condition）といいます。却下条件はまた、**反実仮想**ともいいます。

（1）a 明日雨なら、中止にしよう。
b 私が社長なら、こんな決定はくださないな。
c あのとき気づいていたら、こんな失敗はしなかったろう。

古代語において却下条件（反実仮想）を表すには、助動詞「まし」を使って次のような句型で表現します。

① ～ましかば……まし
② ～ませば……まし

③　〜せば………まし
④　未然形＋ば……まし

このうち②は上代における用法で、中古には、この「ませば」の「ませ」が「ましか」にとって変わり、①の句型が生まれます。上代の「ませ」は「まし」の未然形ですから、それと交替した「ましか」もまた未然形と考えられます。しかし、一方でこの「ましか」という語形は、数は少ないものの、

（2）　待たましもかばかりこそはあらましか（和泉日記）

のように「こそ」の結びとしても用いられるので、助動詞「まし」の活用表は次のように表されることになります。

（3）

未然形	連用形	終止形	連体形	已然形	命令形
ませ／ましか	○	まし	まし	ましか	○

◆已然形の「ましか」は「こそ」の結びとしてしか用いられません。連体形の「まし」のほとんどは係助詞の結びか「ましを」の形です。次例は稀な連体修飾の例です。

・父宮、母御息所のおはせまし御ための心ざしをもとり添へ思すに（源・若菜上）

①〜④の間には、意義の差はないようです。用例をあげます。

①　昼ならましかば、のぞきて見奉りてまし。（源・帚木）
②　我が背子と二人見ませばいくばくかこの降る雪の嬉しからまし（万1658）

③　世の中にたえて桜のなかりせば春の心はのどけからまし（古今53）
④　吹く風にあつらへつくるものならばこの一本《ひともと》はよきよと言はまし（古今99）
◆1　上例①～④はいずれも現在の事態に対する反実仮想ですが、（1c）のような過去の事態に対する反実仮想も、同じ句型になります。
・出でて行く（＝アノ世へ行ク）道知らませばあらかじめ妹《いも》を留めむ関も置かましを（万468）
◆2　③の「～せば」の「せ」は助動詞「き」の未然形です。「降りにせば」（万3214）、「我が行けりせば」（万1497）、「流れざりせば」（古今302）のような承接例は、この「せ」が助動詞であることを示しています。次例の「せ」はサ変動詞の未然形で④の句型です。
・なかなかにうかりしままにやみもせば忘るるほどになりもしなまし（後拾遺745）
・身にかへてとむるならひのありもせば我ぞこよひの煙ならまし（続千載2085）
前件または後件が言語上表現されないことがあります。（4）（5）では前件が、（6）（7）では後件が表現されていません。
（4）　我妹子《わぎもこ》は衣にあらなむ［衣なりせば］秋風の寒きこのころ下に着ましを（万2260）
（5）　［来ずと知りせば］やすらはで寝なましものを小夜《さよ》更けてかたぶくまでの月を見しかな（百59）
（6）　この木なからましかば［よからまし］と覚えしか。（徒然11）

（7）のたまひしに違《たが》はましかば［あしからまし］と、この花を折りてまうで来たるなり。（竹取）

前件と後件が倒置されることもあります。

（8）時ならず降る雪かとぞながめまし花橘の薫らざりせば（更級）

（9）では、後件が疑問文になっています。

（9）さ（＝方塞ガリト）聞こえたらましかば、いかがあるべかりける。（蜻蛉）

反実仮想の表現には、二つの表現意図があります（中西宇一1996）。

（10）はしきやし栄えし君のいましせば昨日も今日も我を召さましを（万454）

（11）げにかう［源氏ガ］おはせざらましかば、いかに心細からまし。（源・若紫）

すなわち、（10）は現実が不満で、条件部分（「君のいます」）が希望される事態であるのに対し、（11）は現実に満足していて、条件部分（「［源氏ガ］おはせず」）は希望される事態ではありません。したがって（10）では後件が叶わぬ希望を示すのに対し、（11）の後件にはためらいの気持ちが現れることになります。そこから、「まし」が単独で用いられて、（12）（13）のように実現不可能なことへの希望を表す例、（14）（15）のようにためらいを表す例が生ずることになります。

（12）その［ほととぎすヲ］聞きつらむ所にて、きと（＝スグニ）こそは詠ましか。（枕95）

（13）よろしき親の思ひかしづかむにぞ、尋ね出でられ給はまし。（源・常夏）

（14）いかにせまし、迎へやせましと思し乱る。（源・松風）

（15）しやせまし、せずやあらましと思ふことは、おほやうは、せぬはよきなり。（徒然98）

ためらいを表す「まし」は、（14）（15）のように、ふつう、疑問の語とともに用いられます。

◆　次例は却下条件が、通常の条件形式で表現された例です。

・［モシモアナタガ］紅の花にしあらば衣手に染めつけ持ちて行くべく思ほゆ（万2827）

5・5　確述

助動詞「つ」「ぬ」が法助動詞とともに用いられて、「確かに（きっと・必ず）〜に違いない」の意を表すとき、これを**確述**といいます。

（1）さりとも、鬼なども我をば見許してむ。（源・夕顔）

（2）かくても、おのづから、若宮など生ひ出で給はば、さるべきついでもありなむ。（源・桐壺）

（3）楊貴妃の例も引き出でつべくなりゆくに（源・桐壺）

（4）これをかぐや姫聞きて、我は皇子に負けぬべしと、胸うちつぶれて思ひけり。

（竹取）
（5）のような例は「ぬべし」が複合辞として成立している証拠です。
（5）世の例にもなりぬべかりつる身を（源・藤裏葉）

5・6 当為

ある事態の当否を述べる表現を**当為**といいます。古代語の当為表現は、一般に「べし」「まじ」によって担われます。（1）は義務（「〜なければならない」）、（2）は不必要（「〜なくてもよい」）、（3）は許容（「〜てもいい」）、（4）は非許容（「〜てはいけない」）、（5）は事態選択（「〜方がいい」）の例です。

（1）かしこにいと切《せち》に見るべきこと（＝ドウシテモシナケレバナラナイ用事）の侍るを、思ひ給へ出でてなむ。立ちかへり参り来なむ。（源・若紫）
（2）懸想人など［ニ対スル返歌］は、さしもいそぐまじけれど（＝ソレホド急ガナクテモヨイダロウケレド）（枕153）
（3）「あながちに」といふ詞、うちまかせて（＝普通ニ）歌に詠むべしとも覚えぬ事ぞかし。（無名抄）
（4）いとみそかに、あふまじき人にあひ給ひたりけり。（大和26）
（5）家の作りやうは、夏をむねとすべし。（徒然55）

◆ 複合辞「なむ」（助動詞「ぬ」＋「む」）は「べし」に近い表現性をもっており、特に①のような事態選択の表現は、後世には②のように希望表現に接近して用いられました。
①「よし、後にも人は参りなむ（＝参ルガヨイ）」とて、御車寄せさせ給へば（源・若紫）
②子といふものなくてありなむ。（徒然6）

5・7 意志

意志は「む」で表されます。意志を表す場合、主語は必ず一人称で、発話者自身で制御可能な動作でなければなりません。

（1） あをによし奈良の宮には万代《よろづよ》に我も通はむ忘ると思ふな（万80）
（2）「とまれかくまれ申さむ」とて出でて（竹取）

（1）（2）は積極的意志（決意的意志）ですが、（3）（4）のように、実現への強い意志がなければ、希望の色彩を帯びます。

（3） 母北の方、「同じ煙にのぼりなむ」と泣きこがれ給ひて（源・桐壺）
（4） 心の中《うち》には、ただ藤壺の御有様をたぐひなしと思ひ聞こえて、さやうならむ人をこそ見め、似る人なくもおはしけるかな、…（源・桐壺）

次例は形容詞の意志形です（形容詞の意志形は現代語にはありません）。

（5） 心にくからむ（＝奥ユカシクアリタイ）と思ひたる人は、おほぞうにては文《ふみ》や散

らすらむなど、疑はるべかめれば（紫日記）

打消された事態に対する意志（「～ないようにしよう」）は「じ」（および「まじ」）で表されます。

（6）ただかの遺言を違へじとばかり［宮仕エニ］出だし立て侍りしを（源・桐壺）

（7）ただ今は見るまじとて入りぬ。（枕78）

◆「まじ」は「べし」の打消しです。中古において打消意志を表す「まじ」の確かな例は、意外と見つけにくいものです。例えば次例①②の「まじ」は打消意志と解せる可能性がありますが、①では不可能、②では論理的推定とも考えられます。

①かくはかなくてのみいますかめるを見捨てては、いづちもいづちもえ行くまじ。（大和148）

②［アナタヲ］おとなしく（＝大人ニナッタト）見なしてば、ほかへもさらに行くまじ。（源・紅葉賀）

5・8 勧誘・行為要求表現

自己の志向が相手にも向けられると勧誘表現になります。勧誘は、「誘い」（発話者も同じ行為をするという前提で、相手に行為を要求する表現）と「勧め・行為要求」（発話者が聞き手に行為の実行を求める表現）とが区別されます。

5・8・1　誘い

誘いを表す専用の形式は、古代語にも現代語にもありません。誘いは、古代語でも現代語でも、意志を表す助動詞（古代語では「む」、現代語では「う」）を用いて表現します。

（1）さらば、我と行かむ。（落窪）

（2）もろともに見むよ。（源・葵）

誘いには二つのタイプがあります。

（3）a　太郎ちゃん、遊びましょ。

　　b（数人で遊んでいるところで）あ、太郎ちゃんも一緒に遊ぼうよ。

（3a）のような誘いをグループ型勧誘、（3b）のような誘いを引き込み型勧誘といいます。グループ型勧誘では、

（4）いざ、ただこのわたり近き所に心安くて明かさむ。（源・夕顔）

のような「いざ～む」のほか、「いざ」を用いた次のような表現があります。

（5）いざ給へ、出雲拝みに。（徒然236）

（6）乳母にさし寄りて、「いざかし、ねぶたきに」とのたまへば（源・若紫）

5・8・2　勧め・行為要求表現

命令形が行為要求の専用形式ですが、聞き手に負担を求める表現なので、さまざまな形

式を用いて、これを間接的に表現しようとします。古代語における勧め・行為要求表現には、次のような形式があります（川上徳明 1975）。

① ――む
② ――むや、――てむや、――なむや
③ やは――ぬ
④ 命令形による表現

①の例をあげます。

（1）ししこらかしつる時は（＝病気ヲコジラセテシマウ時ハ）うたて侍るを、［北山デノ祈禱ヲ］とくこそ試みさせ給はめ。（源・若紫）

（2）かく［直接］いましたること、あるまじきことなり。人して（＝人ヲ介シテ）こそ言はせ給はめ。とく帰られね。（大鏡）

（3）「鳴り高し。鳴りやまむ。はなはだ非常なり。座を退《ひ》きて立ちたうびなむ」など、おどし言ふもいとをかし。（源・少女）

（1）は勧め、（2）は勧告、（3）は命令を表しています。（4）の「じ」は打消された事態の勧めを表します。

（4）御声など変はらせ給ふなるは、いとことわりにはあれど、さらにかく思さじ（＝決シテソノヨウニ思イツメナイヨウニ）。（蜻蛉）

②の「－むや」は勧め（「～たらどうだろうか」）の意、「－てむや」は依頼（「～てくれないだろうか」）の意を表します（岡崎正継 1996）。

（5）「こなたへまかでむや」と［源氏ハ夕霧ニ］のたまひて（源・若菜上）

（6）幼き［人ヘノ］御後見に思すべく聞こえ給ひてむや。（源・若紫）

「－なむや」には、勧め、依頼、および話し手が利益を受ける意（「～てくれるだろうか」）があるといわれます（岡崎正継 1996）。（7）は勧め、（8）は依頼、（9）は「～てくれるだろうか」の意を表しています。

（7）「さる（＝人ヲ見ナラウ）心して［アナタハ弘徽《こき》殿《でん》女御ニ］見え奉り給ひなむや」と［内大臣ガ近江君ニ］のたまへば（源・常夏）

（8）修理などして、形のごと人住みぬべくは繕ひなされなむや。（源・松風）

（9）「無礼《むらい》の罪は許されなむや」とて、寄り臥し給へり。（源・常夏）

③の例をあげます。

（10）さらば、その心やすからむ所に消息し給へ。みづからやはかしこに出で給はぬ。（源・東屋）

④の例をあげます。

（11）かぐや姫、「しばし待て」と言ふ。（竹取）

（12）いで、あなかしがまし。今は言はじ。寝給ひね。（枕127）

命令形のありかたの、現代語との相違は、古代語の場合、（12）のように、尊敬語の命令形がそのまま尊敬語として用いることができたこと（現代語では命令形「なさい」を尊敬語として使うことはできません）、（13）（14）のように、命令形が会話文以外にも現れ得るということです（近藤政行1996）。（13）は心内文、（14）は地の文中の命令形です。

（13）昔の御心忘れぬ方を深く見知り給へと思す。（源・椎本）

（14）かく怖ろしきことあり。その男、主と親しくなりなば、衣をば取らで去ねかし。あさましかりける心かな。（今昔29-22）

（13）（14）のような命令形は、希求表現といえます（義門が命令形を希求《けく》言と名づけたことも想起されます）。特に（15）では、故人に対して命令形を用いています。これは、「せめてもうしばらくご存命だったらよかったのに」（新大系訳）の意のかなわぬ願望を、命令形で述べたものです。

（15）故大臣の今しばしだにものし給へかし。（源・少女）

形容詞の命令形も希求表現です。

（16）大原や小塩の山の小松原はや木高かれ千代の影見む（後撰1373）

◆1　形容動詞の命令形は極めて稀です（山田孝雄1952）。

・常よりも今宵の月はさやかなれ秋の夕べもたどるばかりに（仲文集）

◆2　命令形は、放任法にも用いられます。

・悪しくもあれ、いかにもあれ、たよりあらばやらむ。（土佐）

・あが君を取り奉りたらむ［者ハ］、人にまれ（＝もあれ）鬼にまれ、返し奉れ。（源・蜻蛉）

5・8・3　禁止

聞き手に行為をしないように要求する表現を**禁止**といいます。禁止は、禁止する行為が実現しているか否かによって二分されます。

（1）a　いいと言うまで、誰も部屋に入れるな。

b　そんなに引っぱるなよ。

（1a）のように、まだ行われていない行為を禁止するものを**予防的禁止**、（1b）のように、すでに行われている行為に対してこれを阻止するものを**阻止的禁止**といいます。現代語では、両者は形式上区別されません［補注8］。古代語において禁止を表す専用形式は、

①　な――そ

②　――な

の二つの形式があり、①は予防的禁止と阻止的禁止の両方を表し、②は予防的禁止のみを表します（小柳智一 1996）。

（2）　人にな語り給ひそ。必ず笑はれなむ。（枕154）〈予防的禁止〉

（3）「かくな急ぎそ」と扇をさし出でて制するに（枕205）〈阻止的禁止〉

（4）かの里より来たらむ人に、かく聞かすな。（枕83）

「な－そ」の「な」は副詞、「－な」の「な」は終助詞です。「－な」は動詞終止形（ラ変は連体形）に付きます。「な－そ」の間には動詞の連用形（カ変とサ変は未然形）が入ります。「な－そ」の間に長い語句が入ることもあります。

（5）人な　いたくわびさせ奉らせ給ひ　そ。（竹取）

（6）夢語りな　この聞かせ給ふ人々しおはしまされ　そ。（大鏡）

また複合動詞の場合、その途中に「な」が入り込むこともあります。

（7）散りなまがひそ（万1747）

（8）年の初めに、腹立ちな初《そ》めそ（蜻蛉）

◆古くは、「清き月夜に雲なたなびき」（万2669）のように、「な－」という形式もありました。また、院政時代以降、「今はかく馴れぬれば、何事なりとも隠しそ。」（今昔29-28）のように、「な－そ」の「な」を脱落させた、「－そ」の形もみられます。

（9）は、無生物に対して禁止表現を用いています。これは、希求表現です。

（9）「今日、波な立ちそ」と、人々ひねもすに祈るしるしありて、風波立たず。（土佐）

◆阻止的禁止には次例のような表現もあります。

・「あなかま」とまねき制すれども（枕2）
・「鳴り高し。鳴りやまむ。はなはだ非常なり。（源・少女）
鎌倉時代には、「～ことなかれ」、「べからず」、「ず」の命令形「ざれ」も禁止表現として用いられます。
・美麗を求むることなかれ。（徒然2）
・はこす（＝大便スル）べからずと書きたれば（宇治5-7）
・疑はしきことをば行はざれ。（十訓抄10-78）

5・9　希望表現

事態の実現を望んでいることを表す言語形式を希望表現といいます。希望には、望んでいる主体と望まれている事態の動作主が一致している**願望**と、一致していない（すなわち他者にある事態の実現を望む）**希求**とがあります。

（1）もし［アナタガ］まことに聞こしめしはてまほしくは、駄一疋《だいっぴき》を賜はせよ。（大鏡）

では主語は発話者ではありませんが、「全部聞く」ということを望んでいる主体（あなた）と「全部聞く」動作主が一致しているので願望表現です。現代語では、願望表現は「動詞連用形＋たい」で、希求表現は「動詞のテ形＋ほしい」で表します。

5・9・1　願望表現

中古和文の願望表現（現代語の「〜たい」）には、次のような形式があります。

① - まほし（未然形接続）
② - ばや（未然形接続）
③ - しか／てしか／てしかな／にしか／にしかな（以上、連用形接続）

◆ ③は「しか」が願望を表す終助詞で、それに助動詞「つ」「ぬ」の連用形および終助詞の「な」が付いたものです。「しか」はかなり後世まで清音だったようで、ロドリゲスの『日本大文典』（一六〇四―〇八年刊）にも、『古今集』の「旅寝してしか」（126）が「tabinexitexica.」と表記されています。

例をあげます。

① 皇子は、かくてもいと御覧ぜまほしけれど（源・桐壺）
② かかる所に、思ふやうならむ人を据ゑて住まばや。（源・桐壺）
③ いぶせう侍ることもあきらめ侍りにしかな。（源・賢木）

「てしか」は上代からみえるのに対し、「にしか（な）」および「ばや」は中古から現れます。また①の「まほし」も中古に成立した語で、上代ではその原形「まくほし」が用いられます。

（1）　縄延《は》へて守《も》らまくほしき〔守巻欲寸〕梅の花かも（万1858）

「まくほし」は、助動詞「む」のク語法形（第7・2・2節参照）「まく」に形容詞「欲し」がついたものと考えられ、

（2）　見まくのほしき〔美麻久能富之伎〕君にもあるかも（万4449）

のような例から、一語化していないものと推測されます。上代には、

（3）　君が御衣《みけし》しあやに着欲《きほ》しも〔伎保思母〕（万3350）

（4）　見欲《みほ》しきは雲居に見ゆるうるはしき十羽《とば》の松原（万3346）

のような語形もありました。

②③には、「いかで」を伴うことがあります。

（5）　〔物語トイウモノヲ〕いかで見ばやと思ひつつ（更級）

（6）　いかでこのかぐや姫を得てしかな（竹取）

また、次のような表現も願望表現といえます。

（7）　手に摘みていつしかも見む紫のねにかよひける野辺の若草（源・若紫）

院政時代ころから、現代語の「たい」の源流である「たし」が現れます。

（8）　今朝はなどやがて寝暮らし起きずして起きては寝たく暮るるまを待つ（栄花14）

（9）　琴《きん》の琴《こと》の音《ね》聞きたくは、北の岡の上に松を植ゑよ（梁塵秘抄）

◆1　上代に「振りたき袖を〔振痛袖乎〕」（万965）の例がありますが「たし」に繋がるか否か不明です。季能《すえよし》の「いざいかに深山の奥にしほれても心知りたき秋の夜の月」に対して、判者の定家は「雖聞俗人之語、未詠和歌之詞歟」と難じています（『千五百番歌合』）。

◆2　「まほし」「たし」には、動詞形もあります。

・御琴の音も承らまほしがる人なむ侍る。（源・蓬生）

・御見参に入りたがり候ふ。（宇治5-8）

現代語でも「水が飲みたい」「水を飲みたい」という二つの言いかたがありますが、「まほし」、「たし」も同様です。

(10)　a　それ（＝孫ノ晴レ姿）が極めて見まほしく思ひ給へしかば（今昔31-6）

　　　b　かぐや姫を見まほしうて（竹取）

(11)　a　検校の坊、平家の由来が聞きたいほどに（天草版平家物語）

　　　b　なう喜一、ついでにその清盛のことをも聞きたいよ（天草版平家物語）

「したくない」という**打消された事態に対する願望表現**としては、次の三つの句型があります。

① -まほしからず

② -まうし（未然形接続）

③ -うし（連用形接続）

例をあげます。

① 〔篳篥《ひちりき》ハ〕うたてけ近く聞かまほしからず。（枕204）

② この君の御童姿、いと変へまうく思せど（源・桐壺）

③ 〔源氏ハ〕帰りうく思しやすらふ。（源・篝火）

①の例は極めて稀です（なお「*ざらまほし」、「*ざらばや」の形はありません）。②の「まうし」は、「まほし」からの類推で成立した助動詞で（直接「まく+憂し」から成立したとする説もあります）、中古の一時期わずかに用いられたものです。

◆ 次例では「まほし」が希求表現（第5・9・2節）に用いられています。

・花といはば、かくこそ（=白梅ノヨウニ）匂はまほしけれな。（源・若菜上）

5・9・2 希求表現

中古和文の希求表現（現代語の「〜てほしい」）には、次のような形式があります。

① -なむ（未然形接続）

② -もがな（体言・助詞および連用形接続）

「なむ」も「もがな」も終助詞です。例をあげます。

① はや夜も明けなむと思ひつつゐたりけるに（伊勢6）

② 世の中にさらぬ別れのなくもがな千代もと祈る人の子のため（伊勢84）

◆次例は形容詞に希求の終助詞「なむ」が付いた例です。

・旅寝する身には涙もなからなむ常に浮きたる心地のみする（うつほ・藤原の君）

②の「もがな」は、上代の「もが」に助詞「も」の付いた「もがも」にかわって中古以降用いられたものです。上代の「もが」「もがも」は、

（1）都辺に行かむ船もが刈り薦《こも》の乱れて思ふこと告げやらむ（万3640）

（2）君が行く道の長手《ながて》を繰り畳《たた》ね焼き滅ぼさむ天の火もがも（万3724）

のように、実現不可能な事物や状態を希求するものでした（したがって「～があればなあ」「～であればなあ」と現代語訳されます。このような希望喚体句は、現代語では喚体句のまま表現できません）。この「もが-な」は中古以降、「も-がな」と認識され、次のような語法を生みました（このような現象を異分析 metanalysis といいます）。

（3）かの君達をがな。つれづれなる遊びがたきに（源・橋姫）

（4）あッぱれ、よからう敵《かたき》がな。最後の戦《いくさ》して見せ奉らん。（平家9）

②には、「いかで」を伴うことがあります。

（5）［落窪姫君ハ］いかでなほ消えうせぬるわざもがなと嘆く。（落窪）

「してほしくない」という**打消された事態に対する希求表現**としては、次の句型があります。

①　-ざらなむ

② ―ずもがな

例をあげます。

① 逢ふまでのかたみに契る中の緒の調べはことに変はらざらなむ（源・明石）

② ややもせば消えをあらそふ露の世におくれ先だつほど経ずもがな（源・御法）

◆1　次例では「もがな」が願望表現（第5・9・1節）に用いられています。

・男も女も、いかでとく京へもがなと思ふ心あれば（土佐）

◆2　上代の希求表現は、「ぬか」（「ぬ」は助動詞「ず」の連体形）、助動詞「こす」、助詞「な」「ね」などによって多彩に表されました。

・二上の山に隠《こも》れるほととぎす今も鳴かぬか君に聞かせむ（万4067）

・霞立つ春日の里の梅の花山の嵐に散りこすなゆめ（＝決シテ散ラナイデクレ）（万1437）

・鶯の待ちかてにせし梅が花散らずありこそ思ふ児がため（万845）

・道の中国つ御神は旅行きもし知らぬ君を恵み給はな（万3930）

・わが背子が古き垣内《かきつ》の桜花いまだ含《ふふ》めり一目見に来ね（万4077）

「な」は「君に寄りなな」（万114）のように願望表現にも用いられます。上記第三例は助動詞「こす」の命令形と考えられます。中古には「秋風吹くと雁に告げこせ」（伊勢45）の形がみえます。

5・10 疑問表現

わからない内容があるということを表す文を疑問文といいます。

(1) a 昨日、神田に行きましたか。
　b 昨日、どこに行きましたか。
　c 昨日行ったのは、神田ですか、早稲田ですか。

(1a) のように、述べられた命題が成立するかどうかわからないという意味を表す文を**真偽疑問文**、(1b) のように、述べられた命題の中にわからない部分があるという意味を表す文を**補充疑問文**といいます。また補充疑問文の中で、(1c) のように、わからない部分を選択肢として提示する疑問文を**選択疑問文**といいます。このような、わからないことがある、ということについて、聞き手に回答を求める文を**問いの文**、わからないことがあるという捉えかただけを表明した文を**疑いの文**といいます。

5・10・1 真偽疑問文

古代語の真偽疑問文の基本形式は次のようです (岡崎正継 1996)。

① 助詞「や」を文中に用いる。(―や―連体形。)
② 助詞「や」を文末に用いる。(―終止形+や。)
③ 助詞「か」を文末に用いる。(―連体形/名詞句+か。)

例をあげます。

① 「道定の朝臣は、なほ仲信が家にや通ふ」「さなん侍る」と申す。（源・浮舟）

② 仏ののたまはく、「汝は高堅樹の実は見たりや」と。外道のいはく、「見たり」と。（今昔1-11）

③ 内供、翁の口を動かすを、「念仏するか」と問へば、翁、「さなり。念仏を申し候ふなり」と答ふ。（今昔19-37）

問ひていはく、「君は眉間尺といふ人か」と。答へていはく、「我、しかなり」と。（今昔9-44）

「内裏《うち》よりか」とのたまへば、「しか。まかで侍るままなり」（源・末摘花）

②の形式は、主として二人称主語に用いて直上の語句の真偽を問う場合に用いられます。①と③は文全体の判定を求める場合に用いられ、①は文の表す事態が存在するか否かを問う場合に、③は断定文（「〜なり」の文）の真偽を問う場合に用いられます（岡崎正継 1996）。したがって、これらの疑問文に最も簡単に答えるには、上例のように、①は「さ侍り」、③は「さなり」「しかなり」、②は「や」の直上の語句を繰り返す、ということになります。

◆1 ②の句型で、「や」の上接語が「む」の場合、すなわち「-むや」の場合は勧誘表現になります（第5・8・2節参照）。

◆2 上代では、「虎か吠ゆる」（万199）、「わが園の李《すもも》の花か庭に降る」（万4140）のように、助詞「か」を文中に用いた用法がありましたが、この形式は、中古では用いられません。

◆3　古代語において、否定の真偽疑問文に対する答えかたがどのようであるかは不明です。近世では、次のような例がみえることが指摘されています（中村幸弘2006）。

・「土産はなきか」と問へば、「いや、ござらぬ」といふ。（咄本『鹿の巻筆』一六八六年刊）

・「ここへ廿四五な男は参りませぬか」といへば、「アイ、来ました」（咄本『無事志有意』一七九八年刊）

◆4　『後撰集』『拾遺集』の時代の和歌のみに見える独特の表現に、「[私ガ]思ふがごとは[アナタハ]思ふらむやぞ」（後撰594）のような「やぞ」があります。疑問・反語に感嘆の加わったもので、「む・らむ・けむ」に付いて、歌末に用いられます。

◆5　「とかや」は不確実な伝聞を示す形式で、文末は連体形にはなりません（「か」は係助詞、「や」は間投助詞です）。

・悲田院尭蓮上人は、俗姓は三浦の某とかや、さうなき武者なり。（徒然141）

◆6　古代語で、平叙文の形で（文末のイントネーションを上げることによって）問いの文を構成し得たかどうか不明ですが、次のような例がみられます。

・「ある（＝イルカ）」と問ひ給ひければ（古本説話集52）

・「さて、その文の言葉は」と問ひ給へば（源・帚木）

5・10・2　補充疑問文

古代語の補充疑問文の基本形式は次のようです（岡崎正継 1996）。

①　疑問詞を用いる。（文末は連体形で結ぶ）

②　「疑問詞（を含む成分）＋か」を用いる。（文末は連体形で結ぶ）

③　疑問詞を用い、文末を助詞「ぞ」で結ぶ。

「疑問詞」とは、不明であることを表す、「何」のような不定代名詞、「など」のような疑問副詞、「いかなる」のような連体詞を一括して呼ぶ便宜的名称です（品詞名ではありません）。例をあげます。

①「いづちおはしまさむずる」と問へば（今昔23-19）

②「いづれの山か天に近き」と問はせ給ふに（竹取）

③「この大将は、いつよりここには参り通ひ給ふぞ」と問ひ申し給ふ。（源・夕霧）

疑問詞は一文中に複数共起できます（これを多重補充疑問文 multiple WH-question といいます）。

（1）何ぞの僧のいどこより来れるぞ。（今昔24-16）

◆1　疑問詞に係助詞「や」は付きません。次例のような「や」は、間投助詞と考えたいと思います。

・浅茅生《あさぢふ》に今朝おく露の寒けくにかれにし人のなぞや恋しき（詞花264）

・などや苦しきめを見るらむ。（更級）

◆2　述語が疑問詞である場合は、「主語＋や＋疑問詞」という句型になります。

・橘の花散る庭を見む人や誰（万1968）

・おもしろき所に船を寄せて、「ここやいどこ」と問ひければ（土佐）

◆3　①の句型の文末は、一般に連体形で結びますが、文末が終止形のままになることがあります。

・いづこまで送りはしつと人問はばあかで別るる涙川まで（業平集）

・わが髪の雪と磯辺の白波といづれまされり沖つ島守（土佐）

・みかの原わきて流るるいづみ川いつ見きとてか恋しかるらむ（百27）

・淡路島通ふ千鳥の鳴く声に幾夜寝覚めぬ須磨の関守（百78）

◆4　次例は不定の代名詞で、疑問詞ではありません。

・顔容貌《かたち》も、そこはかと、いづこなむすぐれたる、あなきよらと見ゆるところもなきが（源・匂兵部卿）

選択疑問文は、補充疑問文の一種なので、「か」が用いられます。

（2）長者、舎利弗に問ひていはく、「この孕める子、男か女か、何《いかむ》ぞ」と。舎利弗、答へていはく「男なり」と。（今昔1-15）

（3）「太郎か二郎か」と問ふに（今昔4-35）

5・10・3　疑いの文

疑問文の形式で「疑い」を表すには、次の形式を用います（岡崎正継1996）。

①　真偽疑問文の形式で、文末に推量の助動詞「む・らむ・けむ」を置く。

②　文末を「ーにや。」で結ぶ。

③　補充疑問文の形式で、文末に推量の助動詞「む・らむ・けむ」を置く。

④　真偽疑問文・補充疑問文の形式で、文末に推量の助動詞「まし」をおく。

例をあげます。

①　「たばかりたる人もやあらむ」と、下衆などを疑ひ（源・蜻蛉）

②　「もし、かの［頭中将ガ］あはれに忘れざりし人（＝女）にや」と思しよるも（源・夕顔）

③　院も「誰にかあらむ」と不審《いぶかし》がらせ給ひて（今昔24－6）

④　「なほ［紫上ヲ須磨ニ］忍びてや迎へまし」と思す。（源・須磨）
「これに何を書かまし。…」などのたまはせしを（枕・跋）

①②の句型は「疑い」を、③の句型は「訝しさ」を、④の句型は「迷い」を表します（岡崎正継1996）。②の「ーにや。」は「や」が文末にあるのではなく、後に「あらむ」などの推量表現が省略されたものです。文末の「ーにや。」が「問い」を表す例はほとんど

ありません（磯部佳宏1992）。文末の「－にか。」には、「疑い」と「問い」の両方があります。

（1）「いかなることにか」と思し疑ひてなむありける。（源・桐壺）〈疑い〉

（2）「何人の住むにか」と［源氏ガ御供ニ］問ひ給へば（源・若紫）〈問い〉

5・10・4　疑問を表さない疑問形式

発話者に判断が成立しているにもかかわらず、あえて疑問文の形式を用いて聞き手に強く訴えかける文を**修辞疑問文**といいます。そのうち、特に、自己の主張と反対の内容を疑問文の形式で表現したものを**反語**といいます。すべての問いの形式、疑いの形式は反語表現になりえます。

（1）我が母の声聞き知らぬ人やある。（今昔14－8）

（2）生きとし生けるもの、いづれか歌を詠まざりける。（古今・仮名序）

（3）見てのみや人にかたらむ桜花手ごとに折りて家づとにせむ（古今55）

（4）何か難からむ。（竹取）

「や」「か」に「は」をつけた強調形「やは」「かは」は反語として用いられることが多い形式で、特に「やは」は実例のほとんどが反語表現です。

（5）いづれの仏かはおろかにおはします。（古本説話集54）

（6） 春の夜の闇はあやなし梅の花色こそ見えね香やはかくるる（古今41）

◆反語ではない「かは」、「やは」の例をあげます。

・「いと興ありけることかな。［ソノ娘ノ琴ヲ］いかでかは聞くべき」と［源氏ハ明石入道ニ］のたまふ。（源・明石）

・世の中は昔よりやは憂かりけむわが身ひとつのためになれるか（古今948）

文末の「已然形＋や」も反語表現であることが多く、特に「－めや」は実例のほとんどが反語表現です。

（7） 高円《たかまと》の尾の上の宮は荒れぬとも立たしし君の御名忘れめや（万4507）

◆反語ではない「已然形＋や」の例をあげます。第二例のように詠嘆の色彩を帯びることもあります。

・秋の野に置く白露は玉なれや貫きかくる蜘蛛の糸すぢ（古今225）

・荒れにけりあはれ幾代の宿なれや住みけむ人の訪れもせぬ（古今984）

次例のような「あれや」は、「あればや」の意の疑問表現といわれます。

・ももしきの大宮人は暇あれや梅をかざしてここに集へる（万1883）

物語などの地の文中の問いを表す形式は、すべて反語です。作者が読者に向かって質問することはありえないからです（岡崎正継1996）。

疑問詞を用いて、**促し**を表すこともあります。

（8）「頭中将、いづら（＝ドウシタ）。遅し」とあれば（源・花宴）

5・11　文末付加要素

文末に、なんらかの表出・訴えを表す特定の語がたつことがあります。これを**文末付加要素**（終助詞）といいます。文末付加要素は、詠嘆を表す**表出系**と、情報伝達のありかたを表す**情報系**とに分かれます。現代語で、「ね」の有無は、情報構造上、義務的です（神尾昭雄 1990）。

（1）a　あなたの誕生日は四月一日です｛*φ／ね｝。

b　私の誕生日は四月一日です｛φ／*ね｝。

古代語の、情報系の文末付加要素には「な」「かし」などがあるものと思われます（詳細は未詳です）。「**な**」は、聞き手側領域の情報についての確認を表します（森野崇 1990）。

（2）［オ前ハ］憎しとこそ思ひたれな。（源・夕顔）

（3）そこに（＝オ前ハ）、そのことどもは知るらむな。（落窪）

したがって、「な」が心内文中に現れることは原則としてありません。「**かし**」は、話し手側領域の情報についての、話し手自身の再確認を表すと考えられます（森野崇 1992）。

（4）「［明石君ノ］人柄のをかしかりしも、所がらにや、めづらしうおぼえきかし」など［源氏ハ紫上ニ］語り聞こえ給ふ。（源・澪標）

「命令形＋かし」は、聞き手に直接的に行為を要求する通常の命令文と異なり、「～すればよいのだ」という命令の正当性を再度確認する表現になります（森野崇1992）。「かし」は聞き手に対する念押しと説明されることが多いのですが、（7）のように心内文にも、（8）のように独り言にも用いられます。

（5）［下衆女ヲ直接呼ブノハヨクナイ］侍（＝侍所）などにある者を具して来ても呼ばせよかし（＝呼バセルノガヨイ）。（枕54）

（6）故大臣の今しばしだにものし給へかし。（源・少女）

（7）かくて、心やすくて内裏《うち》住みもし給へかしと思すにも（源・竹河）

（8）独り言に言はく、「…。今夜心得たらむ人の来よかし。物語せむ」と言ふを（今昔24-23）

古代語の文末付加要素の意味構造についての詳細は未詳ですが、例えば次のような例からは、古代語と現代語との相違が知られます（現代語の「よ」は心内文中に現れません）。

（9）いと恥づかしく、まばゆきまで清らなる人にさし向かひたるよと思へど（源・浮舟）

◆奥田和代（2000）によれば、上代の和歌における表出系の文末付加要素の意味構造は、おおむね次のようです。

①詠み手の眼前に実現している事態が詠嘆の対象になる場合：かも・も

② 過去の事態が詠嘆の対象になる場合：はも・を
③ 未来の事態が詠嘆の対象になる場合：な・よ
④ 反実の仮想事態が詠嘆の対象になる場合：を

『万葉集』から例をあげます。

① 春されば卯の花腐《ぐた》し我が越えし妹《いも》が垣間は荒れにけるかも（1899）
② 泊瀬川速み早瀬をむすび上げて飽かずや妹と問ひし君はも（2706）
③ 明日よりは我は恋ひむな名《な》欲山《ほりやま》岩踏み平《なら》し君が越え去《い》なば（1778）
④ 高光る我が日の皇子《みこ》のいましせば島の御門は荒れざらましを（173）

第6章　形容詞と連用修飾

6・1　形容詞

用言（活用があり、単独で述語になることができる語）のうち、言い切りの形が「し」（または「じ」）で終わる語を形容詞といいます。

6・1・1　形容詞の活用

古代語の形容詞の語幹は独立度が高く、語幹単独で用いられることが多くありました。

（1）a　赤玉［阿加陀麻］（記歌謡7）
　　b　さかし女［佐加志売］（記歌謡2）
（2）a　心憂の世や。（源・早蕨）
　　b　をかしの御髪や。（源・若紫）
（3）a　あなにく。（源・紅葉賀）
　　b　あなおそろし。（枕5）

◆1　次例では、（2）の句型（形容詞語幹＋の＋名詞＋や）の名詞部分が長い名詞句になっています。

・わりなの人に恨みられ給ふ御齢《よはひ》や。（源・末摘花）

◆2　「あな」は一般に「あな＋形容詞語幹」の句型をとりますが、それ以外の句型として「あな埋もれや。」（源・横笛）、「あな僻《ひが》み。」（落窪）などの例があります。

ところで、（1a）（2a）（3a）の「赤」「心憂」「にく」の終止形は、それぞれ「赤-し」「心憂-し」「憎-し」です。一方、（1b）（2b）（3b）の「さかし」「をかし」「おそろし」は、語幹と終止形とが同形です。このように、形容詞には、語幹に「-し」語尾を付けて終止形を作るものと、語幹と終止形とが同一のものとがあります。前者を**ク活用**、後者を**シク活用**といいます。古代語の形容詞は、語幹末尾音がイ列音であれば必ず「し」または「じ」でシク活用、イ列音以外であれば必ずク活用です。

◆　現代語では、「可愛い・大きい」のように、語幹末音節がイ列音のク活用形容詞がありますが、古代語には存しません。例外は「きびし」と「ひきし」ですが、「きびし」には「きぶし」という異形があり、「きびし」は後にシク活用に転じます。「ひきし」もまた、中古ではふつう「ひきなり」という形容動詞形で用いられ、のちに「ひくし」と語形を変えています（北原保雄 1979）［補注9］。現代語では語幹末音節がエ列音の形容詞（-ei で終わる形容詞）は存在しませんが、古代語では存在します（「あまねし・いぶせし・さやけし・しげし・しふねし・むくつけし」など)。

形容詞は、独自の活用体系をもっていますが、動詞の活用にならって、六つの活用形に整理します。形容詞の、「あな＋語幹」の形、「て」に続く形(連用形)、言い切りの形(終止形)、体言に続く形(連体形)、「ど」に続く形(已然形)は、次のようです。

(4)　あな高　高くて　高し　高きこと　高けれど
　　あな美し　美しくて　美し　美しきこと　美しけれど

したがって、形容詞の活用は、次のように表されます。

(5)

		語幹	連用形	終止形	連体形	已然形
ク活用	高し	たか	く	し	き	けれ
シク活用	美し	うつくし	く	-φ	き	けれ

終止形が「じ」で終わる、「いみじ・同じ・すさまじ・らうらうじ」なども、シク活用です。ク活用とシク活用は、同じ活用をしますが、終止形のところだけが異なり、終止形でク活用の語は語尾「し」を、シク活用の語は語尾「-φ」をとります。

ク活用の語は「重し・白し・高し・長し・深し」など、状態的な属性概念を表す語が多く、シク活用の語は「うれし・恨めし・かなし・さびし」など情意性の語が多いといわれます(山本俊英 1955)。

◆ ただし例外もあります(例えば「憂し・妬《ねた》し・憎し」は情意的な語ですがク活用、「嶮《さが》し・正《まさ》し」は状態的な語ですがシク活用です）。「荒々し・軽々し・長々し」など繰り返しを語幹にもつ語は必ずシク活用です。「うまし」はク活用・シク活用の両方の活用があります。「いちじるし・かまびすし・きびし」などは、古くク活用で、後にシク活用に転じました。

動詞の順接仮定条件は、（6）のように「未然形＋ば」で表しますが、形容詞の順接仮定条件は（7）のような形で表します。

（6）春まで命あらば、必ず来む。（更級）

（7）恋しくは形見にせよと我が背子が植ゑし秋萩花咲きにけり（万2119）

（7）の「は」は、動詞と異なり、清音であったことが種々の証拠から明らかにされています。

◆種々の証拠とは、万葉仮名文献で「婆」のような濁音仮名が用いられた例がないこと、鎌倉時代の文書や室町時代の抄物に「なくわ」のような表記がみられること、室町末期の宣教師による日本語のローマ字表記で必ず「naqua」のように「ua」で表記されることなどです。

（7）の「は」（形容詞の仮定条件を作る助詞「は」）を係助詞「は」と考えると、形容詞の順接仮定条件は「形容詞の連用形＋係助詞「は」」で表すと捉えられることになります（此島正年1939、浜田敦1952）。しかし、（8）のような例は、形容詞の仮定条件を作る「は」が係助詞ではなく、接続助詞であることを示しています（和田利政1987）。

（8）　舟とむるをちかた人のなくはこそ明日帰り来む夫《せな》と待ち見め（源・薄雲）

なぜなら、係助詞「は」と係助詞「こそ」とが重ねて用いられるときは、必ず「こそは」という順になり、接続助詞「ば」と係助詞「こそ」とが重ねて用いられるときは、必ず「ばこそ」という順になるからです。「なくは」の「は」が係助詞であるなら、（8）は、「なくこそは」の順になるはずです。（8）のような承接順序は、形容詞の仮定条件を作る「は」が接続助詞であることを示しています。「なくは」の「は」を接続助詞「ば」の清音化したものとすると（「抜いて」と「脱いで」はともに接続助詞「て」、「をば」の「ば」は係助詞「は」の濁音化したものとみるのですから、このような扱いもそれほど無理なものではありません）、その上の「なく」は未然形ということになります。古代語の形容詞の活用表で、未然形の欄に「‐く」を書くか否かは、一に、形容詞の順接仮定条件を、「未然形＋接続助詞「は」」とみるか、「連用形＋係助詞「は」」とみるかにかかっています［補注10］。本書では、前者のみかたをとり、以下、形容詞の活用表の未然形の欄に「く」を表示しようと思います。

（9）

未然形	連用形	終止形	連体形	已然形
く	く	し／‐φ	き	けれ

◆この問題は「べし」などの形容詞型活用の助動詞と、助動詞「ず」でも同様です。すなわち「ず」の順接仮定条件は①のような形であり、この「ずは」も②のような承接例から

「未然形＋接続助詞「は」」と捉えられます。

①いつまでか野辺に心のあくがれむ花し散らずは千世も経ぬべし（古今96）

②火に焼かむに、焼けずはこそまことならめ。（竹取）

なお、中古では、強意の助詞「し」は条件句内にしか現れない（小柳智一1995）ので、①の「花し散らずは」の「し」もまた、「ずは」の「は」が接続助詞であることを示しています。次例③の第一例は仮定条件ですが、第二例は仮定条件ではなく「連用形＋係助詞「は」」と捉えられます。

③今日来ずは明日は雪とぞ降りなまし消えずはありとも花と見ましや（古今63）

さて、形容詞は以上のような活用体系をもっていますが、この活用語尾からは助動詞を下接することができず、打消しや推量、過去の表現ができません。そこで助動詞に続けるには、

(10) いかばかり恋《こほ》しくありけむ［故保斯苦阿利家武］（万875）

(11) 楽しくあるべし［多努斯久阿流倍斯］（万832）

のように動詞「あり」を介在させました。このような連続から、「恋しかりけむ」「楽しかるべし」のような融合形がうまれました。

(12) いよよますます悲しかりけり［加奈之可利家理］（万793）

この「-かり」「-かる」などの活用形式を**補助活用**（カリ活用）といいます（これに対して

「く・し・き・けれ」を本活用といいます）。記紀および『万葉集』第二期以前には（12）のような融合形の確かな例はみられず、すべて（10）（11）のような形をとっています（鶴久1962）。補助活用は動詞「あり」が介在したものなので、本活用よりもはるかに動詞性が高く、命令形があるほか、使役態や意志を表すこともできました。

（13）漁火《いさりび》もあまの小舟ものどけかれ生けるかひある浦に来にけり（蜻蛉）

（14）諸の障難を無からしめけり。（今昔6-27）

（15）心にくからむ（＝奥ユカシクアリタイ）と思ひたる人は（紫日記）

◆（13）～（15）のような形容詞の形態は現代語にはありませんが、現代語では「速くしろ」（意志性）、「大きくなれ」（無意志性）のような表現が用いられます。

先に示した形容詞の活用表に、補助活用を書き入れます（補助活用に終止形と已然形がないのは、終止形と已然形に下接する助動詞がないからです。補助活用はラ変動詞「あり」が介在したものなので、終止形接続の助動詞には連体形「-かる」から続くことになります）。これが古代語の形容詞の活用表です。

（16）

未然形	連用形	終止形	連体形	已然形	命令形
く	く	し／-φ	き	けれ	○
から	かり	○	かる	○	かれ

補助活用は助動詞に続くとき専用の活用形式ですから、助動詞に続かないときは本活用

が使われます。

◆稀に次のような例もみられます。

・悪しかる［安志可流］咎もさね（＝少シモ）見えなくに（万3391）

・春たてど花もにほはぬ山里は物憂かる音に鶯ぞ鳴く（古今15）

・「そよ、ことなかり」と言へど（落窪）

・罪も深かりなど、明けたてば、［外ヲ］うちながめて（紫日記・大系本）

なお、推定伝聞の助動詞「なり」には補助活用「‐かる」の撥音便形「‐かン」から、断定の助動詞「なり」には本活用の「‐き」から接続します。

（17）「中川のわたりなる家なむ、このごろ水堰《せ》き入れて、涼しき蔭に侍る」と聞こゆ。「いとよかなり。…」とのたまふ。（源・帚木）

（18）かの大殿《おとど》は、よろづのことなつかしうなまめき、あてに愛敬づき給へることの並びなきなり。（源・柏木）

形容詞の順接仮定条件は上述のように（7）のような「‐く＋は」の形で表されますが、補助活用の未然形を用いた「‐から＋ば」の形も用いられるようになります。

（19）葛城や神代のしるし深からばただ一言にうちもとけなむ（蜻蛉）

（20）験《げん》だにいちはやからばよかるべきを（枕150）

（21）住の江の目に近からば岸にゐて浪の数をもよむべきものを（後撰819）

(19)～(21)の句型は『万葉集』『古今集』『源氏物語』等にはなく、『後撰集』以後の八代集には一四例みえます(散文の例(20)は、中古和文ではたいへん珍しいものです)。

形容詞の音便には、(17)にあげた連体形語尾「かる」の撥音便のほか、連用形語尾「く」のウ音便、連体形語尾「き」のイ音便があります。

(22) 老いもていきて、また若うなること、世にあるまじきことなれど(源・野分)

(23) 宮の上の御ありさま思ひ出づるに、若い心地に恋しかりけり。(源・東屋)

◆ 北原保雄(1967b)によれば、『源氏物語』において、「赤く→赤う」のような -aku＞-au というウ音便化を起こす割合は二二パーセント、「美しく→美しう」のような -iku＞-iu が四四パーセント、「薄く→薄う」のような -uku＞-uu が一パーセント、「所狭く→所狭う」のような -eku＞-eu が一七パーセント、「白く→白う」のような -oku＞-ou が一六パーセントです。すなわち、末尾母音が u＜o＜e＜a＜i の順に、ウ音便が生じやすくなります。

「御遊びなどせさせ給ひしに」(源・桐壺)のように動詞の連用形が名詞として用いられることがありますが、一部の形容詞の連用形にも名詞としての用法があります。

(24) 恋しくの[故非之久能]多かる我は(万4475)

(25) 故大将殿にも若くより参り仕うまつりき。(源・東屋)

(26) 遠くよりかをれる匂ひ(源・宿木)

(27) 朝廷《おほやけ》よりも多くの物賜はす。(源・桐壺)

（28）公任が永くの名（＝名折レ）に候ふべし。（今昔24-33）

（29）古き墳《つか》、多くはこれ少年の人［ノ墳］なり。（徒然49）

◆（29）の「多くは」は順接仮定条件ではありません。

6・1・2 形容詞の特殊活用

特殊な活用をする形容詞があります。「同じ」は、シク活用の形容詞ですが、中古和文では、連体形の「同じき」はほとんど用いられず、語幹「同じ」がそのまま連体法に用いられます（準体法は「同じき」です）。

（1）風波やまねば、なほ同じところにあり。（土佐）

『源氏物語』には、連体形「同じ」が二一三例、「同じき」が一二例あります。

（2）同じき法師といふ中にも、たづきなくこの世を離れたる聖にものし給ひて（源・蓬生）

◆「同じ」は補助活用形も不活発で、「これに同じかるべし」（徒然112）は珍しい例です。現代語の「同じだ」に相当する形容動詞形「同じなり」も見出せないので、助動詞に続く形は「等し」など別の語で表現されたものと思われます。

現代語の「多い」にあたる古代語として、

（3）すべて、思ひ捨てがたきこと多し。（徒然19）

のような「多し」がありますが、これは中世の語形で、中古和文では、「多し」という終止形は用いられません。また、連体形「多き」、已然形「多けれ」の形もふつう用いられません。現代語の「多い」にあたる語は、中古和文では（4）のような形で用いられました（命令形はみえません）。

（4）a　未然形：ひなびたること多からむ。（源・玉鬘）

b　連用形：そこにこそ多く集《つど》へ給ふらめ。少し見ばや。（源・帚木）

c　連用形：のたまひさしつるも多かりけり。（源・末摘花）

d　終止形：うち泣き給ふをり多かり。（源・須磨）

e　連体形：言葉多かる人にて、つきづきしう言ひ続くれど（源・若紫）

f　已然形：悔しきこと多かれど、かひなければ（源・賢木）

（4）から、「多かり」の活用は次のように示されます。

（5）

語幹	未然形	連用形	終止形	連体形	已然形	命令形
おほ	から	かり／く	かり	かる	かれ	○

この「多かり」の活用は、もはや形容詞の補助活用とはいえず、活用の型からは形容動詞とすべきものとなっています（したがって、形容動詞に、ナリ活用・タリ活用のほかに、所属語が「多かり」一語の、カリ活用が設定されることになります）。鎌倉時代の和漢混淆文では、（3）のように、「多し」が通常の形容詞の活用で用いられます。

◆1　「いほり多きしでの田をさは」（伊勢43）、「恋ふる日の多き」（後撰244）、「「多しや」と聞こえ給へど」（うつほ・蔵開上）は、中古和文において極めて稀な例です。

◆2　「少し」は副詞です（「少しきなり」という形容動詞形もあります）。「先づ少しく食ひたるに」（今昔17-47）は類推によって誤って生じた形です。

◆3　「あきらけし・さやけし・しづけし・のどけし」のような、語幹末尾音に「け」（上代特殊仮名遣では乙類 ke_2）を有する形容詞は、已然形・ミ語法形を欠き、補助活用形も不活発で、やがて「-けし」を「-かなり」に置き換えた形容動詞形に転じました。

・千尋《ちひろ》ともいかでか知らむさだめなく満ち干る潮ののどけからぬに（源・葵）

・天の下もかくのどかならぬに、よろづあわたたしくなむ。（源・薄雲）

なお、「露けし」は例外で、「露けけれど」（源・葵）という已然形の用例があり、また「*露かなり」という形容動詞形がありません。「名やは惜しけき」（源・胡蝶）、「山下風も寒けきに」（拾遺777）、「天の原空を寒けみ」（金槐集）は擬古的に用いた、本来ない語形です。

◆4　形式形容詞（第3・1節参照）「ごとし」は次のような特殊な活用形態をもっています。

①連用修飾の形：「本のごとし生ひぬ」（今昔7-25）、「かくのごとき走り給ふぞ」（今昔11-11）、「かくのごと罪侍りとも」（源・賢木）。

②「なり」に続く形：「飲食例のごとくなり」（今昔6-13）、「赤子のごとしなり」（今昔6-

15)、「清涼のごときなり」(今昔6-18)、「同じごとなる世の常なさなり」(源・橋姫)。
③「の」に続く形：「かくのごときの霊験」(今6-19)、「かくのごとくの悪」(今昔9-42)。
また補助活用形(「*ごとかり」)はなく、形容動詞形「ごとくなり」が補完します。

◆5　奈良時代、形容詞の活用は次のようでした。

未然形	連用形	終止形	連体形	已然形	命令形
け	く	し	き	け	○

後世と大きく違っているのは未然形と已然形で、ともに「-け」という同じ語形でした(上代特殊仮名遣上でも同じ音で、両者とも甲類の ke_1 です)。

①なかなかに死なば安けむ君が目を見ず久ならばすべなかるべし(万3934)
②たまきはる命惜しけどせむすべもなし(万804)

①は未然形、②は已然形です。「ば」に続くときは、「未然形＋ば」(仮定条件)なのか「已然形＋ば」(既定条件)なのかは、形の上からは判別できません(両者を同じ「-けば」という語形で表していたのです)。③は仮定条件、④は既定条件と考えられます。

③恋しけば形見にせむと我がやどに植ゑし藤波いま咲きにけり(万1471)
④玉鉾の道の遠けば間使ひも遣るよしも無み(万3969)

また、上代の形容詞は、係助詞「こそ」の結びに連体形が用いられました。

⑤おのが妻こそ常《とこ》めづらしき[目頰次吉](万2651)

6・1・3　形容詞の格支配

形容詞は目的語をとらないので、格支配は動詞にくらべて単純です。形容詞がとる格は、通常、次の通りです。

①　〜ガ

②　〜ガ　〜ニ

③　〜ガ　〜ト

例をあげます。

①　雨やや降り来れば、空はいと暗し。（源・東屋）

②　いづれの山か天に近き。（竹取）

③　思ふこと言はでぞただにやみぬべき我と等しき人しなければ（伊勢124）

心理形容詞の場合、①の句型で、対象が「が」格で示される場合があります。

（1）　私は犬がこわい。

（1）の「犬が」を**対象語**といいます（「私」は体験者 experiencer です）。

（2）　ねびゆかむさまゆかしき人かなと目とまり給ふ。（源・若紫）

では、源氏が「［紫上ノ］ねびゆかむさま」を見たいと思うので、「ねびゆかむさま」は対象語です（「源氏」が体験者です）。古代語では、対象語が「を」格で示されることがあります。
（3） この翁は、かぐや姫のやもめなるを嘆かしければ（竹取）
比較の対象は「に」または「より」格で示します。
（4） また（＝再ビ）初瀬に詣づれば、はじめに（＝最初ノ時ト比ベルト）こよなくもの頼もし。（更級）
（5） 我よりも貧しき人の父母は飢ゑ寒《こ》ゆらむ（万892）
「同じ」は、その対象が、通常「の」格で表示されます。
（6） 御袴も昨日の同じく紅なり。（源・蜻蛉）
（7） 世のまつりごとを静めさせ給へることも、わが御世の同じことにておはしまいつるを（源・賢木）
◆（6）（7）は「とに通うの」といわれることがあります。次例も同様です。
・白雪のともに我が身はふりぬれど心は消えぬものにぞありける（古今1065）
現代語の感情形容詞には、
（8） ｛私／＊彼女｝は心細い。
のような**人称制限**があることが知られていますが、古代語では次のような例があります。
（9） 「消息などもせで久しく侍りしに、［女ハ］むげに思ひしをれて、心細かりければ、幼き者などもありしに思ひわづらひて、撫子の花を折りておこせたりし」

とて［頭中将ハ］涙ぐみたり。（源・帚木）

6・1・4　形容詞の並置

中古和文では、形容詞の並置が数多くみられます（山口仲美 1982）。その際、（1）〜（3）にみるように、並置の順序には一定のきまりはなかったようです（（1）はシク活用どうし、（2）はク活用どうし、（3）はク活用とシク活用の並置の例です）。

（1）a　別れむことの悲しう恋しかるべき嘆き（源・柏木）
　　b　面影に恋しく悲しく思ひ聞こえ給ふ心なれば（源・宿木）
（2）a　内々の儀式ありさまなど心憎く気高くなどもてなして（源・紅梅）
　　b　［大君ハ］気高く心憎きさまぞし給へる。（源・橋姫）
（3）a　うとましう気遠き木立に（源・蓬生）
　　b　こなたかなた気遠くうとましきに、人声はせず（源・夕顔）

反対語を並置する表現もあります。

（4）薄く濃き野辺の緑の若草に跡まで見ゆる雪のむら消え（新古今76）
（5）遠く近く、人集まること雲のごとしなり。（今昔4-4）
（6）おそくとくつひに咲きぬる梅の花（新古今1443）

◆形容詞ではありませんが、次のような表現もあります。

・春の色の至り至らぬ里はあらじ咲ける咲かざる花の見ゆらむ（古今93）

6・1・5　難易文

難易を表す形容詞は、動詞の連用形に直接接続して難易文を作ります。

（1）移ろひやすき我が心かも（万657）
（2）この山道は行き悪しかりけり（万3728）
（3）いとわりなう聞き苦しと思《おぼ》いたれば（源・真木柱）
（4）忘れがたく、口惜しきこと多かれど（土佐）
（5）いと立ち離れにくき草のもとなり。（源・桐壺）

6・2　連用修飾

形容詞の連用形は、

（1）白き水、速く流れたり。（更級）
（2）ほととぎす、かしがましく鳴いたり。（更級）

のように、用言を修飾する用法（副詞法）がありますが、これは、動詞にはふつうみられないもので、まさに形容詞の本領ともいえます。

◆動詞の連用形は、単独では、ふつう、

・風吹き、波荒ければ、船出ださず。（土佐）

のように中止法に用いられます。中止法は形容詞の連用形にもあります。

・所の名は黒く、松の色は青く、磯の波は雪のごとくに（土佐）

動詞連用形が副詞法に用いられることはあまりありませんが、皆無というわけではありません。

・急ぎ参らせて御覧ずるに、めづらかなる児の御容貌《かたち》なり。（源・桐壺）

次の歌は、傍線部を副詞法とみるか中止法とみるかによって、傍線部の主語が変わってきます（副詞法なら主語は鹿、中止法なら主語はこの歌の作者になります）。

・奥山に紅葉踏み分け鳴く鹿の声聞く時ぞ秋は悲しき（百5）

連用修飾には、おおきく、次の四種のものがあります。

（3）a　彼がゆっくり答えた。（状態修飾）
　　b　幸い、彼が答えた。（評価誘導）
　　c　被害者をかわいそうに思う。（判断内容）
　　d　美しく成長した。（結果修飾）

（3a）は、「答える」という動作のしかたについて、「ゆっくり」であると、用言の表す意味を限定しています。このような修飾を「状態修飾」といいます。一方、（3b）の「幸い」は、答える動作のしかたについては何も限定していません。「彼が答えた」ことを発話者が「幸いだ」と評価しています。このような修飾を「評価誘導」といいます。（3c）の「かわいそうに」も「思う」という動作のしかたを限定したものではありません。「かわいそうに」は、「思う」の内容を表しています。このような修飾を「判断内容を表す連用修飾」といいます。（3c）は「かわいそうだと思う」と同義です。（3d）の「美しく」は変化の結果を表しています。このような修飾を「結果修飾」といいます。この四種の連用修飾は古代語でもみられます。状態修飾の例は、（1）（2）にあげました。古代語の**評価誘導**の例をあげます。

（4）昨夜《よべ》の月に、口惜しう（＝残念ニモ）御供に後《おく》れ侍りにけると思ひ給へられしかば、今朝、霧を分けて参り侍りつる。（源・松風）

（5）「好むめる若人どもも見えつるを、ねたう（＝惜シイコトニ）、出でやしぬる」と〔源氏八〕問はせ給ふ。（源・若菜上）

この用法は、現代語では形容詞の連用形単独では表しにくく、現代語ではふつう、「〜も」「〜ことに」のような形で表します（現代語でも「幸先よく〜」「運悪く〜」のような表現はあります）。古代語でも、評価誘導に「連用形＋も」の形も用いられます。

（6）嬉しくものたまふものかな。（竹取）

（7）苦しくも降り来る雨か三輪の崎狭野《さの》の渡りに家もあらなくに（万265）

◆1「形容詞連用形＋も」が常に評価誘導を表すとは限りません。例えば、

・［皆ハ私ヲ］心浅くも取りなし給ふかな。（源・葵）

は、「薄情ダト」の意で判断内容を表す連用修飾です。

◆2　状態修飾は用言の〝概念自体〟を修飾限定するのに対し、評価誘導は〝述語の表す事態〟に対する評価を表します。したがって、状態修飾と評価誘導では、係りかたが異なることになります。

①これ（＝大夫監）にあしくせられては（源・玉鬘）

②君は、いと口惜しく見つけられぬることと思ひ臥し給へり。（源・紅葉賀）

①の「あしく」は「せられ」の「せ」までに係りますが（「［あしくす］＋られては」の意です）、②の「口惜しく」は、「見つけられぬ」という事態全体に対して「口惜しく」と評価しています。

古代語の**判断内容を表す連用修飾**の例をあげます。

（8）松の思はむことだに恥づかしう思ひ給へ侍れば（源・桐壺）

（9）かつは、人も心弱く見奉るらむと（源・桐壺）

（8）は「恥づかしと思ひ給へ侍れば」と同義で、（10）のような表現も存します。

（10）［女君ハ］似げなく恥づかしと思いたり。（源・桐壺）

◆　次例は「連用形＋思ふ」と「〜と思ふ」の共起例です（吉村逸正 1987）。

・大将（＝薫）は、この果てのわざ（＝浮舟ノ法要）などせさせ給ひて、はかなくてもやみ

ぬるかなとあはれに思す。（源・手習）

「連用形＋思ふ」の句型が、すべて「思ふ」の内容を表すとは限りません。次例は状態修飾です。

・…と仰せ給へば、［博士達ハ］しひてつれなく思ひなして（源・少女）

・［かぐや姫ハ］頬杖《つらづゑ》をつきて、いみじく嘆かしげに思ひたり。（竹取）

古代語の**結果修飾**の例をあげます。

（11）御髪は惜しみ聞こえて、長うそぎたりければ（源・柏木）

（12）富士の山を見れば、五月のつごもりに、雪いと白う降れり。（伊勢9）

（13）いと黒く着かへたるをほの見給ふも（源・総角）

用言の表す動作が成立する**時間や、場所を表す連用修飾**がみられます。時間を表す連用修飾の例をあげます。

（14）少し大殿籠りて、日高く（＝高クナッタ頃ニ）起き給へり。（源・初音）

（15）暗う［二条院ニ］おはし着きて（源・薄雲）

（16）まだ夜深う出で給ふ。（源・若紫）

◆「暁深く帰り給ふ。」（源・葵）という表現もあります。

場所を表す連用修飾の例をあげます。

（17）泉の水遠く（＝遠イトコロマデ）澄まし（源・少女）

（18）松風木高く吹きおろし（源・初音）

現代語の目でみると、修飾語の位置が逆転しているようにみえる例があります。（19）は「かえって好ましく見えて」の意です。

（19）色あひ重なり、好ましくなかなか見えて（源・朝顔）

（20）［雀ハ］いとをかしうやうやうなりつるものを。烏などもこそ見つくれ。（源・若紫）

連用修飾語「**遅く〜**」は現代語の感覚で解釈すると誤るので、注意が必要です（岡崎正継 1973）。

（21）灌仏率て奉りて、御導師遅く参りければ、日暮れて御方々より童べ出だし、布施などおほやけざまに変らず心々にし給へり。（源・藤裏葉）

（21）は、「御導師がおくれて参上したので」の意ではなく、「時間になっても参上しない」の意です。

（22）大納言の遅く参り給ひければ、使を以て遅き由を関白殿より度々遣はしけるに（今昔24-33）

（23）夜明けぬれば、介、朝《つとめて》遅く起きたれば、郎等粥を食はせむとてその由を告げに寄りて見れば、［介ハ］血肉《ちじし》にて死にて臥したり。（今昔25-4）

（23）では、介は死んでいたわけで、「遅く起く」が「遅く起きた」のではなく、「起きる時間になっても起きない」の意であることがわかります。

（24）げにやげに冬の夜ならぬ真木の戸も遅くあくるはわびしかりけり（蜻蛉）

も「（なかなか）開けない」のように解釈されなければなりません。

◆古代語で「遅くなって〜する」の意は「遅れて〜」で表されます。

・撫子はいづれともなくにほへども遅れて咲くはあはれなりけり（後撰203）

6・3 形容動詞

次例（1）のaとbは、同じ「〇〇なり」という構成をしていますが、文法的性質を異にしています。

（1）a 見給へば、御息所の御手（＝筆跡）なり。（源・葵）

b 手（＝筆跡）はいときよげなり。（源・真木柱）

まず、（1a）の「御手」は（2）のように主題や格成分となることができますが、（1b）の「きよげ」は主題や格成分になることができません（「*きよげは〜」）。

（2）御手はなほここらの人の中にすぐれたりかし。（源・葵）

第二に、「きよげなり」は（1b）のように連用修飾語（副詞）「いと」を受けることができますが、「御手なり」は受けることが出来ません（「*いと御手なり」）。第三に、名詞に続くときの形が次のように異なります。

（3）a　巻ごとに御手の筋を変へつつ（源・梅枝）

b　きよげなる童などあまた出で来て（源・若紫）

以上の現象は、「御手」は名詞であるが、「きよげ」は名詞ではないこと、「きよげなり」は連用修飾語を受けることから用言であることを示しています。（1b）のような、言い切りの形が「なり」で終る用言を**形容動詞**（ナリ活用）といいます。

◆　中古和文ではみられませんが、ほかに、「岸うつ浪も茫々たり。」（平家10）のように、言い切りの形が「たり」で終る用言があって、これを形容動詞のタリ活用といいます。タリ活用の形容動詞は鎌倉時代以降の和漢混淆文にみられます。タリ活用の語幹になるのは漢語だけですが、漢語なら必ずタリ活用になるわけではありません。中古和文では、「いと警策《かうざく》なる名をとりて」（源・須磨）のように、漢語語幹の語もナリ活用です。

形容動詞の語幹の中には、抽象名詞としても用いられるものがあります。例えば、「あはれなり」は、（4）のように、副詞「いと」に修飾され、（5）のように「あはれさ」という形が存するところから用言（形容動詞）と判断されます（名詞として用いるために接尾辞の「-さ」を必要とするということは「あはれ」が名詞ではない証拠です）。しかし、（6）では「あはれ」が名詞として用いられています。

（4）うちしぐれて、空のけしきいとあはれなり。（源・夕顔）

（5）さびしき所のあはれさはさまことなりけり。（源・宿木）

（6）深き夜のあはれを知るも（源・花宴）

「［目もあや］なり」のように、句が形容動詞の語幹を構成することがあります。

（7）御心を尽くし、目もあやなる御心まうけをせさせ給ふ。（源・藤裏葉）

（8）いとど心細さまさりて、上《うは》の空なる心地のみしつつ（源・薄雲）

（9）いとことのほかなることども、もし聞こえあらば（源・真木柱）

（10）萩・女郎花などの上に［大木ガ］よころばひ伏せる、いと思はずなり。（枕188）

形容動詞の音便は、連体形語尾「-なる」が助動詞に続くとき撥音便になるものだけです。

（11）いとたぐひなげなめる御ありさまを（源・椎本）

◆形容詞・形容動詞両形をもつ語に「うたてし／うたてなり」「涙もろし／涙もろなり」などがあります。上代語の「間遠《まどほ》し」は、中古では形容動詞「間遠《まどほ》なり」に転じました。また、「あきらけし」「さやけし」などの「〇〇けし」型の形容詞は、一般に、中古以降「あきらかなり」「さやかなり」のような形容動詞形に転じました（第6・1・2節）。

6・4 副詞

活用がなく、単独で連用修飾語になることができる語を副詞といいます。

（1）やうやう白くなりゆく山ぎは、少しあかりて（枕1）

◆副詞は、連用修飾語になるほか、「いとどなよなよと」（源・桐壺）のように他の副詞を修飾したり、「ただ一人」（万769）、「まだつとめて」（古本説話集21）のように名詞を修飾したりすることもあります。副詞の中には、「いささかのことなり」（竹取）、「まづの人々」（源・若菜上）のように、助詞「の」を伴って連体修飾語になったり、「内はほらほら」（記）のように、述語になったりするなど、名詞に近い振る舞いをするものもあります。「やをらづつひき入り給ひぬるけしきなれば」（源・薄雲）では副詞「やをら」が接尾辞「づつ」をとっています。

（2）のように、主として動詞を修飾し、動作の行われるさまを詳しく表す副詞を**状態副詞**といいます（「情態副詞」と表記されることもあります）。

（2）ある時、鏡を取りて、顔をつくづくと見て（徒然134）

擬態語・擬声語はすべて状態副詞です。

（3）山は鏡をかけたるやうにきらきらと夕日に輝きたるに（源・浮舟）

（4）いと白うをかしげに、つぶつぶと肥えて（源・空蟬）

（5）御子いかいかと泣き給ふ。（栄花1）

ほかに、（6）（7）のような時（アスペクト）に関するもの、（8）のような態度に関するものも、状態副詞に含まれます。

（6）御直衣《なほし》などを着給ひて、南の高欄にしばしうちながめ給ふ。（源・帚木）

（7） 神無月時雨もいまだ降らなくにかねて移ろふ神なびの森（古今253）

（8） かかる所をわざと繕ふもあいなきわざなり。（源・松風）

（9）のように、形容詞・副詞などの状態性の意味をもつ語に係って、その程度を限定する副詞を**程度副詞**といいます。

（9） 四月、祭のころ、いとをかし。（枕2）

状態副詞がふつう動詞を修飾するのに対して、程度副詞は形容詞類も動詞も修飾することができます。

（10） a 「……」と思ふに、いとど心細し。（源・葵）

b 草も高くなり、野分にいとど荒れたる心地して（源・桐壺）

形容詞類を修飾できない（動詞しか修飾できない）副詞は程度副詞ではありません（例えば「あまた」や「あまたたび」は量を表しますが、動詞しか修飾しないので、状態副詞です）。程度副詞が程度性をもつ名詞を修飾することもあります。

（11） 衛門督は中納言になりにきかし。今の御世にはいと親しく思されて、いと時の人なり。（源・若菜下）

（12）〜（15）のように、用言の叙述のしかたを補足または明確化する副詞を**陳述副詞**といいます（「呼応の副詞」ともいいます）。

（12） いとめざましく恐ろしくて、つゆ答《いら》へもし給はず。（源・若菜下）

（13）ゆめ、その人にまろありとのたまふな。（源・宿木）
（14）うたてあるもてなしには、よもあらじ。（源・末摘花）
（15）かかる老法師《おいほふし》の身には、たとひ愁《うれ》へ侍りとも何の悔《くい》か侍らむ。（源・薄雲）
（12）の「つゆ」は打消しと呼応して全否定を表します。次例（13）は禁止と、（14）は打消推量と、（15）は逆接仮定条件と呼応する副詞の例です。次例（16）は「さらに」と「え」が陳述副詞、「ふと」が状態副詞です。
（16）さらに え ふとも身じろがねば（枕177）
（17a）は動詞の強調表現ですが、（17b）のように副詞「ただ」を伴うことがあります。
（17）a 盗人、泣きに泣きて、言ふことなし。（今昔25-11）
b ただ泣きに泣きて、御声のわななくもをこがましけれど（源・行幸）
（17b）は「ただ、泣きに泣きて」ではなく、「ただ泣き」で一つのかたまりを作ります（関谷浩 1971）。次例（18）も「タダビエに」と読まなければなりません。
（18）ただ冷えに冷え入りて、息はとく絶えはてにけり。（源・夕顔）
そのことは次のような例から知られます。
（19）ただ行きに守のゐたりける前に行きて（源・東屋）
（20）ただ弱りに絶え入るやうなりければ（源・手習）
（21）ただのぼりに空ざまに一二丈ばかりのぼる。（宇治8-3）

（22）ただありに（＝自然ニ）もてなして（紫日記）

『日葡辞書』では「Tadabaxirini faxiru（ただ走りに走る）」とローマ字表記しています。また別の副詞を伴う例も存します。

（23）ひた斬りに斬り落しつ。（徒然87）

この句型は形容詞の強調形も作ります。

（24）海の面《おもて》ただ悪しに悪しうなるに（枕286）

◆（17a）の否定形は次例のようです。

・それ（＝右大将ノ琴）は聞きにだに聞かぬものを（うつほ・国譲上）

・つゆ聞きにだに聞かざりければ（今昔25-9）

第7章　名詞句

7・1　連体修飾

文中で名詞として働く、一つまたは二つ以上の語句のまとまりを**名詞句**といいます。古代語の名詞句には、次のようなものがあります。

（1）a　その岩のもとに、波白くうち寄す。（土佐）

b　白き波を寄す。（土佐）

c　波の白きのみぞ見ゆる。（土佐）

d　仕うまつる人の中に心たしかなるを選びて（竹取）

e　昔、月日のゆくをさへ嘆く男（伊勢91）

（1a）の傍線部は一語の名詞、（1b）の傍線部は名詞に連体修飾語が付属したものです。（1c）の傍線部はいわゆる同格構文で、知的意味は（1b）の傍線部と同じです。（1d）（1e）の傍線部もまた全体で名詞として働いているので、名詞句です。（1d）（1e）の傍線部は「心たしかなる［人］」「月日のゆく［コト］」の意で、古代語では用言の連体形をそのまま名詞句として用いることができました。これを**準体句**といいます。名詞句において、中心となる名詞を**主名詞**といいます。（1a）〜（1c）の主名詞は「波」です。（1d）（1e）のような準体句は、主名詞が顕在していません。

7・1・1　内の関係の連体修飾

（1）白き波を寄す。（土佐）

では、主名詞「波」と連体修飾語「白き」の間に「波 白し」という主語述語の関係があります。また、

（2）燕の持たる子安の貝を取らむ料なり。（竹取）

の主名詞「子安の貝」は、連体修飾句「燕の持たる」に対して「を」格の関係（「燕 子安の貝ヲ 持たり」）になっています。このように、主名詞が連体修飾句に対して格成分としての解釈をもつとき、その連体修飾を**内の関係**といいます（寺村秀夫1975）。（1）は主格を主名詞化したもの、（2）は「を」格を主名詞化したものです。

（3）①我を思ふ人を思はぬ報いにや　②我が思ふ人の我を思はぬ（古今1041）

では、①の「我を思ふ人」は主格（「人ガ我を思ふ」）の主名詞化、②の「我が思ふ人」は「を」格（「我が人ヲ思ふ」）の主名詞化です。「に」格の主名詞化の例をあげます。

（4）童より仕うまつりける君、御髪おろし給うてけり。（伊勢85）

（5）大炊寮《おほひつかさ》の飯炊《いひかし》く屋《や》の棟《むね》に（竹取）

次例（6）は「にて」格（または「に」格、「より」格）、（7）は「より」格の主名詞化と思われます。現代語では、一般に、「より」格、「から」格の名詞を主名詞化することはできません。

（6）そなたに人の来たりける車のあるを見て（和泉日記・寛元本）
（7）梅は生ひ出でけむ根こそあはれなれ。（源・紅梅）

7・1・2 外の関係の連体修飾

主名詞が連体修飾句に対して格成分としての解釈をもたないとき、その連体修飾を**外の関係**といいます（寺村秀夫 1975）。

（1）雨の、夜降りたるつとめて（枕259）
（2）あまたさるまじき人の恨みを負ひし果て果ては（源・桐壺）
（3）今めかしく掻い弾きたる爪音、かど（＝才）なきにはあらねど（源・帚木）
（4）御覧じだに送らぬおぼつかなさを、言ふ方なく思ほさる。（源・桐壺）
（5）人々ひねもすに祈る験《しるし》ありて、風波立たず。（土佐）
（6）月のをかしきほどに雲隠れたる道のほど、笛吹きあはせて大殿におはしぬ。
（源・末摘花）

連体修飾句が「何々の」「何々に対する」という意を含んでいて、それが顕在していない場合があるので、解釈上、注意が必要です（三宅清 1985）。

（7）あやしきことなれど、幼き御後見に思すべく聞こえ給ひてむや。（源・若紫）

（7）は、現代人の感覚では「御後見」が幼いと読めてしまいますが、ここでは「幼い紫上に対する御後見」という意味です。すなわち「幼き御後見」は、「幼き［人ノ］御後見」の意です。同様に、

（8）幼かりつる行く方の、なほ確かに知らまほしくて（源・若紫）

（9）さうざうしくつれづれなる慰めに（源・橋姫）

（10）末に、宮仕人を思しける腹に出でおはしたる男子は（大鏡）

（11）藤大納言と申すなる御兄《このかみ》の（源・橋姫）

（8）は「幼かりつる［人ノ］行く方」、（9）は「さうざうしくつれづれなる［気持ノ］慰め」の意、（10）は「宮仕人を思しける［ソノ宮仕人ノ］腹」、（11）は「藤大納言と申すなる［人ノ］御兄」の意です。

（12）かの「春待つ園は」と励まし聞こえ給へりし御返りも、このころやと思し（源・胡蝶）

（12）も、現代人の感覚では「励ました返事（＝返事で励ました）」と読んでしまいますが（ここでの「励ます」は、春秋の優劣を挑むの意です）、（12）は、「春待つ園は」と挑んできた

手紙に対する返事、すなわち「励まし聞え給へりし［手紙ヘノ］御返り」の意です。類例をあげます。

(13)「御袴着のこと、いかやうにか」とのたまへる御返りに（源・薄雲）

(14) 姫君（＝紫上）の御文は、心ことにこまかなりし御返りなれば、あはれなること多くて（源・須磨）

それぞれ、(13)は「…とのたまへる［源氏ノ文ヘノ］御返り」、(14)は「心ことにこまかなりし［源氏ノ文ヘノ］御返り」の意です。同様に、

(15) 何くれとこと長き御答《いら》へ聞こえ給ふこともなく思しやすらふに（源・蛍）

も、返事が長いのではなく、蛍宮の長々しいお話に対する玉鬘の返事の意です。

連体修飾句が、主名詞の内容を表す場合があります。

(16) 亡き人に少し浅き咎は思はせて（源・夕霧）

(17)［源氏ガ通ウ所々デハ］人知れずのみ、かずならぬ嘆きまさる［女性］も多かりけり。（源・葵）

(16)は咎が浅いのではなく、「思慮が浅いという非難」の意、(17)も嘆きが「かずならぬ」のではなく、「数ならぬ身だという嘆き」の意です。

連体修飾句と主名詞が、間接的な関係で結ばれることがあります。

(18) 死なぬ薬も何にかはせむ（竹取）

（19）恋せじといふ祓への具してなむ［河原ニ］行きける。（伊勢65）

（20）繕はれたる水の音なひ、かごとがましう（＝文句ヲ言ウヨウニ）聞こゆ。（源・松風）

（21）舎人が、寝たる足を狐に食はる。（徒然218）

（22）仁和寺に渡りて、思ひ乱るる南面に、梅の花いみじう咲きたるに（成尋阿闍梨母集）

次例はその極端な例です。

（23）「はかなかりし夕《ゆふべ》より、あやしう心にかかりて、［夕顔ヲ］あながちに見奉りしも、かかるべき契りこそはものし給ひけめ」と思ふも、あはれになむ。（源・夕顔）

（24）かの明石にて小夜《さよ》更けたりし音《ね》も、例の思し出でらるれば、［源氏ハ明石君ニ］琵琶をわりなくせめ給へば（源・薄雲）

（23）は「ふとした和歌の贈答のあった夕」の意、（24）は「（源氏の帰京が明後日という晩の）小夜更けた時に弾いた箏の音」の意です。

7・1・3　連体修飾語の係りかた

（1）a　検査を受けた人は、こちらにお集まりください。

b　検査を受けた吉田氏は、ほがらかな顔で出てきた。

（1a）のような修飾を**制限的修飾**、（1b）のような修飾を**非制限的修飾**といいます。制限的修飾は主名詞を限定する役割をはたし、非制限的修飾は主名詞に関する情報を追加する役割をはたします。古代語の例をあげます。（2a）は制限的修飾の例、（2b）は非制限的修飾の例です。

（2）a　梅が枝に来ゐる鶯春かけて鳴けどもいまだ雪は降りつつ（古今5）

b　春の日の光にあたる我なれどかしらの雪となるぞわびしき（古今8）

「は」は連体修飾句内に生起可能ですが、制限的修飾の連体修飾句内には生起できないようです。「は」が連体修飾句内にあるとき、連体修飾句は、一般に、非制限的修飾になります。

（3）飛鳥川淵は瀬になる世なりとも思ひそめてむ人は忘れじ（古今687）

（4）敷島の大和にはあらぬ唐衣ころも経ずして逢ふよしもがな（古今697）

（5）流れては妹背《いもせ》の山の中に落つる吉野の河のよしや世の中（古今828）

連体修飾語が直後の名詞に係らない場合があるので、注意が必要です。例えば、

（6）うるはしき人の調度（源・帚木）

の「うるはしき」は「人」ではなく、「調度」に係ります。いわば「人の調度」が一つの纏まりをつくっています。同様に、

（7）いとまばゆき人の御おぼえなり。（源・桐壺）

（8）かかる事の起こりにこそ世も乱れあしかりけれ。（源・桐壺）

（9）引き上ぐべき物の帷子《かたびら》などどうち上げて（源・帚木）

は、それぞれ、「いとまばゆき［人の御おぼえ］」、「かかる［事の起こり］」、「引き上ぐべき［物の帷子］」のように読まれます。このような例は、古典文中に数多くあります。

（10）知る知らぬほどの疎さ睦まじさも（栄花1）

（10）は「知るほどの睦まじさ、知らぬほどの疎さも」の意です。「知る知らぬ」と「疎さ睦まじさ」の語序にも注意されます。

7・1・4　形容詞移動

「深い穴を掘る⇕穴を深く掘る」のような現象を**形容詞移動**といいます。古代語の例をあげます。

（1）夜は安きいも寝ず（＝安くいも寝ず）（竹取）

（2）時々［アナタヲ］見奉らば、いとどしき命や延び侍らむ（＝いとどしく命や延び侍らむ）。（源・朝顔）

（3）服を黒く着たり（＝黒き服を着たり）。（今昔19-9）

（4）娘いと美しうてもち給うたりけるを（＝美しき娘もち給うたりけるを）（大和155）

形容動詞の例をあげます。

（5）あやしくにはかなる猫の時めくかな（＝あやしくにはかに猫の時めくかな）。（源・若菜下）

このほかにも、連体修飾語と連用修飾語とが結果的に同意になる場合があります（現代語でも「不意の事故にあう⇕不意に事故にあう」のような例があります）。

（6）昔、男、人知れぬもの思ひけり。（伊勢57）

（7）なかなかなる物思ひをぞし給ふ。（源・桐壺）

（8）疑ひなきこの左大臣のおはすると思ひて（宇治15-5）

それぞれ、「人知れず」、「なかなか」、「疑ひなく」と同意です。

現代語で「小首をかしげる」は「首を小さくかしげる」の意です（このような表現はいわゆるhypallageの一種で、ほかに「大手を振る」「うしろ指をさされる」「大酒を飲む」「横車を押す」「薄目をあける」などの表現があります）。古代語では次のような例がみえます。

（9）小唾《こつばき》吐きてゐたりけり。（宇治15-4）

7・1・5　連体助詞による連体修飾

「私の本」のような所有格を表すには、名詞に助詞「の」または「が」をつけます。

（1）松浦川川の瀬光り鮎釣ると立たせる妹《いも》が裳の裾［伊毛河毛能須蘇］濡れぬ（万

現代語では所有格を表す助詞は「の」だけなので、（1）の傍線部は「あなたの裳の裾」と表現されます。人を表す名詞の場合、一般に、尊者には「の」が、非尊者（親愛の対象も軽蔑の対象も含む）には「が」が用いられるといわれます。これを「ノガの尊卑」といいます［補注11］。

（2）行成大納言の額、兼行が書ける扉、あざやかに見ゆるぞあはれなる。（徒然25）

勅撰集の題詞でも、（3）のように、身分によって「の」と「が」とが使い分けられています。

（3）a　本康のみこ（＝仁明天皇第五皇子）の七十の賀（古今352題詞）
　　b　良峯経也が四十の賀（古今356題詞）

◆1　女に「さたが衣」と言われた「さた」という男が、「「さたの」とこそ言ふべきに、…なぞわ女め、「さたが」と言ふべきことか」と怒ったという話（宇治7-2）は、当時の「の」と「が」に対する尊卑意識を示しています。

◆2　「の」には「春のかぎりの今日の日の夕暮」（伊勢91）のような重出例が豊富ですが、「が」には「N1がN2がN3が…」という連体修飾の重出例を容易に見出せません。

（4）草の花は、なでしこ。唐のはさらなり、大和のもいとめでたし。（枕64）

（5）いかなれば四条大納言（＝藤原公任）のはめでたく、兼久がは悪《わろ》かるべきぞ。

（宇治1-10）

（4）の傍線部は「唐の［なでしこ］」「大和の［なでしこ］」、（5）の傍線部は「四条大納言の［歌］」「兼久が［歌］」の意で、現代語で「僕の本を貸そう」を「僕のφを貸そう」というのと同じ語法です（（5）でも「の」と「が」が尊卑によって使い分けられています）。このような「の」「が」を準体助詞といいます。

◆準体助詞と連体修飾を作る助詞とが重なることがあります。「志斐《しひ》のが強ひ語《がた》り」（万236）は「心斐の［嫗《おみな》］の強《し》い話」の意です。「人妻と我がのとふたつ思ふには」（好忠集）は「かのと」を詠み込んだ物名歌ですが、珍しい例です。

活用語の連体形は「が」で承けます。「の」は、活用語の連体形を受けることはできません。

（6）在次《ざいじ》の君といふが妻《め》なる人なむありける。（大和143）

◆1 例外は、次のような語法で、句を名詞化して受けたものと考えられます。

・［君や来む我や行かむ］のいさよひに（古今690）

・［人に見咎められじ］の心もあれば（源・松風）

・わが身つらくて、［尼にもなりなばや］の御心つきぬ。（源・柏木）

また、「飲みての後は」（万821）、「女宮に物語など聞こえ給ひてのついでに」（源・浮舟）、「大輔などが若くてのころ」（源・東屋）のように、「の」が「て」を受けることがあります

（この「〜て」句も名詞相当と考えられます）。

◆2　「の」は連体助詞ですが、「例の」は例外で、「日暮るるほど、例の集りぬ。」（竹取）のように、「いつものように」の意の連用修飾の用法をもっています（「例のことども、皆し終へて」（土佐）は連体修飾です。稀に「例乗り給ふ車にはあらぬに」（落窪）のような句型もみえます）。次例の「の」も「〜のように」の意です。

・旧里《ふるさと》の三笠の山は遠けれど声は昔のうとからぬかな（後撰1106）

このような連用修飾用法の「の」は、次例のような「比喩を表す「の」」の延長上にあるものといえます。

・秋の野に乱れて咲ける花の色の千種に物を思ふころかな（古今583）

・吉野川岩波高く行く水のはやくぞ人を思ひそめてし（古今471）

次例の「の」は「〜の時のこと」の意で下文に続きます。

・其の年の其の月の其の日の、おのれ鳩の巣に物を落としたりしに（今昔26−1）

◆3　連体修飾語を作る格助詞には、他に「つ」があり、上代に多く用いられました。平安時代は「下《しも》つ方《かた》」「天《あま》つ風」「沖つ白波」など慣用的な複合語としてしか用いられません。また、「目《ま》な子《こ》（＝眼）」などにみられる「な」は、上代においてすでに限られた語の結合にしか用いられません。

7・1・6 「の」と格助詞

現代語で、格成分を「〜の」の形で連体修飾の形にする場合、

（1） 太郎が挨拶する。 → 太郎の挨拶（＊太郎がの挨拶）
事故を処理する。 → 事故の処理（＊事故をの処理）
東京へ出張する。 → 東京への出張
三時から実施する。 → 三時からの実施
太郎と旅行する。 → 太郎との旅行

のように、格助詞「が」「を」は削除されて「の」だけになり、他の格助詞は「の」とそのまま共起します（したがって、「宣長の研究」は、「宣長ガ研究する」と「宣長ヲ研究する」との二通りの意味があります。「に」の場合は特殊で、「太郎に抗議する」の「太郎に」を連体修飾の形にする場合、「＊太郎にの抗議」といえず、といって「に」を削除して「太郎の抗議」とすると別の意味になってしまうので、「太郎に対する抗議」など別の言いかたになります）。古代語でも同様です。

（2） 朝廷《おほやけ》ガ召す → 朝廷の召し（源・手習）
御八講ヲいそぐ → 御八講のいそぎ（源・賢木）
昔ヨリ志す → 昔よりの志（源・若菜上）
今カラもてなす → 今からの御もてなし（源・松風）

後の世マデとがむ　→　後の世までのとがめ（源・薄雲）

ただし、「への」という言いかたはなかったようで、「への」は、現代語の「が」格、「を」格と同様、「の」だけで表します［補注12］。次例の「の」は「への」の意です。

（3）少将の返事には、「……」と言へば、少将いとほしく（落窪）

（4）［少弐ガ］にはかに亡せぬれば、あはれに心細くて、ただ京の出立《いでたち》をすれど（源・玉鬘）

（5）十月に朱雀院の行幸あるべし。（源・若紫）

（6）御匣殿《みくしげどの》は、二月に尚侍《ないしのかみ》になり給ひぬ。院の御思ひにやがて尼になり給へる［前尚侍ノ］かはりなりけり。（源・賢木）

（7）あなたの御消息通ふほど、少し遠う隔たる隙に（源・夕霧）

◆次例の「の」は「からの」の意です。

・あこぎ（＝侍女ノ名）がもとに、少将の御文あり。（落窪）

7・2　準体句

古代語では、（1）のように、用言の連体形を、そのまま名詞句として用いることができました。これを準体句といいます。準体句は、主名詞が顕在していない連体句とみることができます。

（1）a　仕うまつる人の中に心たしかなる［人］を選びて（竹取）

b　昔、月日のゆく［コト］をさへ嘆く男（伊勢91）

（1a）のように、顕在していない主名詞にヒトやモノが想定される準体句を**形状性名詞句**、（1b）のように、顕在していない主名詞にコトやノが想定される準体句を**作用性名詞句**といいます（石垣謙二1942）。

◆1　（1a）で、顕在していない主名詞「人」の準体部に対する関係は内の関係（「人ガ心たしかなる」という主語述語の関係）、（1b）で、顕在していない主名詞「コト」の準体部に対する関係は外の関係にあります。したがって、連体になぞらえていえば、形状性名詞句は内の関係に相当する準体句、作用性名詞句は外の関係に相当する準体句ということができます。

◆2　日本語の用言は、形状性用言と作用性用言との二つに分けられます。**形状性用言**とは、終止形がイ段音の語（形容詞・形容動詞・ラ変動詞、および「べし・たり・けり・き」などの助動詞）と動詞「見ゆ・聞こゆ・思ほゆ・候ふ・おはす・言ふ・なる」、助動詞「ず・む・らむ・けむ」です。それ以外の用言は、**作用性用言**です。作用性名詞句（〜コトの意の準体句）の準体部に現れる用言には制限がありませんが、形状性名詞句（〜モノの意の準体句）の準体部に現れる用言は、一般に、形状性用言に限られます（石垣謙二1942）。実際、（1a）は形状性名詞句ですが、準体部は形状性用言（「たしかなり」）になっています。例外は①のような句型で、作用性用言で形状性名詞句（～モノの意の準体句）を構成する場合は、必ず主語になり、かつ述語は形状性用言になります（石垣謙二1942）。

①猛《たけ》き武士《もののふ》の心をも慰むる△は歌なり。（古今・仮名序）

したがって、例えば②は、「渡り給ふ」が作用性用言なので、同格構文（「大臣の渡り給ふ［大臣］」）ではありえず、作用性名詞句（「大臣の渡り給ふ［コト］を待ちけるほどに」）ということになります。

②頼信、大臣の渡り給ふ△を待ちけるほどに（今昔27-12）

7・2・1　形状性名詞句

形状性名詞句には、三つのタイプがあります（近藤泰弘1981）。

（1）仕うまつる人の中に心たしかなる△を選びて（竹取）△＝人

（2）女君のいと美しげなる△、生まれ給へり。（源・橋姫）△＝女君

（3）五条にぞ少将の家ある△に行き着きて見れば（大和101）△＝少将の家

すなわち、（1）では補うべき主名詞「人」が準体部内（「心たしかなる」）に顕在していませんが、（2）（3）では補うべき主名詞「女君」「家」が準体部内に顕在しています（傍点部分です）。（1）のように主名詞が顕在していない形状性名詞句を「消去型」、（2）のように「～の」の形で主名詞が表された形状性名詞句を「追加型」、（3）のように主名詞

が準体句内に顕在している形状性名詞句を「残存型」といいます。追加型は、ふつう、同格構文といわれます。

消去型の形状性名詞句において、消去された主名詞は、その定義から「ヒト」「モノ」ですが、具体的には様々な名詞が想定され、きわめて文脈依存的です。

（4）この失せ給ひぬる△も、さやうにこそ悔い給ふ折々ありしか。（源・朝顔）

（5）かかるいみじきものの上手の、心の限り思ひ澄まして静かに描き給へる△は、たとふべき方なし。（源・絵合）

（6）心ことに清らに漉かせ給へる△に、この春のころほひより、御心とどめて急ぎ書かせ給へるかひありて（源・鈴虫）

（7）このついでに、御方々の合はせ給ふ△ども、おのおの御使して、「この夕暮のしめりに試みむ」と聞こえ給へれば（源・梅枝）

（8）いともかしこき△は、置き所も侍らず。かかる仰せ言につけてもかきくらす乱り心地になむ。（源・桐壺）

すなわち、（4）の準体言の下△には「人（＝式部卿宮）」が、以下、（5）は「絵」、（6）は「紙」、（7）は「薫物」、（8）は「仰せ言」が想定されます。次例では、準体言の下に接尾辞「ども」が付いています。

（9）［コノ猫ヨリモ］まさる△ども、［オソバニ］さぶらふめるを、これはしばし賜は

り預からむ。（源・若菜下）△＝猫

◆準体言の下に主名詞を想定するという扱いの正当性は、次の事実から確かめることができます。すなわち、用言の連用形の転成名詞はそれ自身が名詞なので連体修飾語をとりますが、準体言は連用修飾語をとります。

・ねぢけがましきおぼえだになくは（源・帚木）〈転成名詞〉

・つらうおぼゆるぞわりなきや。（源・紅葉賀）〈準体言〉

このことは、連体形自身が名詞として機能しているのではなく、下に顕在していない主名詞△が想定されることを示唆しています。

追加型の形状性名詞句では、準体言の下には、「の」助詞の上にある名詞と同じ語が想定されます。これを**同格構文**といいます。

（10）女君のいと美しげなる△、生まれ給へり。（＝（2））

◆同格構文で、準体言の下に「の」助詞の上にある名詞と同じ語を想定するという扱いの正当性は、この構文で、主名詞の顕在している、次のような例から確かめることができます。

①風交じり雨降る夜の雨交じり雪降る夜は（万892）

②女どもも、契り深くて語らふ人の末まで仲よき人、かたし。（枕72）

しかし、③④のような例も存在するため、（10）において△に「女」ではなく、例えば「ヒト」のような、「の」の上の名詞より外延の広い語を想定してはいけないのかという問題も残ります。
③ただ、親のおはしける時より使ひつけたる童のされたる女［ヲ］、後見とつけて使ひ給ひけり。（落窪）
④かの又五郎は、老いたる衛士のよく公事に馴れたる者にてぞありける。（徒然102）
（10）では、主名詞（「女君」）と準体部（「いと美しげなる」）の間に主語述語の関係があります。（11）では「を」格、（12）では「に」格の関係があります。
（11）いと尊き老僧のあひ知りて侍る△に、言ひ語らひつけ侍りぬる。（源・夕顔）
（12）白き扇の、墨黒に真名の手習したる△をさし出でて（堤・虫めづる姫君）
◆主名詞と準体部との間の格関係として、主格、「を」格、「に」格以外のものは通常見出されません。なお、①は、「を」格と思われますが、②に照らして「より」格とみてもよいかもしれません。
①渡殿の南の戸の昨夜入りし△がまだ開きながらあるに（源・若菜下）
②我もこの戸より出でて来。（源・空蟬）
同格構文は、その全体が名詞句なので、文中でいろいろな格に立つことができます。（10）は傍線部全体で主格に、（11）は「に」格に、（12）は「を」格にたっています。（13）は「より」格にたった例、（14）は名詞文の述語（「SはPなり」のPの部分）にたった例です。

(13) よろしき女車のいたう乗りこぼれたる△より、扇をさし出でて（源・葵）

(14) 母北の方なむ、いにしへの人のよしある△にて（源・桐壺）

連体格に立つ場合は、(15)のように、「が」助詞を伴う場合（「の」は準体言を受けること ができないため「が」になります）と、(16)のように、そのまま下の名詞に続く場合とが あります。

(15) 宿徳にてましましける大徳のはやう死にける△が室に（大和25）

(16) 殿（＝源氏）の舞姫は、惟光朝臣の、津の守にて左京大夫かけたるむすめ、容貌《かたち》などいとをかしげなる聞こえあるを召す。（源・少女）

「の」の上の名詞句が、準体句（消去型の形状性名詞句）であることがあります。その場合、助詞は「の」ではなく、「が」になります（「の」は用言の連体形を受けることができないか らです）。

(17) 短き△が袖がちなる△着て歩《あり》くも、みな美し。（枕144）

(18) いづれの御時にか、女御、更衣あまたさぶらひたまひける中に、いとやむごと なき際にはあらぬ△が、すぐれて時めき給ふ△ありけり。（源・桐壺）

「が」の上の準体言は消去型の形状性名詞句ですから、想定される主名詞は文脈依存的で す。(17)の△は「衣」が、(18)の△は「人」が想定されます。

同格の後項（準体句）は複数重ねることができます。

(19) 白き鳥の、嘴と脚と赤き△、鴫の大きさなる△、水の上に遊びつつ魚《いを》を食ふ。(伊勢9)

(20) 清げだちて、なでふことなき人の、すさまじき顔したる△、直衣《なほし》着て太刀佩《は》きたる△あり。(源・東屋)

(21) 八九ばかりなる女子の、いとをかしげなる△、薄色の衵《あこめ》、紅梅などみだれ着たる△、小さき貝を瑠璃の壺に入れてあなたより走るさまの、あわたたしげなるを、をかしと見給ふに(堤・貝合)

(22) かたはらに、いま少し若やかなる人の、十四五ばかりにやとぞ見ゆる△、髪たけに四五寸ばかり余りて見ゆる△、薄色のこまやかなる一襲《ひとかさね》、掻練などひき重ねて、顔に袖をおしあてて、いみじう泣く。(堤・このついで)

連続する後項の準体句には「が」が表示されることもあります。

(23) その家なりける下人《しもびと》の病しける△が、にはかに出であへで亡くなりにける△を、怖《お》ぢ憚りて(源・夕顔)

(24) 御文には、いと芳ばしき陸奥紙の少し年経《へ》、厚き△が黄ばみたる△に(源・玉鬘)

(25) をばの殿ばら宮仕しける△が、今は和泉守の妻にてゐたりける△がり、文やる。(落窪)

次例は、準体句が三つ重ねられたものです。

(26) わが御髪《みぐし》の落ちたりける△を取り集めて鬘にし給へる△が九尺余ばかりにていと清らなる△を、をかしげなる箱に入れて（源・蓬生）

(27) 一条の北なる小路に懸る程に、年十六七歳ばかりある童の、形美麗なる△が、つきづきしげなる△が、白き衣をしどけなげに中結ひたる△、行き具したり（＝道連レニナッタ）。（今昔17-44）

同格の「の」助詞が表示されない例があります（小田勝2006）。

(28) ［薫ノ］御けはひしるく聞きつけて、宿直人めく男φ、なまかたくなしき△、出で来たり。（源・橋姫）

(29) 御車は簾おろし給ひて、かの昔の小君（＝空蟬ノ弟）φ、今は衛門佐なる△を召し寄せて（源・関屋）

(30) この入道の宮（＝藤壺）の御母后の御世より伝はりて、次々の［帝・后ノ］御祈りの師にてさぶらひける僧都φ、故宮（＝藤壺）にもいとやむごとなく親しき者に思したりしを、おほやけ（＝帝）にも重き御おぼえにて、いかめしき御願ども多く立てて、世にかしこき聖なりける△、年七十ばかりにて、いまは終はりの行ひをせむとて籠りたる△が、宮の御事（＝故藤壺ノ法要）によりて出でたるを、内裏《うち》（＝冷泉帝）より召しありて常にさぶらはせ給ふ。（源・薄雲）

同格の後項が準体言としてまとめられない句型があります。

(31) この大臣は、極めてやむごとなき人の、家限りなく富めり。（今昔2-25）

(32) あやしき馬に、狩衣姿のないがしろにて来ければ（源・末摘花）

それぞれ「極めてやむごとなき人の、家限りなく富める［人］なり」、「狩衣姿のないがしろなる［姿］にて」の後項が、準体言としてまとめられていません。

［体言＋の＋体言］および［体言＋φ＋体言］の句型による同格もあります。

(33) ［藤壺ノ］御をぢの横川の僧都、［藤壺ノ］近う参り給ひて（源・賢木）

(34) 女君（＝末摘花）の御乳母子φ、侍従とてはやりかなる若人、［末摘花ガ源氏ニ返事ヲシナイノヲ］いと心もとなうかたはらいたしと思ひて（源・末摘花）

◆「母北の方」は、「母［デアル］北の方（＝父ノ正妻）」の意です［補注13］。

・春宮の祖父《おほぢ》大臣（＝春宮ノ祖父デアル大臣）など（源・桐壺）

・恋ふらくに手《た》弱女《わやめ》我は（＝手弱女デアル我ハ）定まらず泣く（万1982）

残存型の形状性名詞句の例をあげます。

(35) 犬をながさせ給ひける△が帰り参りたりとて（枕6）△＝犬

(36) 姫宮思し煩ひて、弁が参れる△にのたまふ。（源・総角）△＝弁

(37) 御息所、物の怪にいたうわづらひ給ひて、小野といふわたりに山里持《も》給へる△に渡り給へり。（源・夕霧）△＝山里

(38) かの承香殿の前の松に雪の降りかかりける△を折りて (大和139) △＝松

(39) すでに餓死しなむとするに、一塵の財《たから》なしといへども空しき倉ばかりはある△に行きて、塵ばかりの物やあると見れば (今昔1-31) △＝倉

(40) 女の手はふくよかに滑らかなる△を握りたる間 (今昔4-6) △＝女の手

7・2・2 作用性名詞句

古代語における作用性名詞句には、次のタイプがあります。

(1) a 風をだに恋ふるはともし (万489)

b 恋ふることまされる今は (万3083)

c かくばかり我が恋ふらくを知らずかあるらむ (万720)

(1a) は用言の連体形 (準体言) による準体句、(1b) は補文標識 (complementizer)「こと」による名詞化です。(1c) はク語法といわれるもので、活用語の語尾に「く」がついて全体を名詞化する、上代特有の語法です。

(1a) のような、**準体言による作用性名詞句**の例をあげます。

(2) 「かかる御歩きし給ふ△、いと悪しきことなる」とて (大和2)

(3) さしたることなくて人のがり行く△は、よからぬことなり。(徒然170)

顕在していない主名詞にサマ、トキ、トコロが想定される準体句も、作用性名詞句です。

（4）桜の花の散る△をよめる。（古今84詞書）
（5）まだ鶏の鳴く△になむ、出だし立てさせ給へる。（源・蜻蛉）
（6）堤の中納言、内の御使にて、大内山に院の帝おはします△に参り給へり。（大和35）

作用性名詞句が主語になるとき、述語は必ず形状性用言になります（これを「**作用性用言反撥の法則**」（石垣謙二1942）といいます）。すなわち、日本語には、②〜④の句型はありますが、①の句型は存在しません。

① *子どもの群がるが騒ぐ。〈作用性名詞句－作用性用言〉
② 子どもの群がるが騒がし。〈作用性名詞句－形状性用言〉
③ 子どもの群がれるが騒ぐ。〈形状性名詞句－作用性用言〉
④ 子どもの群がれるが騒がし。〈形状性名詞句－形状性用言〉

②〜④の例をあげます（作用性のものを二重傍線で、形状性のものを波線で示します）。

② 手たたけば山彦の答ふる いとうるさし。（源・夕顔）
③ ある人の子の童なる ひそかに言ふ。（土佐）
④ 女君のいと美しげなる 生まれ給へり。（源・橋姫）

次例（7）の△には、準体句中の名詞「良暉《りやうき》」が想定されますが、「返る」は作用性用言なので、傍線部は作用性名詞句です。

（7）良暉が年ごろ鎮西にありて宋に返る△に会ひて（今昔11-12）

これは、現代語の「泥棒が逃げるのを追いかけた。」（黒田成幸1976）に相当する句型といえます。類例をあげます。

（8）翁の今、船に乗りて既に漕ぎ出づる△を呼び還す。（今昔10-10）

（9）満寺の僧の、「忌日勤《つと》むべし」と行ふ△を、皆追ひつ。（今昔11-15）

（7）～（9）が奇妙な句型にみえるのは、ふつうモノを格成分にとる述語が、作用性名詞句を受けることに起因しています。

現代語の**補文標識**には「の」と「こと」があり、使い分けられます。

（10）a　少年が坂をのぼってくる{の／＊こと}を見た。

b　優勝できなかった{の／こと}を残念に思う。

c　不採算部門を廃止する{＊の／こと}を決めた。

（10a）を「ノ専用文」、（10b）を「ノ・コト両用文」、（10c）を「コト専用文」といいます。現代語の補文標識「の」は古代語では準体言に、「こと」は古代語の補文標識「こと」に対応します（青木博史2005）。

（11）いみじき愁へに沈むを見るに、たへがたくて（源・明石）

（12）a　御前の御遊びにはかにとまりぬるを口惜しがりて（源・鈴虫）

b　御方々、物見給はぬことを口惜しがり給ふ。（源・紅葉賀）

（13）大殿おはし合ひて、内裏《うち》に宮参り給ふべきことを定め給ふ。（うつほ・国譲下）

（11）は（10a）に、（12）は（10b）に、（13）は（10c）に対応しています。（10b）のような現代語の「ノ・コト両用文」は、古代語でも「準体・コト両用文」になります（青木博史2005）。

◆（1c）のような語法をク語法といいます。（1c）の傍線部は、「恋ふ」のク語法形です。活用語のク語法形は、①の矢印下のような形になります。

①散る（四段）→散らく、恋ふ（二段）→恋ふらく、見る（一段）→見らく、来→来らく、す→すらく、あり→あらく、寒し（形容詞）→寒けく、けり→けらく、む→まく、ず→なく、つ→つらく、ぬ→ぬらく、き→しく

①の語形変化は、②のように大変複雑なものにみえます。

②四段・ラ変・形容詞・助動詞「けり・む・ず」には、未然形（と考えられる形）に「く」をつける。助動詞「き」には、連体形に「く」をつける。二段・助動詞「つ・ぬ」には、終止形に「らく」をつける。一段には、未然形に「らく」をつける。

②は、複雑なだけでなく、これによって、助動詞「む」「ず」などに、未然形「ま」「な」などを設定する必要が生じます。そこで、①のようなク語法形を統一的に説明するために、aku（あく）という接尾辞（名詞化辞nominalizer）を設定し、ク語法形は、連体形に「あく」が付いたものとする説明法が提案されています（古くはSansom（1928）にみえます）。

その際、③④のように、母音が連続した場合には前の母音を脱落させるとし、⑤のように母音が連続して ia となった場合は融合して e になるとします。

③「散る」のク語法形「散らく」：tiru + aku > tiruaku > tiraku

④「ず」のク語法形「なく」：nu + aku > nuaku > naku

⑤「寒し」のク語法形「寒けく」：samuki + aku > samukiaku > samukeku

これによってク語法形は、統一的に導かれることになりますが、唯一、助動詞「き」のク語法形だけはこの方法では説明されません。この方法では、「き」のク語法形として si + aku > siaku > seku（せく）が導き出されますが、「き」の実際のク語法形は「しく」だからです。「老ゆ」（二段）のク語法形は「老ゆらく」ですが、平安時代「老いらくの来むと」（古今895）の形に転じています。中世の文献にみえる「ていたらく」（姿の意。現在のような悪い意はありません）は「体《てい》たり」のク語法形です。

7・3 格

名詞が文中で機能するためには、文中での職能を表示する格が付与されなければなりません。一般に、主格と目的格はφ（無助詞）で、その他の格は助詞によって表示されます。格を表示する助詞を、**格助詞**といいます。

（1）楫取φ、また鯛φ持て来たり。（土佐）

（2）住む館より出でて船に乗るべきところへ渡る。（土佐）

◆ 次例の「人」は、「人ガ待たむ」とも「人ヲ待たむ」とも、両様の解釈が可能です（契沖1803）。

・今ぞ知る苦しきものと人待たむ里をば離《か》れず訪《と》ふべかりけり（伊勢48）

主格、目的格以外の格関係は、次のような格助詞によって表示されます。

（3）に・へ・と・より・から・にて・して

これらの助詞は通常省略されません。したがって、

（4）和琴φ、権中納言φ、賜り給ふ。（源・絵合）

は、「和琴ヲ、権中納言ガ、賜り給ふ」と読まなければなりません（「和琴ヲ権中納言ニ」ではありません）。（3）のうち、「に」と「と」は文献上の最初期から、助詞として機能しているものです。一方、「へ・より・から」は、それぞれ、名詞「辺・後《ゆり》・から」から成立した新しい助詞です（「にて・して」は連語が一語化したものです）。

7・3・1 主格

主格は、本来、無助詞で表しましたが、上代・中古では、従属節中の主格に限って、「の」「が」で表すこともありました。

（1）鶴《たづ》が鳴く［多頭我奈久］葦辺も見えず春の霞に（万4400）

cf.かはづφ鳴く瀬のさやけくあるらむ（万356）

（2）楫取らの「北風あし」と言へば、船出ださず。（土佐）

cf.かぐや姫φ「なにか難からむ」と言へば（竹取）

（1）は連体句中のもの、（2）は条件句中のものです。中古以前では、主節中の主格が「の」「が」で表され、文末が終止形で結ばれることは、決してありません。

◆1　中古以前においても、主文中の主格を表す「の」「が」が、連体形または体言相当の述語に係ることは許されます。

①白雪のかかれる枝に鶯の鳴く（古今6）

②よき人の、男につきて下りて、住みけるなり。（土佐）

③兵部卿宮の、人よりはこよなくものし給ふかな。（源・蛍）

①は擬喚述法で「鳴く」は連体形です。②の指定辞「なり」、③の「かな」はともに体言または連体形接続で、「の」はその体言相当部分に係ると考えられます。鎌倉時代になると、「の」「が」による単文の主格表示が現れてきます。

④年ごろありける侍の、妻に具して田舎へ往にけり。（宇治5-8）

⑤藁一筋が、柑子三つになりぬ。（宇治7-5）

⑥見も知らぬ花の色のいみじきが、咲きみだれたり。（宇治13-11）

主格の「の」が衰退し、主格を表すのにもっぱら「が」が用いられるようになるのは、江戸時代になってからのことです。

◆2　次例は主格を倒置したものです。

・吹きまよふ野風を寒み秋萩の移りもゆくか人の心の（＝人ノ心ガ）（古今781）

主格は、現代語では一般に、文頭に近いところに位置しますが、古代語では述語の直前に現れることも多いようです（今泉忠義1953）。

（3）夕つけゆく風いと涼しくて、帰りうく若き人々は思ひたり。（源・常夏）

（4）いささかなる功徳を、翁つくりけるによりて（竹取）

（5）大船を漕ぎ我が行けば（万3627）

（6）我妹子《わぎもこ》を夢に見え来《こ》と大和道《やまとぢ》の渡り瀬ごとに手向《たむ》けそ我がする（万3128）

7・3・2　目的格・「を」格

目的格もまた、本来、無助詞で表しましたが、特に動作の対象であることを明示したい場合には、助詞「を」が用いられました。

（1）父母を［父母乎］見れば尊し（万800）

（1）のような「を」は、（2）（3）のような、感動詞「を」から生じた間投助詞「を」に由来し、特に目的格表示として固定していったものと考えられます。

（2）宇治川を船渡せをと［船令渡呼跡］呼ばへども（万1138）

（3）生まれれば遂《つひ》にも死ぬるものにあればこの世なる間は楽しくをあらな［楽乎有名］（万349）

平安時代でも、

（4）まづまことの親とおはする大臣にを知らせ奉り給へ。（源・玉鬘）

（5）人に見えでをまかれ。（源・浮舟）

のような用法がみられ、また格助詞としても、「を」は、他動詞の目的格表示にとどまらず、広く「〜に対して」の意を表すものとして用いられています。

（6）あはれにかたじけなく、思しいたらぬことなき御心ばへを、まづうち泣かれぬ。（源・葵）

（7）［桐壺更衣ハ］いとあつしくなりゆき、もの心細げに里がちなるを、［帝ハ］いよいよあかずあはれなるものに思ほして（源・桐壺）

（8）同じころ、御息所を、宮おはしまさずなりにければ（大和96）

このような、「〜に対して」の意を表す「を」もまた表示されないことがあるので、注意が必要です。

（9）［源氏ガオ帰リニナッタ］なごりまでとまれる御匂ひφ、［女三宮ノ乳母ハ］「闇はあやなし」と独りごたる。（源・若菜上）

格助詞「を」には、ほかに、起点・経過点（「宿を立ち出でて」百70、「黒崎の松原を経て行く」土佐）、持続時間（「年ごろを住みし所の」土佐）を示す用法があります。

◆①のような「を」は主語に付いているようにみえます。②は単衣《ひとえ》で紫君をおし包んだの意で、「を」は「をもちて」の意とも捉えられます。

①我が背子をいづち行かめとさき竹のそがひに寝しく今し悔しも（万1412）

②［源氏ハ紫君ヲ］らうたくおぼえて、単衣ばかりを押しくくみて（源・若紫）

現代語の感覚では「を」格が感じられるところに、「の」助詞が表示される例が多くあります。いわゆる「**をに通うの**」として、古典文中に散見します。『源氏物語』と『今昔物語集』から、少し例をひきます。

（10）珍しきさまのしたれば（源・末摘花）

（11）朝がれひのけしきばかりふれさせ給ひて（源・桐壺）

（12）御さまどもの思ひ出づれば（源・東屋）

（13）大日如来、一切衆生を利益し給はむがために、金剛界の曼荼羅の大法の説き給ひて（今昔6-8）

（14）汝ら、道喩の救はむがため、念仏を修せよ。（今昔6-17）

（15）三男二女の生ましめたり。（今昔6-22）

7・3・3 「に」格・「にて」格

「に」の主要な用法は、次の通りで、現代語とほぼ同様といえます。

①物事の存在場所（下例（2））
②時（「戌のときに門出す」土佐）
③帰着点（「難波に着きて」土佐）
④動作の向けられる対象（「男は女に会ふことをす」竹取）
⑤目的（「迎へに人々まうで来むず」竹取）
⑥変化の結果（「よきほどなる人になりぬれば」竹取）
⑦原因（「村雨に濡れて」源・幻）

ただし、古代語には格助詞「で」が存在しないので（格助詞「で」は平安末期に現れます）、現代語の「で」格は古代語では「に」（または「にて」）で表されます。したがって、現代語にみえる（1）のような使い分けは、古代語ではみられません。

（1）a　この部屋｛に／*で｝机がある。（物の存在場所）
　　b　この部屋｛*に／で｝試験がある。（出来事の存在場所）
（2）a　泊瀬小国に妻しあれば（万3311）（物の存在場所）
　　b　この岡に菜摘ます児（万1）（出来事の存在場所）

現代語の「で」に相当する「に」の例をあげます。

（3）車に着たりける衣ぬぎて（大和148）
（4）九月九日の菊を、あやしき生絹《すずし》の衣《きぬ》に包みて参らせたるを（枕36）
（5）ただ翁びたる声に額《ぬか》づくぞ聞こゆる。（源・夕顔）
（6）馬に乗りて、筑紫よりただ七日に上《のぼ》りまうで来たる。（竹取）

◆現代語の「で」に相当する「にて」の例をあげます。

・潮海のほとりにてあざれあへり。（土佐）
・十二にて御元服し給ふ。（源・桐壺）
・袿姿《うちき》にて立ち給へる人あり。（源・若菜上）
・深き川を舟にて渡る。（更級）
・女のはける足駄《あしだ》にて作れる笛には、秋の鹿必ず寄る。（徒然9）

次例（7）は場所を示すことによって間接的に主語を示すものです（現代語でも「警察で犯人を捜している」のような言い方があります）。このような表現は、通常、（8）のように、敬意のある言い方になります。

（7）この落窪の君の、あなたに（＝アチラデ＝北の方ガ）のたまふことに従わず、悪しかんなるはなぞ。（落窪）
（8）内裏《うち》に（＝帝ガ）いかに求めさせ給ふらむを（源・夕顔）

（9）の「に」は「のように」の意です。

（9）山高み白木綿花《しらゆふ》に落ち激つ滝の河内は見れど飽かぬかも（万909）

7・3・4　その他の格

「へ」は、本来、「行く」など離れてゆく意を表す動詞とともに用いて、発話者のいる地点から遠ざかる目標・方向を示しました（青木伶子 1956）。

（1）桜田へ［部］鶴《たづ》鳴き渡る年魚市《あゆち》潟潮干にけらし鶴鳴き渡る（万271）

（2）新羅へか［敝可］家にか［尓可］帰る壱岐の島行かむたどきも思ひかねつも（万3696）

（3）僧正遍照がもとに、奈良へまかりける時に（古今227詞書）

近づく方向を表すことは本来ありませんでしたが（したがって「こちらへ来」という言いかたは本来ありませんでしたが）、中古になると、（4）（5）のように、近づく方向および帰着点をも表すようになり、また（6）のように移動性の意のない動詞にも続くようになって、しだいに「に」の領分を侵すことになりました。

（4）京ざまへなむ来ぬる。（更級）

（5）贄野《にへの》の池のほとりへ行き着きたるほど（更級）

（6）とくかしこへ告げよ。（更級）

（7）また仁和寺へ帰りて（徒然53）

「と」の主要な用法は、次の通りで、現代語とほぼ同様といえます。

①共同者（「妹《いも》と来《こ》し敏馬《みぬめ》の崎を帰るさにひとりし見れば」万449）
②並立（「この対の前なる紅梅と桜とは、花の折々に心とどめてもて遊び給へ」源・御法）
③変化の結果（「さざれ石の巌《いはほ》となりて苔のむすまで」古今343）
④引用（「「はや言へかし」と言ふ。」土佐）

共同者を表すには、「とともに」という複合辞も用いられました。

（8） うち寄する浪とともにや秋はたつらむ（古今170）

「と」には、（9）（10）のような比喩を表す用法、（11）～（14）のような「～として」（～の資格で）の意を表す用法があり、これは、（15）のような副詞語尾の「と」と連続的です。引用の「と」（第9・4節）も、これに連続するものといえます。

（9） ふるさとは雪とのみこそ花は散るらめ（古今111）
（10） もみぢ葉は雨と降るとも水は増さらじ（古今305）
（11） 野とならば鶉《うづら》と鳴きて年は経む（古今972）
（12） さ夜中と夜はふけぬらし（古今192）
（13） み立たしの（＝皇子ガ立ッテオラレタ）島（＝庭）をも家と住む鳥も（万180）
（14） 信濃なる千曲の川のさざれ石《し》も君し踏みてば玉と拾はむ（万3400）
（15） 夜のほのぼのと明くるに（伊勢4）

「**より**」は出発点を表す助詞です（上代では、同用法の「ゆり」「ゆ」「よ」という語形と並存していました）。(16)のように空間的出発点も、(17)のように時間的出発点も表します。

(16) 大津より浦戸を指して漕ぎ出づ。（土佐）

(17) 暁より雨降れば（土佐）

(17)のような時間的出発点を表す用法からは、(18)のような即時を表す用法が派生します。

(18) 命婦かしこにまで（＝まうで）着きて、門引き入るるよりけはひあはれなり。（源・桐壺）

また、(19)のような手段を表す用法や、(20)のような比較の基準を表す用法も、出発点を表す用法から派生したものと考えられます。

(19) 他夫《ひとづま》の馬より行くに己夫《おのづま》し徒歩《かち》より行けば（万3314）

(20) 我よりも貧しき人の父母は飢ゑ寒《こ》ゆらむ（万892）

◆ 次例の「より」は経由地を表します。

・前より（＝前ヲ）行く水をば、初瀬川といふなりけり。（源・玉鬘）

「より」は、「これより東に」（うつほ・俊蔭）、「今より後は」（続紀宣命28）、「惟光よりほかの人」（源・紅葉賀）のように名詞句に続く場合もあります。

「**から**」は、成立の新しい語で、「〜のままに」（自然のなりゆきのままに）の意を表した形式体言に由来します（石垣謙二 1955）。「より」が出発点を表すのに対し、「から」は経由地を表すのが助詞としての基本的な用法です。

（21）月夜良み妹《いも》に逢はむと直道《ただち》から［柄］我《あ》は来つれども夜そふけにける（万2618）

「から」は、平安時代になると、空間的・時間的起点を表す用法がふえ、しだいに「より」の領分に接近してきます。

（22）浪の花沖から咲きて散り来《く》めり水の春とは風やなるらむ（古今459）

（23）去年《こぞ》から山ごもりして侍るなり。（蜻蛉）

（24）徒歩《かち》からまかりて言ひ慰め侍らむ。（落窪）

次例の「から」は（19）の「より」と同用法です。

「から」には、その原義から、（25）のような、原因・理由を表す用法もみられます。

（25）よろづのこと、我が身からなりけり。（源・東屋）

上代・中古を通じて、「から」は非常に使用頻度が低い語でした（例えば『源氏物語』では、助詞「より」が一四一六例用いられているのに対して、「から」は五二例にすぎません）。しかし、しだいに、出発点を表す助詞として広く用いられるようになり、室町時代には、本来その意を表していた「より」を圧倒するにいたります。それに応じて「より」は、「から」のもっていなかった、（20）のような比較の基準表示へと、その用法を狭めました（現代語では「東京から来た」の方が、「東京より来た」よりもふつうの言いかたになっています）。

7・3・5　複合辞

複数の語がまとまって固有の辞的意味を担う形式を「複合辞」といいます（松木正恵1990）。例えば、（1a）の「をもちて」は「持つ」という動詞の意味が生きていますが、（1b）の「をもちて」では動詞「持つ」の意が薄れ、原因理由を表す一つの複合辞となっています。

（1）a　銀《しろかね》のかなまり（＝金鋺）を持ちて、水を汲み歩《あり》く。（竹取）

b　何をもちてとかく申すべき。（竹取）

また、使役文の被使役者表示において、「を」は専ら自動詞の使役文に用いられますが、「をもちて」はほとんど他動詞の使役文に用いられ、その点からも、「を」と「をもちて」とが全く異なる格表示形式であるということができます（小田勝2006）。古代語の複合辞の全体像は今のところ不明ですが、ここにいくつかをあげましょう［補注14］。

（2）いささかなる功徳を、翁つくりけるによりて（竹取）

（3）世の憂きにつけて厭ふ（＝出家スル）は（源・夕霧）

（4）横川に通ふ道のたよりによせて、中将、ここにおはしたり。（源・手習）

（5）九重の内をはじめて、言ひ知らぬ民のすみかまで（枕36）

（6）この世のみならず契り頼め聞こえ給へば（源・総角）

（7）人は何の咎と見ぬことも、わが御身にとりては恨めしくなむ（源・竹河）

（8）御袖して御耳をふたぎ給ひつ。（源・玉鬘）

（9）我等をして将来に広く天地に供養を儲《まう》けさせ給へ。（今昔2-14）

7・4　無助詞名詞

名詞は、文中で格を与えられなければ働けないのですが、副詞的に働く名詞（**副詞的名詞** adverbial noun）は例外です。副詞的名詞とは、（1）（2）のような時を表す名詞、（3）のような数を表す名詞、および（4）（5）のような、「ゆゑ」「ため」など接続助詞的に働く形式名詞です。

（1）昨日、山へまかり登りにけり。（源・夕顔）

（2）いと暑きころ、涼しき方にてながめ給ふに（源・幻）

（3）橋を八つわたせるによりてなむ、八橋といひける。（伊勢9）

（4）つらつき、まみなどは、いとよう似たりしゆゑ、通ひて見え給ふも似げなからずなむ。（源・桐壺）

（5）まいて、君達の御ため、はかばかしくしたたかなる御後見は、何にかせさせ給はむ。（源・帚木）

呼格（呼びかけ）にたつ名詞句にも格助詞はつきません。

（6）若き人々、渡殿の戸開けて物見よや。（源・蛍）

また、並列の関係にある名詞の前項にも格助詞がつきません。

（7）いみじき武士《もののふ》、仇敵《あたかたき》なりとも（源・桐壺）

また、古代語では主格・目的格にたつ名詞は無助詞であることが常態です。以上のものを除き、助詞を伴わない裸の名詞が文中にあるとき、これを**無助詞名詞**といいます（小田勝 2006, 2007）。

格助詞「に」は、一般に、非表示であることはありませんが、「に」の非表示と考えられる若干の例が存します（参考用例とともにあげます）。

（8）夜、雨の降りける気色にて、木どもφ露かかりたり。（蜻蛉）

cf.八重山吹の咲き乱れたる盛りに露かかれる夕映えぞ（源・野分）

（9）すこし、外《と》φ、出で給へ。（源・常夏）

cf.北の御障子の外にゐざり出でさせ給ふを（源・夕霧）

（10）いとどかくつらき［源氏ノ］御夜離れの寝覚め寝覚めφ、思ししをるることいとさまざまなり。（源・夕顔）

cf.［薫ハ大君ヲ］寝覚め寝覚めにもの忘れせず（源・東屋）

（11）［源氏ハ］春宮の御世φ心寄せことなる人なれば（源・賢木）

cf.こと花よりもこれ（＝紅梅）に心寄せのあるは（源・手習）

（12）静かなりつる御遊びφ紛れて、［六条院ヲ］出で給ひぬ。（源・鈴虫）

cf.霧深くたちこめたる有明の月に紛れて、立ち出で給ふ。（夜の寝覚）

◆しかし、「に」助詞の非表示は、通常のことではありません。安易に「に」助詞の非表示と考えることは避けなければなりません。例えば、①は「を」格の可能性が高いですし、②は主格です。③も、現代語の感覚からは「に」格でしょうが、主格と考える余地がります。

①昔、男、伊勢の国なりける女φ、またえ逢はで（伊勢72）

②もの心細くすずろなるめを見ることと思ふに、修行者φあひたり。（伊勢9）

③［源氏ノ］おはすべき所は、行平の中納言の藻塩たれつつわびける家居φ近きわたりなりけり。（源・須磨）

次に「にて」の非表示例をあげます。

（13）御門守、寒げなるけはひφ、うすすき出で来て、とみにもえ開けやらず。

cf.いと若うおほどかなる御けはひにて、「…」と聞こえ給ふ。（源・鈴虫）（源・朝顔）

（14）いとなまめかしき袿姿φ、うちとけ給へるを（源・松風）

cf.ただありしさまの袿姿にて、かたはらにゐて（源・横笛）

「に」「にて」以外の格助詞の非表示例は、見出されないようです。

◆次のような例が注意されますが、「その日」は格助詞「より」の非表示というよりも、提示的な名詞句と考えられます。

・我が背子を相見しその日φ|今日までに我が衣手は乾《ふ》る時もなし（万703）

下に「繋辞＋接続助詞」、または「述語＋接続助詞」が想定され、接続句的に解釈される無助詞名詞があります。次例は、繋辞が想定される例です。

(15)［藤壺ハ］同じ后と聞こゆる中にも、后腹の皇女《みこ》φ|、玉光りかかやきて（源・紅葉賀）

(16)彼は百万人φ|、すべて合ふべきにあらず。（今昔5-17）

次例は述語が想定される例です。

(17)「形見に忍び給へ」とて、［源氏ニ］いみじき笛の名ありけるなどばかり［ヲ、奉り給ひ］、人咎めつべきことはかたみに（＝互イニ）えし給はず。（源・須磨）

(18)掻練、山吹など着たる［従者］が、沓のいとつややかなる［ヲ履き］、［車ノ］筒《どう》のもと近う走りたるは、なかなか心にくく見ゆ。（枕189）

(19)［源氏ガ紫上ニ］日ごろの御物語［ヲ聞こえ給ひ］、御琴など教へ暮らして出で給ふを、（源・花宴）

下文と格関係をもたず、提示的な名詞と解釈される無助詞名詞があります。

(20)［末摘花ハ］痩せ給へることφ|、いとほしげにさらぼひて、肩のほどなど、痛

げなるまで衣の上まで見ゆ。（源・末摘花）

(21) 朱雀院の行幸<u>φ</u>、今日なむ、楽人、舞人定めらるべきよし、昨夜《よべ》うけたまはりしを、大臣《おとど》にも伝へ申さむとてなむまかで侍る。（源・末摘花）

無助詞名詞の特殊なものとして、名詞の列挙があります。

(22) 萩の花尾花葛花なでしこが花をみなへしまた藤袴朝顔が花（万1538）

(23) 都いでて今日みかの原泉川川風寒し衣かせ山（古今408）

7・5 複数表示

名詞が複数であることは、接尾辞「ども」で表します。「ども」は人にも物にも用いられ、最も一般的な複数表示です。古代語では、現代語よりも、複数表示を頻繁にします。

(1) そのあたりに、照り輝く<u>木ども</u>立てり。（竹取）

(2) 渚を見れば、<u>船ども</u>のあるを見て（伊勢66）

(3) <u>格子ども</u>も、人はなくして開きぬ。（竹取）

(4) ここかしこ<u>篝火《かがりび》ども</u>ともして（源・少女）

(5) いとらうたげなる<u>髪ども</u>の（源・葵）

(6) 人々（＝コノ二人ハ）、<u>足ども</u>いと白し。盗人にはあらぬなめり。（落窪）

特に次例(7)(8)などは、現代語では、複数表示をしにくいものでしょう。

（7）その名ども、石つくりの御子・くらもちの皇子・右大臣あべのみむらじ・大納言大伴のみゆき・中納言いそのかみのまろたり（竹取）

（8）ものあはれなる酔《ゑひ》泣きどももあるべし。（源・松風）

「たち」「ばら」は人を表す名詞にだけ用いられ、「たち」は尊者に、「ばら」非尊者に用いられます。

（9）親王《みこ》たち、上達部《かむだちめ》よりはじめて、その道の「人々」は（源・花宴）

（10）あやしの法師ばらまで喜びあへり。（源・賢木）

「ら」は同種類の事物の複数のほか、（11）（12）のように、随伴的複数（中心的な事物が他の事物を伴って全体で複数）も示すといわれます（小柳智一 2006）。

（11）花山にて、道俗（＝法師と俗人）、酒らたうべける折に（後撰50詞書）

（12）この三条が言ふやう、「…。三条らも、随分にさかえて返申《かへりまう》し（＝オ礼参リ）は仕うまつらむ」と額に手を当てて念じ入りてをり。（源・玉鬘）

◆1　（9）の「上達部」はこの形で常に複数です。また「日《け》長く恋ひし」（万993）のような「け」は「日《か》」の複数形です。「群《む》る」「集《つど》ふ」「おはさうず」などは必ず複数主語をとります。

◆2　「など」は例示を表す副助詞で、複数表示の接尾辞ではありません。したがって、「御前のことどもなど問はせ給ふ。」（源・竹河）のように、「ども」と「など」は重ねて用いられます。「友だちども」（伊勢88）は形態上二重複数（double plural）です。

「人々」「我々」のような重複形も複数を表します。『源氏物語』から重複形の若干の例をあげます（蜂矢真郷 1998）。

（13）おのが身々《みみ》につけたるたよりども思ひ出でて（源・蓬生）

（14）この御参り（＝玉鬘ノ出仕）のさきにと心寄せ（＝懇意ニシテイル女房）のよすがよすがに責めわび給へど（源・藤袴）

（15）かくおもしろき夜々《よるよる》の御遊びをうらやましく（源・若菜下）

（16）帝々《みかどみかど》の思しかしづきたるさま（源・蜻蛉）

◆（6）にあげた「人々」の実数は二人です。下例①の「人々」、②の「誰も誰も」も、実数は二人です。

①いはけなき人々をも、ひとり（＝私一人デ）はぐくみたてむほど（源・橋姫）

②「あなおそろしのことや」とて、誰も誰も（＝帯刀トあこぎハ）笑ふ。（落窪）

7・5・1　名詞の並置

名詞の並置は、そのまま名詞を重ねて表します。

（1）かたち、心、ありさますぐれ、世に経るほど（枕72）

（2）祭のかへさ見るとて、雲林院、知足院などの前に車を立てたれば（枕38）

（3）花に鳴く鶯、水にすむかはづの声を聞けば（古今・仮名序）

次のような並置もあります。

（4）若き御達（＝女房）の消へかへり（＝死ナンバカリニ）心移す中・少将（源・行幸）

（4）の「中・少将」は「中将（＝柏木）・少将（＝弁少将）」の意です。

助詞「と」「や」が用いられることもあります。

（5）この対の前なる紅梅と桜とは（源・御法）

（6）悪しげなる柚《ゆ》や梨やなどを、なつかしげにもたりて食ひなどするも（蜻蛉）

「AとBと」では、一方の助詞が表示されないことがあります。

（7）青柳φ梅との〔阿乎夜奈義烏梅等能〕花を折りかざし（万821）

（8）咲きしより妹《いも》とわφが寝るとこなつの花（古今167）

次例は格成分を「と」で繋いだ例です。

（9）子をと妻をと〔古平等都麻平等〕置きてとも来ぬ（万4385）

（10）汝《な》をと我《あ》をφ〔汝平与吾平〕人そ離《さ》くなる（万660）

「AやBや」も一方の助詞が表示されないことがあります。

（11）雨や風φ、なほやまず（蜻蛉）

（12）世の中の物見φ、なにの法会やなどある折は（大鏡）

◆（5）〜（12）のような「と」「や」は並列助詞とするのが最も合理的と思いますが、並列助詞を設けない立場では「と」は格助詞、「や」は副助詞と扱われます。なお、「花や蝶やと（＝花ヨ蝶ヨト）いそぐ日も」（枕222）のような「や」は間投助詞で、（6）（11）（12）の「や」とは区別されます。

7・5・2　数量詞移動

数量を表す名詞は、「の」を伴って名詞を修飾するほか、名詞の後ろの位置に移動することができます。

（1）a　三人の学生が出席した。
　　b　学生が、三人出席した。
　　c　学生三人が、出席した。

（1b）を**数量詞遊離**（Quantifier floating）、（1c）を**数量詞転移**（Quantifier shifting）と呼びます（矢澤真人 1987）。古代語でも同様の現象がみられます（室井努 2006 参照）。

（2）a　数体の仏像を鋳造《つく》り（今昔6-3）
　　b　薬師の像を、七体造り奉りて（今昔6-21）
　　c　我が形像一軀を、摸したりき。（今昔6-33）

数量詞遊離の例をあげます。

（3）　橋を八つわたせるによりてなむ、八橋といひける。（伊勢9）

（4）庭より蝦蟆《かへる》の五つ六つばかり踊りつつ、池の辺様《ほとりざま》に行きけるを（今昔24-16）
（5）妻を二人持ちて、それに蚕養《こがひ》をせさせて（今昔26-11）
数量詞転移の例をあげます。
（6）鍛治匠《かぢたくみ》六人を召しとりて（竹取）
（7）小さき台二つに、華足《けそく》の皿どもいまめかしくせさせ給ひて（源・宿木）
（8）大きなる男三人をいく程も隔てず切り伏せたる（今昔23-15）
（2）～（8）にみるように、一般に、名詞は数詞を伴うと、「ども」などの接尾辞による複数表示は行われません。
◆「五人の人々も」（竹取）のように、数詞と重複形は共起します。

7・6　代名詞

「これ」「それ」のように、事物を（その名をいわないで）直接に指し示す語を**指示代名詞**といいます。現代語では、話し手側の事物がコで、聞き手側の事物がソで表されます。また、話し手と聞き手を同じ領域（コで表される領域）と捉えたとき、その領域外の事物をアで表します（三上章 1955）。すなわち「コ・ソ・ア」は、「コ／ソ」と「コ／ア」という二項対立の組み合わせです（そのことは、「あれこれ」「あっちこっち」「そうこう」「そんなこんな」「そこここ」のような言いかたはあっても、「＊あれそれ」のような、「そ」と「あ」の組み合わせはないことからも知られます）。

指示代名詞には、次の用法があります。

①直示　現場指示（その場にあって実際に知覚できる物を指すもの）
②非直示　文脈指示（言語内の語句を指すもの）
③〃　観念指示（指示対象が文脈にも現場にもないもの）

例をあげます。

①これ、何ですの？　貝ですか？（赤川次郎『女社長に乾杯！』）
②定年間近組には辞めてもらう。これだけでも、ずいぶん節約になる。（同）
③冗談じゃない。あれは自殺だろう。（同）

古代語の指示代名詞は「こ・そ・か」ですが、「か」「かれ」の確例は上代文献中、『万葉集』に各一例みえるだけです（「かの［可能］児ろ」万3565、「み船かもかれ［加礼］」万4045）。日本語の指示代名詞は、本来コとソとの二系列だったものと考えられます（山田孝雄1954）。そして、コ系の指示代名詞は直示、

（1）ひとり居て物思ふ夕《よひ》にほととぎすこゆ（＝ココヲ通ッテ）鳴き渡る心しあらし（万1476）
（2）あしひきの山行きしかば山人の我に得しめし山づとそこれ（万4293）

ソ系の指示代名詞は非直示を表しました（岡崎友子1998、李長波2002）。

（3）我が宿に花そ咲きたるそを見れど心もゆかず（万466）

（4）池の辺の小槻《をつき》が下の篠《しの》な刈りそねそれをだに君が形見に見つつ偲はむ（万1276）

指示代名詞がコとソとの二対立だった時代には、空間的・時間的遠近による指示代名詞の使い分けはなされていませんでした。（5）のように、直示は遠くでも「この」ですし、（6）のように非直示は「その」で表されます（（6）は観念指示なので、現代語では「あの」で表されるところです）。

（5）春日山おして照らせるこの月は（万1074）

（6）かくばかり恋ひむものぞと知らませばその夜は（＝アノ晩ハ）ゆたにあらましものを（万2867）

遠称のなかった時代には「あちこち」も「こちごち」で表されます。

（7）平群《へぐり》の山のこちごちの［許知碁知能］山の峡《かひ》に（記歌謡91）

◆ただし、「彼方《をちかた》の［烏智箇多能］あらら松原」（紀歌謡28）のように、遠方を表す語に「をち」があり、遠近を「をちこち」のように表すことがありました（「をちこちに［乎知許知尓］騒き泣くらむ」万3962）。現場指示が近の物の指示に傾斜するのは自然なことでしょう。やがて、コから母音交替形カが分化して用いられるようになると、コが近の直示を、カが非近の直示を担うようになりました。中古になると、

（8）うちわたす遠方人《をちかたびと》にもの申すわれそのそこに白く咲けるは何の花ぞも（古今

（9）「それは、いづこのぞ（＝ドコカラノ手紙デスカ）」と問へば（枕83）[1007]

のように、ソ系の指示代名詞も眼前の物的対象を指すようになり、やがてコが一人称領域を、本来非直示だったソが非一人称領域を指示する方向に傾斜していくことになります（李長波2002）。

◆現代語の「これ」「それ」は人を指すことがありません（non-personal）が、古代語では人も指示するので、注意が必要です。

・これ（＝藤壺）は、人の御際《きは》まさりて、思ひなしめでたく（源・桐壺）

第8章　とりたて

8・1　副助詞

（1）a　太郎が来る。
　　b　太郎だけ来る。

（1a）は単なる事態を表す文ですが、（1b）では「太郎が来る」ということに加えて、「他の者が来ない」という含みをもちます。「だけ」という表現は、つねに同類の他の要素の存在を前提としています。このように、同類の他の要素との関連において、ある要素を取りあげることを「とりたて」といい、とりたてを表す助詞を**副助詞**といいます。

中古語の副助詞は、格助詞に前接するものと後接するものとに截然と分かれます（近藤泰弘 1995）。例えば、「ばかり」は常に格助詞に前接し、「のみ」は常に格助詞に後接します。

（2）a　直衣《なほし》ばかりを取りて（源・紅葉賀）
　　b　人の心をのみ動かし（源・桐壺）

このことから、中古語の副助詞は、次の二種類に分類されます（小柳智一 1999b）。

第一種（常に格助詞に前接するもの）：ばかり・まで

第二種（常に格助詞に後接するもの）：のみ・だに・すら・さへ

第一種の副助詞と第二種の副助詞は、相互に承接することができます。その際、必ず第一種の語が前にきます。

（3）この御琴の音ばかりだに伝へたる人をさをさあらじ。（源・若菜下）

（4）いやしき東声《あづまごゑ》したる者どもばかりのみ出で入り（源・東屋）

◆1 「のみ」は中古語では完全に第二種ですが、本来第一種で、上代が過渡期だったといわれます（小柳智一 1999b）。「言の葉さへに移ろひにけり」（古今782）は「さへ」に間投助詞「に」が付いて複合辞化したものです（「夢路をさへに人はとがめじ」（古今657）、「心さへにぞうつりける」（古今104）参照）。「鶺さへだに波と見ゆらむ」（土佐）、「物いはぬ四方《よも》のけだものすらだにも」（金槐集）は、きわめて例外的な承接例です。（4）に対し、鎌倉時代の『うたたね』には「心のみばかりにて」の例がみえます。

◆2 「など」は、「御乳母などを遣はしつつ」（源・桐壺）のように格助詞に前接するのみならず、「惟光などばかりをさぶらはせ給ふ」（源・明石）のように第一種の「ばかり」や「まで」にも前接するので、接尾辞とすべきです。「など」は「酒なにと持て追ひ来て」（土佐）のような「なにと」の約《つづ》まったもので、引用を表すときは「「様《さま》もよき人におはす」など言ひゐたり。」（竹取）のように種々の語句を受けます。「など」の中に「と」を含んでいるので、本来「などと」という言いかたはありませんが、後には「「我は」などと言ひて」（宇治13-8）のような例がみえます。

◆3　一つの述語に複数のとりたての句が係ることはきわめて稀です。

・顔をだによくこたみだに見聞こえむ。（成尋阿闍梨母集）

8・1・1　ばかり・のみ・まで

「のみ」は限定を表します。ただし「のみ」の表す事態は、何らかの意味で複数性が認められる場合が多いということが指摘されています（小柳智一2003）。

（1）御達（＝女房達）のみさぶらふ。（源・夕霧）

（2）御胸のみつとふたがりて、つゆまどろまれず（源・桐壺）

（1）では主語が複数、（2）では動作が複数になっています。このようなところから、小柳智一（2003）は、中古語の「のみ」の意味を、

（3）ある事態のあり方が、同領域の他の種類の事態と混在せず、ただ一種類だけであることを示す。

としています。（2）は「［御胸つとふたがる］のみにて」と同意です。次例（4）も同様です。

（4）花の咲き散る折ごとに、「乳母亡くなりし折ぞかし」とのみあはれなるに（更級）

「ばかり」と「まで」の基本的意味について、小柳智一（2000）は、

（5）a　月影ばかりぞ、八重葎《やへむぐら》にもさはらずさし入りたる。（源・桐壺）

　b　仏の御面目ありと、あやしの法師ばらまで喜びあへり。（源・賢木）

の例をあげて、「**ばかり**」は要素間に序列のある集合からその事態が最も起こりやすいものを取り出して示し、「**まで**」は要素間に序列のある集合から最も起こりにくいものを取り出して示すと説明しています。

（6）

	実現可能性が高い	←→	実現可能性が低い
さし入るもの	月影	（獣）	（人）
喜ぶもの	（身分の高い僧）		あやしの法師ばら

「ばかり」で示されるのは最も起こりやすいものですから、それ以上起こりにくいものは含まれず、結果的に「ばかり」で示されるものが唯一のものとなります。一方、「まで」で示されるのは最も起こりにくいものですから、それ以上に起こりやすいものはすべて含まれることになります。

「ばかり」には、（5a）のような限定を表す用法のほか、程度、概数量を表す用法があります。

（7）けしきばかりうちしぐれて（源・紅葉賀）〈程度〉

（8）三寸ばかりなる人、いと美しうてゐたり。（竹取）〈概数量〉

「ばかり」は、句にも承接します。

（9）前栽の露はこぼるるばかり濡れかかりたるも、いとをかし。（枕124）

（10）引き側《そば》みつつ持て参る御文（＝懸想文）どもを、［玉鬘ハ］見給ふこともなくて、［女房ガ］読み聞こゆるばかりを聞き給ふ。（源・藤袴）

◆（9）は終止形に接続して程度を、（10）は連体形に接続して限定を表しています。「ばかり」の句への承接のしかたについて、終止形に接続した場合は程度、連体形に接続した場合は限定を表すといわれますが（義門1810、湯沢幸吉郎1955）、これには例外が多いことが指摘されています。松尾聰（1973）、小柳智一（1997）によれば、「ばかり」の接続は、意味の違いではなく、承接する活用語の活用の種類によって生じていて、「ばかり」は、ラ変・形容詞型活用語および助動詞「ず」「き」には連体形に、それ以外の活用語には終止形に接続すると規定されます。（10）の連体形はこの規定の反例にみえますが、（10）の「聞こゆる」は準体言です。

「まで」は、要素間に序列のある集合から最も起こりにくいものを取り出し、その要素に至るまでの全要素を含めて示すので、次のような、事柄の及ぶ時間的・空間的限度を示す用法を派生します。

(11) 明くるより暮るるまで、東の山際をながめて過ぐす。(更級)

(12) 桂川のもとまで物見車隙なし。(源・行幸)

なお(11)で、起点を表す「より」が格助詞で、到達点を表す「まで」が副助詞というのは不釣り合いのようですが、(13)のような格助詞との共起例は、「まで」が副助詞である証拠です(「より」は格助詞と共起することはできません)。

(13) 船に乗りし日より今日までに、二十日あまり五日になりにけり。(土佐)

なお、古代語では、現代語にある、「まで」(till)と「までに」(by)の使い分けはありません。

(14) わが背子を相見しその日今日までに(=今日マデ)我が衣手は乾《ふ》る時もなし(万703)

現代語の「しか(…ない)」に相当する古代語に、複合辞「よりほか」があります。「よりほか」は必ず打消しと呼応します。

(15) あかつきの寝ざめの耳に聞きしかど鳥よりほかの声はせざりき(大和119)

(16) ひぐらしの鳴く山里の夕暮れは風よりほかに訪ふ人もなし(古今205)

8・1・2 だに・すら・さへ

「だに」は、上代では、多く、未実現の事態(否定・願望・意志・命令・仮定など)と呼応し、「すら」は、多く、肯定述語と呼応します。「だに」と「すら」の意義は、岡崎正継（1993）によって、次のようであることが明らかにされています。

（1）「だに」は、否定述語と呼応し、ありそうな事態が、予期に反して、ない、という意を表す。「すら」は、肯定述語と呼応し、なさそうな事態が、予期に反して、ある、という意を表す。

例えば、次例（2）では、夢に見るというありそうな事態が実際にはないということを表し、（3）では、木に妹と兄があるというなさそうな事態が実際にはあるということを表しています。

（2）夢にだに見ざりしものを（万175）

（3）言問はぬ木すら妹《いも》と兄《せ》とありといふを（万1007）

「だに」は、（2）のような原用法から、やがて、（4）（5）のように、願望表現と呼応して、「（普通のことがないとしても）せめて〜だけでも」の意を表すようになったと考えられます（岡崎正継 1993）。

（4）言繁み君は来まさずほととぎす汝《なれ》だに来鳴け朝戸開かむ（万1499）

（5）恋ひ恋ひて逢へる時だに愛《うつく》しき言尽してよ長くと思はば（万661）

中古になると、和文では「すら」が使われなくなり、本来「すら」が表していた意味も、「だに」が表すようになります。『万葉集』と『源氏物語』の用例数は、次のようです。

（6）　万葉集　　　　だに＝九一例　　すら＝二九例

源氏物語　　だに＝五八六例　すら＝　〇例

中古における「だに」は、本来の「だに」の意と、本来「すら」が表していた意の両義をかかえこんでいます。

（7）散りぬとも香をだに残せ梅の花恋しき時の思ひいでにせむ（古今48）

（8）白雲の絶えずたなびく峯にだに住めば住みぬる世にこそありけれ（古今945）

（7）は「せめて～だけでも」の意で、「だに」本来の用法ですが、（8）は「峰にさえ」の意で、本来「すら」が表していた意味です。

「さへ」は「その上～までも」という添加の意を表します。

（9）春雨ににほへる色もあかなくに香さへなつかし山吹の花（古今122）

「さへ」を含む句が修飾句になる場合、極端な事物や事態をあげて、「実現可能性の低いものまでも実現している」という、強い程度を表す表現を作ることがあります。

（10）ある人の毛の穴さへ見ゆるほどなり。（竹取）

（11）六月《みなづき》の地《つち》さへ裂けて照る日にも（万1995）

（12）あしひきの山さへ光り咲く花の（万477）

このようなところから、やがて「さへ」は「だに」の領域をおかすようになり、中世には「だに」の意をあわせもつにいたります。例えば、

（13） 命さへあらば見つべき身のはてを偲ばむ人のなきぞ悲しき（新古今1738）

は、本来は「だに」で表現されるところです（（13）は和泉式部の歌で『和泉式部集』では「命だにあらば」とあります）。こうして、上代に「だに」「すら」「さへ」の三語で分担していた意味のすべてを、中世には、「さへ」一語が表すようになっていきます。

◆①は「すら」の転、②は「だにも」の転といわれます。

①心ばせある人そら、物に躓《つまづ》きて倒るること常のことなり。（今昔28-6）

②夢にだも逢ふとみるこそうれしけれ（和泉式部集）

8・1・3 し・い

上接語を特に取り立てて示す助詞に「し」「い」があります。

（1） 大和は国のまほろば たたなづく青垣 山籠れる大和しうるはし（記歌謡30）

（2） 君が装し貴くありけり（記歌謡7）

（3） 我が背子が跡踏み求め追ひ行かば紀伊の関守い留めてむかも（万545）

ともに、副詞的意味はもたず、「道はし［波之］遠く」（万3978）のような承接例から係助詞とする説もあります。「い」は上代語で、中古以降は（訓点資料などを除いて）用いられません（「あるいは」の「い」はこの助詞「い」なので、歴史的仮名遣を「×あるひは」と書くのは誤りです）。「し」もまた、平安時代には歌語として擬古的に用いられ、用法も、「…し…ば」の形か、「しぞ」「しこそ」「しも」など係助詞を伴うものに固定しました（したがって中古では単独の「し」は「〜ば」句内にしか現れません）。このうち「しも」は中古に活発に用いられるので、一語の複合辞と認めてよいでしょう。

（4）名にし負はばいざこと問はむ都鳥わが思ふ人はありやなしやと（伊勢9）

（5）はるばるきぬる旅をしぞ思ふ。（伊勢9）

（6）［源氏一行ガ来テイル］今日しも（＝今日ニカギッテ）端におはしましけるかな。（源・若紫）

◆「し」が格助詞に前接した例が存しますが違例かと思われます（「誰しの人も」万2628一書歌、「一文字をだに知らぬ者しが足は十文字に踏みてぞ遊ぶ」土佐）。「しも」とほかの係助詞との承接順は「は-しも」「しも-ぞ」「しも-こそ」です（「は-しも」に対してまれに「しも-は」の順もみえます（小田勝 2008b 参照）。第1・1節用例（8b）としてあげました）。

8・2　係助詞

（1a）の歌末「けり」に対して、（1b）の「けり」は「〜ぞ」の句を受けて、連体形になっています。また、（1c）の「けり」は、「〜こそ」の句を受けて、已然形になっています。

（1）a　山川に風のかけたるしがらみは流れもあへぬ紅葉なりけり（百32）

b　風そよぐならの小川の夕暮れはみそぎぞ夏のしるしなりける（百98）

c　世の憂きめ見えぬ山路へ入らむには思ふ人こそほだしなりけれ（古今955）

このように、助詞が、文末に一定の活用形を要求する現象を**係り結び**といい、係り結びを構成する助詞を**係助詞**といいます。

「は」「も」も、文末に終止形を要求すると考えて、一般に、係助詞に含めます。すると、係助詞は、単文中での共起のありかたから、次の二類にわかれることになります。

（2）一類　は・も
　　二類　ぞ・なむ・や・か（述語に連体形を要求）
　　　　　こそ（述語に已然形を要求）

一類の係助詞と二類の係助詞とは、単文中で共起します。

（3）霞たち木の芽もはるの雪降れば花なき里も花ぞ散りける（古今9）

（4）今日は人こそ悲しかりけれ（古今838）

また一類の係助詞は単文中に複数共起できます。

（5）秋霧は今朝はな立ちそ（古今266）

（6）をととしもこぞもことしもをととひも昨日もけふも我が恋ふる君（古今和歌六帖）

しかし、二類の係助詞は、単文中で複数共起することはありません（例えば「*今日こそ人

のでしょう。

◆1 (6) で次例のような表現もみられますが、これはおそらく定型の音数制限によるもこそ悲しかりけれ」「*今日ぞ人こそ悲しかりけれ」のような文はありません)。

・この世にし楽しくあらば来む世には虫にφ鳥にも〔虫尓鳥尓毛〕我はなりなむ(万348)

◆2 一類の係助詞「は」「も」の、述語に終止形を要求する力は強くありません。(3)(4)のように、単文中に二類の係助詞と共存する場合には、述語は二類の係助詞の要求する活用形に従います。また、「あやめも知らぬ恋もするかな」(古今469)のように、連体形を要求する終助詞と共存するときはその終助詞の要求に従いますし、「春風は花のあたりをよぎて吹け」(古今85)のように命令文中に生起した場合も、文末は命令形になります(二類の係助詞の場合、命令文には生起できません)。したがって、「は」「も」は、結びのとる活用形態を拘束しません。「は」「も」が係助詞である証拠として、「は」「も」は主文の述語に係るということがいわれますが、これは格助詞との差を示したものであって、「は」「も」を副助詞と区別する根拠にはなりません。たしかに、

・妻{が/は}稼いだお金で、車を買った。

では、「は」と「が」で係りかたが異なりますが、副助詞も「は」と同様の係りかたになるからです(「妻さえ稼いだお金で、車を買った。」)。一方、第二種の副助詞に下接する点では、「は」「も」は副助詞と区別されます。

・年ごろ経ぬる人々だにもさることなきを（源・若菜下）

・かくてのみは便なきことなり。（源・薄雲）

しかし、単文中に係助詞「ぞ・なむ・や・か・こそ」が決して重出しないなかで、「は」「も」だけは何度も自由に生起できることを重視して、「は」「も」は、他の係助詞とは別に扱うほうがよいと思います。

8・2・1 主題

「は」は、主題を表します。（1）のように、［主題（Topic）－解説（Comment）］という構造をもつ文を**有題文**、（2）のように、主題をもたない文を**無題文**といいます。

（1） 山川に風のかけたるしがらみは流れもあへぬ紅葉なりけり（百32）

（2） 三寸ばかりなる人、いと美しうてゐたり。（竹取）

◆1 （1）の「は」は主格を示しているようにみえますが、「は」は特定の格を表しません。例えば①の「～は」は「を」格ですし、②の「～は」では下文と格関係がありません。

①もみぢ葉は袖にこき入れてもていでなむ秋は限りと見む人のため（古今309）

②冬ながら空より花の散りくるは雲のあなたは春にやあるらむ（古今330）

「春は眠い」、「蒟蒻《こんにゃく》はやせる」、「（「みな女のお子さんなんですね」と言われて）妹は男の子なんです」などの言いかたが可能なのも、「～は」句と述語が、主題と解説の関係になっているからです。

◆2　「は」は、「〜には」「〜よりは」のように格助詞に下接しますが、主格を表す「が」「の」には付きません。また「を」に下接するときは「〜をば」となります。

◆3　現代語の「は」は疑問詞・不定語を受けません。古代語の「は」も疑問詞を受けませんが、不定語は受けた例がみえます。

・梅の花いつは折らじと厭はねど（万3904）
・いつはとは時はわかねど秋の夜ぞ物思ふことの限りなりける（古今189）
・陸奥はいづくはあれど塩竈の浦漕ぐ舟の綱手かなしも（古今1088）
・いづくには鳴きもしにけむほととぎす我家《わぎへ》の里に今日のみぞ鳴く（万1488）

（3）は主題が言語上に表現されていませんが、「〜昔なり」と判断していますので、これも有題文と考えます（このような有題文を**略題**といいます）。

（3）ももしきや古き軒端のしのぶにもなほあまりある昔なりけり（百100）

次例（4）では、「長い」の主語は「鼻が」ですが、「鼻が長い」というまとまりが、「象は」という主題に対する解説になっています。このような構文を**総主文**といいます。

（4）象は鼻が長い。

古代語の総主文の例をあげます。

（5）死し子ゆ、顔ゆよかりき。（土佐）

（6）この内供は|鼻φ|長かりけり。（宇治2-7）

（7）吹きくる風は|花の香ぞ|する（古今103）

（8）このこやくしといひける人は|、たけなむ|いと短かりける。（大和138）

次例（9a）に対して、（9b）を**分裂文**といいます。

（9）a 彼は古語辞典を買いました。

b 彼が買ったのは古語辞典です。

古代語の分裂文は、「〜は‐なり」で表されます。

（10）ひきそばめて急ぎ書き給ふは、かしこへなめり。（源・松風）

（11）猛《たけ》き武士《もののふ》の心をも慰むるは、歌なり。（古今・仮名序）

次例（12）のような文を**ウナギ文**といいます。

（12）（飲食店の注文の際に）君は天ぷら定食。僕はうなぎ。

古代語のウナギ文の例をあげます（（13）は倒置になっています）。

（13）［良イト思ウノハ春ヨリモ］秋山そ我は（万16）

なお、「は」には以上のような主題を表すもののほかに、対比を表すものがあります。

（14）佐保山の柞《ははそ》の色は|うすけれど秋は|深くもなりにけるかな（古今267）

（15）八重葎茂れる宿のさびしきに人こそ見えね秋は|来にけり（百47）

また、提題でも対比でもなく、連用修飾語に付いて強調を表す用法もあります。

（16）いとはつらく見ゆれど、志はせむとす。（土佐）

8・2・2 「も」

「も」は、現代語では他者併立が主用法になっていますが、「も」は本来、単純な他者併立を表すものではなかったようです。『万葉集』では、「〜も」を受ける述語は否定・推測・願望などの不確実性のものが七割を占め、「も」は本来、題目を不確実・不特定のものとして提示するという機能であったと考えられます（大野晋1993）。

（1）渡り守舟も設けず橋だにも渡してあらば（万4125）

（2）命あらば逢ふこともあらむ（万3745）

（3）雨も降らぬか（万520）

（4）妹《いも》を留めむ関も置かましを（万468）

不確実・不特定であるということは、他の事物・事態もありうるということなので、そこから、（5）のように願望や仮定の対象を控えめにいう用法や、（6）のように題目を併立して肯定的に提示する用法（他者併立）が派生したものと考えられます。

（5）妻もあらば摘みて「一緒に」食《た》げまし（万221）

（6）一昨日《をとつひ》も昨日もありつ（万4011）

「Xも」は、X以外もあるということを含意した表現なので、否定文に用いられると、X

もX以外もないという、全面的な否定を作ることになります。
(7) すこしも臆せず読み果て給ひつ。(源・少女)
(8) この子に一つもとらせざりけり。(古本説話集16)
◆1 逆に、「Xは」「Xしも」はXを特立した表現なので、否定文に用いられると、部分否定となります。
・小倉の山に鳴く鹿は今夜は鳴かず(万1511)
・男君ならましかばかうしも御心にかけ給ふまじきを(源・澪標)
◆2 大野晋(1993)によれば、「〜も」が確実性の述語に係る割合は、『万葉集』で二九パーセント、『古今集』三八パーセント、『源氏物語』四七パーセント、『覚一本平家物語』六四パーセントであり、時代を経るにしたがって、「も」が肯定的表現に使われていき、「も」が、不確実な事物を提示する用法から、他者併立を主用法にしていく変化をみることができます。

8・2・3 「ぞ・なむ・こそ」の生起位置

「ぞ・なむ・こそ」は、述語に係る成分であれば、原則として、どのような成分にも承接することができます(ただし、接続句「〜ど」「〜ども」「〜とも」の句に承接することはありません。他の接続句は承接可能です)。例えば、

（1）この歌をⒶよろしとⒷ聞きてⒸ、翁Ⓓ、月頃の苦しきⒺ心やりにⒻ詠めり。

（土佐日記より、一部改変）

では、係助詞「ぞ・なむ・こそ」は、述語「詠めり」に係る成分、すなわち、ⒸⒹⒻの位置に生起可能です。「ぞ」で代表すれば、「ぞ」はⒸⒹⒻの位置に生起して、次のような係り結びの文を形成します。

（2）c　この歌をよろしと聞きてぞ、翁、月頃の苦しき心やりに詠める。

d　この歌をよろしと聞きて、翁ぞ、月頃の苦しき心やりに詠める。

f　この歌をよろしと聞きて、翁、月頃の苦しき心やりにぞ詠める。

ただし、「ぞ・なむ・こそ」を重出させることはできません。

（3）＊この歌をよろしと聞きてぞ、翁ぞ、月頃の苦しき心やりに詠める。

（4）＊この歌をよろしと聞きてぞ、翁なむ、月頃の苦しき心やりに詠める。

（1）には、（5）のように、もう一箇所、係助詞が生起可能な位置があります。

（5）この歌をよろしと聞きて、翁、月頃の苦しき心やりに詠みぞする

（5）は、係助詞「ぞ」が「詠めり」という述語内に生起しています。このように係助詞は述語の内部にも生起します（中村幸弘 1981）。『古今集』から、係助詞が述語内に生起した例をあげます。下に示したものが、係助詞のない形です。

（6）いはで心に思ひこそすれ（537）　〈いはで心に思ふ

（7）しるくぞありける（39）　＜しるかりけり
（8）秋は色々の花にぞありける（245）　＜花なりけり［補注15］
（9）夢もさだかに見えずぞありける（527）　＜見えざりけり

また、複合動詞中に介在することもあります。

（10）たぎつ心をせきぞかねつる（491）　＜せきかねつ

係助詞が、（1）のⒸⒹⒻ以外の位置に生起した場合、係り結びを構成しません。

（11）a　この歌をぞよろしと聞きて、翁、月頃の苦しき心やりに詠めり。
b　この歌をよろしとぞ聞きて、翁、月頃の苦しき心やりに詠めり。

（11）では主文の文末が連体形になりません。この現象を、「聞きて」に係る成分であるため、（11）の結びは「聞きて」で流れた、といいます。なお、係助詞は、（1）のⒺの位置（連体修飾語と被修飾語の間）には生起しません。『源氏物語』では、「ぞ」の九パーセント、「なむ」の一七パーセント、「こそ」の六パーセントが、（11）のように従属句中に生起し、「この歌を」も、「よろしと」も、ともに従属句中の述語「聞きて」に係る成分であるため、**「結びの流れ」**といい、（11）の結びは「聞きて」で流れた、といいます。

「結びの流れ」を起こしています（小田勝 2006）。

条件句内で結びが流れた例をあげます（以下、波線部は結びが流れた文節を示します）。（12）は逆接確定条件内、（13）は順接確定条件内、（14）は逆接仮定条件内で結びが流れた例です（順接仮定条件内で結びが流れることはありません）。

(12)別納(=別棟)の方にぞ曹司などして人住むべかめれど、こなた(=西ノ対)は離れたり。(源・夕顔)

(13)五月ばかりにぞなり給へれば、神事《かみわざ》などにことづけて[六条院ニ]おはしますなりけり。(源・若菜下)

(14)さてなむ死にたりとも、この人のあらむやうを、夢にてもうつつにても、聞き見せ給へ。(大和168)

条件句以外で結びが流れた例をあげます。(15)は連用中止内、(16)は連用修飾句内、(17)は連体修飾句内、(18)は準体句内で結びが流れた例です。

(15)仏(=仏像)のみぞ花の飾り衰へず、[八宮ガ生前]行ひ給ひけりと見ゆる御床《ゆか》など取りやりてかき払ひたり。(源・椎本)

(16)これ(=笛)になむ、まことに古きことも伝はるべく聞きおき侍りしを、[コノ笛ガ]かかる蓬生に埋《うづ》もるるもあはれに見給ふるを(源・横笛)

(17)女房なむ[紀伊守方ニ]まかり移れるころにて、狭き所に侍れば、なめげなることや侍らむ。(源・帚木)

(18)少納言の乳母とぞ人言ふめる[人]は、この子の後見なるべし。(源・若紫)

(19)のように、結びとなるはずの述語が、言語上に表されない(省略される)ことがあります。これを、「**結びの省略**」といいます。

(19)「…これもわりなき心の闇になむ。」と言ひもやらずむせかへり給ふほどに、夜も更けぬ。（源・桐壺）

(19)では、「心の闇になむ」の下に、述語「侍る」などが表されていない（省略されている）と考えられます。

8・2・4　係り結びの特殊構文

係助詞を伴う成分が、意味上、主文の述語に係らないにもかかわらず、係り結びが行われる場合があります（小田勝 2006）。

（1）〔源氏ハ、美点ヲ〕すべて言ひつづけば、ことことしううたてぞなりぬべき人の御さまなりける。（源・桐壺）

のような構文で、「うたてぞ」は意味上「なりぬべき」に係りますが、そこで流れを起こさず、係り結びが成立しています（このような場合、「*うたてぞなりぬべき人の御さまなりけり。」のような句型は中古和文にはありません（小田勝 2006））。

（2）「……」となむ書きつけて往にける。（大和137）

のような句型も同様です（（2）の「…となむ」は意味上は「書きつけて」に係ります）。

引用句中に係助詞があって、意味上係らないはずの引用外部の引用動詞がその係助詞に対する結びになっている例がみえます。

（3）なほいみじき人と聞こゆれど、「こよなくやつれてこそ詣づ」と知りたれ。（枕114）

（4）「〔私ノ方カラ〕そち（＝ソチラへ）こそ参らむ」と思へ」とのたまへば（夜の寝覚）

（5）（6）のように結びの末尾に文末付加要素を伴うことがあります。

（5）〔紫上ハ〕それをば何とも思したらぬぞあさましきや。（源・若紫）

（6）君（＝源氏）ぞ例の〔紫上ニ〕聞こえ知らせ給ふらむかし。（源・葵）

この句型は、ほんとんど〔ぞ－や〕、〔ぞ－かし〕に限られ、ほかに〔こそ－な〕の句型がわずかにみられます（小田勝2006）。

◆次例は物怪の詞ですが、〔ぞ－よ〕という句型は中古和文中にほかに例をみません。当時の人にはかなり異様に響いたことでしょう。

・かうぞあるよ。（源・柏木）

係り結びは体言に対しても行われます。

（7）これなむ都鳥。（伊勢9）

（8）今は、まろぞ思ふべき人。な疎み給ひそ。（源・若紫）

8・2・5 「ぞ・なむ・こそ」の表現価値

係り結びは、その頻度からみて、古代語の構文上、かなり本質的な役割を担っていたであろうと思われますが、その役割については今のところ不明です。また、（1a）〜（1c）の間に、どのような表現価値の差があるのかについても、まだよくわかっていません。

（1）a　木の間より花とみるまで雪ぞ降りける（古今331）

b　「雪なむいみじう降る」と言ふなり。（蜻蛉）

c　妻戸押し開けて、「雪こそ降りたりけれ」と言ふほどに（蜻蛉）

ここでは、「ぞ・なむ・こそ」の差について、いままでに指摘されている客観的なデータを紹介します。まず、地の文・会話文・心内文などに、どのくらい、係り結びが現れるかですが、これは「ぞ・なむ・こそ」によって、かなりの差があることが知られています（永井洸1938、宮坂和江1952、森野崇1987など）。（2）は、森野崇（1987）の計数による、『源氏物語』の状況です（表は、縦にみて、「ぞ」の係り結びの七二パーセントが地の文に使われていて、一二パーセントが会話文に現れる、というように見ます。消息文中の例は、会話文に含めました。数値は私に四捨五入しました）。

（2）

	地の文	会話文	和歌	心内文
ぞ	72%	12%	11%	6%
なむ	16%	83%	0%	0.6%
こそ	9%	65%	3%	23%

それぞれ、最も多く現れるところを傍線で示し、ほとんど現れない（一〇パーセント未満の）ところを網掛けで示しました。「なむ」は心内文にきわめて少なく、和歌には用いられないこと、「ぞ」は会話文等にあまり用いられないこと、などが知られます。

◆和歌に「なむ」は用いられません。稀な使用例も引用の場合に限られます。

・袂《たもと》より離れて玉を包まめやこれなむそれと移せ見むかし（古今425）

・つれづれに何か涙の流るらむ人なむ我を思ふともなく（古今和歌六帖）

「ぞ・なむ・こそ」について、ほかに、例えば、次のような実態が、知られています。

①上代の「なも」（「なむ」の古形）は主語に付いた例がない（山田孝雄1954）。

②「なむ」は不確実の意を表す助動詞「む・らむ・けむ・まし・じ」を結びとしない（伊牟田經久1976、高山善行2002）。

③「雨なむ降れど行け！」、「雨こそ降れど行け！」のように、「なむ」「こそ」の結びが流れた後に命令文がくることは可能だが、「*雨ぞ降れど行け！」のように、「ぞ」の結びが流れた後に命令文がくることはない（小田勝2006）。

◆②について、次例は珍しい例です。

・内々にのたまはむなむよからむ。（源・藤袴）

8・2・6　係り結びの起源

なぜ、「ぞ・なむ・や・か」の句を受けると述語は連体形で結び、「こそ」の句を受けると述語は已然形で結ぶのか、という問題に答えるのはたいへん難しいことですが、「ぞ」「か」「こそ」の係り結びの成立については、一応の見解が発表されています。まず、「こそ」の場合ですが、古く已然形はそのままで条件句を構成しました。

（1）家離《いへざか》りいます我妹《わぎも》を留めかね山隠しつれ心どもなし（万471）

（2）大船を荒海に漕ぎ出《い》でや船たけ我が見し児らがまみは著《しる》しも（万1266）

「こそ」は、（1）（2）のように、已然形によって条件句を作るときに、その題目を強調するために投入されたもので、それが単純な強調へと発展したものと考えられています（石田春昭1939、大野晋1993）。

（3）昨日こそ年は果てしか春霞春日《かすが》の山にはや立ちにけり（万1843）

「ぞ」（上代では「そ」）、「か」の係り結びについては、倒置によって成立したのではないかという考えかたが発表されています（大野晋1993ほか）。これは、（4ａ）が（4ｂ）の倒置であるように、係り結びの文（5）（6）は下に示した句型の倒置によって成立したとする考えかたです。

（4）ａ　うまし国そ　あきづ島大和の国は（万2）

ｂ　あきづ島大和の国は　うまし国ぞ

（5）心　今ぞ　なぎぬる（万2579）　＜心　なぎぬる（ハ）今ぞ

（6）白たへの雲か　隠せる（万1079）〈隠せる（ハ）白たへの雲か

「～ぞ」「～か」が述語性をもっている点が、この倒置説を支えています。その点、「なむ」と「や」は述語的ではなく、両者の起源を倒置に求めることは困難です［補注16］。

8・2・7　「もぞ」「もこそ」について

「もぞ」「もこそ」は危惧の念を表します。

（1）危ふし。我がなきほどに［遣戸ヲ］人もぞ開くる。（落窪）

（2）［雀ハ］いづ方へかまかりぬる。いとをかしうやうやうなりつるものを。烏などもこそ見つくれ。（源・若紫）

（1）は「人が開けでもするといけない」の意、（2）は「烏などが見つけでもするといけない」の意です（「もぞ」は「そういう困った事態があるぞ」と指定的に表現し、「もこそ」はためらいの気持ちを含んだ表現であるといわれます（伊牟田經久1999））。

上代では「もこそ」の例はみえず、「もぞ」もほとんど並列の意を表しています。中古になると、危惧を表す「もぞ」「もこそ」がみられますが、用例数は「もこそ」の方が圧倒的に多くみられます（福田益和1968によれば、『源氏物語』で、危惧を表す「もこそ」は四八例であるのに対し、危惧を表す「もぞ」は六例です）。

◆1　中古の「もぞ」「もこそ」は、一般に、危惧の意を表しますが、次のような場合、一般に、危惧の意を表しません（福田益和 1968 ほか）。

①「もぞ」「もこそ」の結びが推量の助動詞の場合（「あながちなる御もてなしに、女はさもこそ負け奉らめ」源・蜻蛉）

②「もぞ」「もこそ」の係る述語がそこで終止しない場合（「あさましう、月日もこそあれ、なかなか、この御ありさまをはるかに見るも」源・澪標）

③「もぞ」「もこそ」と述語の間に、他語が介在する場合（「かの語らひけることの筋もぞ、この文にある。」蜻蛉）

④「AもBも」のように、「も」が並列を表す場合（「ゆかしくも頼もしくもこそおぼえ給へ」源・若菜下）

⑤「しもぞ」「しもこそ」の場合（「あなかま、給へ。夜声はささめくしもぞかしかましき」源・浮舟）

◆2　稀に、良い結果を予想し、それを期待する意の「もぞ」「もこそ」もあります（本居宣長 1785、伊牟田經久 1957 ほか）。

・柴の戸の跡見ゆばかりしをりせよ忘れぬ人のかりにもぞ訪ふ（拾遺愚草）
・いかにしてしばし忘れむ命だにあらば逢ふよのありもこそすれ（拾遺646）
・山里の庭よりほかの道もがな花散りぬやと人もこそ問へ（新古今127）
・夜泣きすとただもりたてよ末の代にきよくさかふることもこそあれ（平家6）

◆3 「もや」には危惧および期待を表す用法があります（奥村剛 1985）。①は危惧、②は期待です。また、「もなむ」の例は極めて少なく、危惧の意はありません（③は『源氏物語』中の唯一例です）。

①［紫上ガ］聞きもやあはせ給ふとて［源氏ハ紫上ニ］消息聞こえ給ふ。（源・松風）

②もしさりぬべき隙もやあると、藤壺わたりをわりなう忍びてうかがひ歩《あり》けど（源・花宴）

③亡せ侍りにしさまもなむいとあやしく侍る。（源・手習）

第9章　複文構造

9・1　条件表現

二つの句をつなげて、一文として述べる表現を**接続表現**といいます。接続表現のうち、二つの句に因果関係を認めて、後件を前件のもとでの帰結として述べる表現を**条件表現**といいます。

（1）a　雪が降ったので、延期します。
　　b　雪が降ったけれど、予定通り実施します。

（1a）では「雪が降った」ことと「延期する」こととの間に順当自然な因果関係を認め、（1b）では「雪が降った」ことと「実施する」こととの間に順当ではない因果関係を認めています。（1a）のような関係を**順接**、（1b）のような関係を**逆接**といいます。（1）では、前件（「雪が降った」）はすでに起こったことなので、これを**確定条件**といい、（1a）を順接確定条件、（1b）を逆接確定条件といいます。二つの事態の間の因果関係を順当と捉えるか、順当でないと捉えるかは、発話者の判断によります。したがって、雪上競技の場合、（1b）とは異なり、「雪が降ったので、実施します。」のように表現されることもあり得ます。（1）の「ので」や「けれど」のように、二つの句を結びつける働きをする助詞を**接続助詞**といいます。

前件を仮定して、その帰結を予想する条件表現を**仮定条件**といいます。現代語の順接仮定条件は（2a）のように、逆接仮定条件は（2b）のように表されます。

（2）a　雪が降るなら／降ったら／降れば、延期します。

b　雪が降っても、予定通り実施します。

古代語において、条件文は、次のような接続助詞で表されます（「動詞」は動詞型活用語（形容動詞を含む）、「形容詞」は形容詞型活用語（「ず」を含む）の意です）。

①　順接確定条件：動詞・形容詞の已然形＋ば

②　逆接確定条件：動詞・形容詞の已然形＋ど／ども

③　順接仮定条件：動詞の未然形＋ば、形容詞の未然形＋は

④　逆接仮定条件：動詞の終止形＋とも、形容詞の未然形＋とも ［補注17］

例をあげます。

①　暁より雨降れば、同じところに泊まれり。（土佐）

海荒ければ、船出ださず。（土佐）

②　文を書きてやれど、返事せず。（竹取）

暗ければ、うちみじろき寄るけはひいとしるし。（源・空蟬）

③　春まで命あらば、必ず来む。（更級）
　　よろしくは、参り給へ。（源・浮舟）

④　人はしきりたるやうに思ふとも、七十の賀せむ。（落窪）
　　心細くとも、しばしはかくておはしましなむ。（源・若紫）

順接確定条件を表す「ば」（已然形接続の「ば」）には、上例①のような、前件と後件の因果関係のほかに、前件と後件の単純な継続関係を示す用法があります。

（3）東《ひむがし》の野にかぎろひの立つ見えてかへり見すれば月傾きぬ（万48）

（4）熟田津《にきたつ》に船乗りせむと月待てば潮もかなひぬ今は漕ぎ出でな（万8）

また、一回限りの因果関係ではなく、「～のときは必ず～」という恒常的な因果関係を表す用法があります。

（5）翁、心地悪しく苦しき時も、この子を見れば苦しきこともやみぬ。（竹取）

（6）疑ひながらも念仏すれば、往生す。（徒然39）

（7）折りつればたぶさにけがる（＝手デ汚レル）立てながら三世《みよ》の仏に花奉る（後撰123）

◆1　上例①を必然確定、（3）（4）を偶然確定、（5）～（7）を恒常確定といいます（松下大三郎1928、阪倉篤義1958）。恒常確定が媒介となって、後に已然形から仮定形へと変化します。

・もし狭き地にをれば、近く炎上ある時、その災をのがるることなし。（方丈記）

◆2　現代人の感覚では、逆接確定条件（「～けれども」）の意として捉えられる「ば」があります（松下大三郎 1928 ではこれを反予期性偶然確定といいます）。

・秋立ちて幾日《いくか》もあらねばこの寝ぬる朝明《あさけ》の風は手本《たもと》寒しも（万1555）

・わがやどの萩の下葉は秋風もいまだ吹かねばかくぞもみてる（万1628）

・男《をのこ》も［船旅ニ］ならはぬは、いとも心細し。まして女は、船底に頭《かしら》をつきあてて、音《ね》をのみぞ泣く。かく思へば、船子、楫取は船歌うたひて、何とも思へらず。（土佐）

・恋しきままに、道すがら涙おし拭《のご》ひつつ参《まう》で給へれば、対面し給ふべくもあらず。（源・真木柱）

「ば」には同時・並列を表す用法があります（松下大三郎 1928 ではこれを対等性偶然確定といいます）。

・［薫ハ］宮（＝中の君）に紅葉奉れ給へれば、男宮（＝匂宮）おはしましけるほどなりけり。（源氏・宿木）

・三月になりて、咲く桜あれば散りかひ曇り（源・竹河）

・春風の至り至らぬ木々ぞなき咲けるが散れば咲かざるも咲く（千五百番歌合）

このような、並列を表す「ば」は、現代語にも、次のように残っています。

・人の運命は、身を託す人によってひらけもすれば縮みもする。（司馬遼太郎『国盗り物語』）

逆接の意の「ば」と同時を表す「ば」は連続するもので、例えば、次例はその両様に解釈されます。

・天の川浅瀬白浪たどりつつ渡りはてねば明けぞしにける（古今177）

中世では「〜もおわらぬうちに」の意の「〜も果てねば」という言いかたが、よくみられます。

・「光明遍照十方世界、念仏衆生摂取不捨」とのたまひもはてねば、六野太後ろより寄ッて薩摩守の頸をうつ。（平家9）

逆接確定条件を表す「ど」と「ども」には、意味の差はありません。『万葉集』では「ど」が二九九例、「ども」が二〇三例と、両者がほぼ同じ程度に用いられていますが、中古になると、女流文学作品では「ど」が圧倒的に多く用いられ、「ども」は漢文訓読文で用いられました（『源氏物語』では「ど」が二四五六例用いられているのに対し、「ども」は九三例にすぎません）。「ども」は、鎌倉時代になると和漢混淆文で多用されるようになります。

◆「ものの」「ものから」「ものを」「ものゆゑ」も逆接確定条件を表す接続助詞です。

・つれなくねたきものの、［源氏ハ空蟬ヲ］忘れがたきに思す。（源・夕顔）

・月は有明にて光をさまれるものから、影さやかに見えて（源・帚木）

・みやこ出でて君にあはむと来《こ》しものを来しかひもなく別れぬるかな（土佐）
・年のはに（＝毎年）来鳴くものゆゑほととぎす聞けば偲はく（万4168）
『万葉集』中の「ものゆゑ」（全五例）はすべて逆接と解されますが、中古以降、原因・理由を表す「ゆゑ」に引かれて順接でも用いるようになりました。
・人数《ひとかず》にも思されざらむものゆゑ、我はいみじきもの思ひをや添へむ。（源・明石）
次例は、新全集は「逢いに来てくれないものだから」と解していますが、大系・新大系のように逆接（「来もしないのに」）に解さなければならないでしょう。
・待つ人も来ぬものゆゑに鶯の［惜シンデ］鳴きつる花を折りてけるかな（古今100）
上代では、「ゆゑ」自体が逆接で用いられることがあります。
・はなはだも降らぬ雨ゆゑにはたつみいたくな行きそ人の知るべく（万1370）
・紫のにほへる妹《いも》を憎くあらば人妻ゆゑに我恋ひめやも（万21）
次例の「も」は逆接確定条件を表していますが、中古和文では例は多くありません。
・［薫八］内裏《うち》へ参らむと思しつるも、出で立たれず。（源・橋姫）
仮定条件は、ふつう、不明のことを仮定し、そのもとでの帰結を予想するものですが、（8）のように、将来の確実に起こる事柄を仮定として表現し、その帰結を予想する用法もあります（現代語にもあります）。
（8）　五月来ば鳴きも古りなむ郭公まだしきほどの声を聞かばや（古今138）

次例のような後件の省略形式には注意が必要です（佐伯梅友 1988）。

（9） 花妙《ぐは》し桜の愛《め》でこと愛でば早くは愛でず我が愛づる子ら（紀歌謡67）

（10） 春雨の降らば思ひの消えもせでいとどなげきのめをもやすらむ（後撰66詞書）

（9）の傍線部の下には「早く愛づべきを」、（10）の傍線部の下には「思ひの消ゆべくを」などのことばが表示されていません。

◆助動詞「む」を用いた「～むに」の形も仮定表現を作ります（第5・3・1節参照）。

逆接仮定条件の「**とも**」は、動詞の終止形、形容詞の未然形に接続します（形容詞には、連用形につくと説明されることもありますが、仮定という職能を託される活用形として、本書では未然形につくという説明を採用しました）。「とも」には、（11）（12）のように、すでに事実である事柄について、「たとえそうであっても」と強調していう用法があります。これを**修辞的仮定**といいます。

（11） かくさし籠めてありとも、かの国の人来ばみな開きなむとす。（竹取）

（12） わが身は女なりとも、かたきの手にはかかるまじ。（平家11）

逆に、（13）（14）のように、仮定的な事柄について、確定条件の形式で「必ずこうなる」と強調していう場合があります。これを**修辞的確定**といいます。

（13） 二人行けど行き過ぎがたき秋山をいかにか君がひとり越ゆらむ（万106）

（14） よからねど（＝タトエ下手デモ）、むげに書かぬこそわろけれ。教へきこえむか

し。（源・若紫）

◆用例は多くありませんが逆接仮定条件を表す「と」「とて」があります。

・嵐のみ吹くめる宿に花薄穂に出でたりとかひやなからむ（蜻蛉）

・我亡くなりぬとて、口惜しう思ひくづほるな。（源・桐壺）

9・2 接続表現

ここでは、接続助詞による接続表現のうち、条件表現（後件を前件のもとでの帰結として述べる表現）以外のものについて述べようと思います。

「て」は、完了の助動詞「つ」の連用形から接続助詞化したものとされ、連用形に付いて、継起関係を表します。

（1）解由など取りて、住む館より出でて、船に乗るべき所へ渡る。（土佐）

（2）二十三日。日照りて、曇りぬ。（土佐）

◆「林間に酒を煖めて紅葉を焼く」（「林間煖酒焼紅葉」（白居易）の訓読）のように、「AてB」のAがBの目的である場合、継起関係が逆になります。

・ただ心を得させてうちしはぶき給へるにぞ（＝タダ気ヅカセヨウト咳払イヲナサルト）、やをら引き入り給ふ。（源・若菜上）

「て」は前件と後件を単につなぐだけですが、前件と後件が、文脈上、順接や逆接の因果関係にある場合があります。

（3）a　夜更けて、西東も見えずして（土佐）

b　［若君ハ］抱きおろされて、泣きなどはし給はず。（源・薄雲）

c　折よくて御覧ぜさせ給へ。（源・賢木）

（3a）は「て」の上下の句が順接確定の因果関係に、（3b）は逆接確定の因果関係に、（3c）は順接仮定の因果関係にあります（「て」が積極的にそのような関係を示しているわけではありません）。自明な後件が明示されない場合もあります。

（4）「おそからむ車などは、立つべきやうもなし」と言へば、露とともに起きて、げにぞひま（＝車ヲ立テル隙間）なかりける。（枕32）

（5）みそかに草がくれにうかがひ寄りて、法師をぞ隠しすゑたりける。（平中17）

（4）の傍線部の下には「行けば」、（5）の傍線部の下には「見れば」などのことばが表示されていません。次例は、前件と後件との間に時間的継起の関係がないものです。

（6）同じ小柴なれど、うるはしうわたして、清げなる屋、廊など続けて（源・若紫）

「～て」が、「～の状態で」の意を表すことがあります。

（7）三寸ばかりなる人、いと美しうてゐたり。（竹取）

（8）口々めづることどもを、すずろに笑みて聞きゐたり。（源・東屋）

（9） 荒れたる門の忍ぶ草茂りて見上げられたる、たとしへなく木暗《こぐら》し。（源・夕顔）

次例のような場合、現代語では「て」では表現されません。

（10） 老いたる女の腹高くてありく。（枕42）

（11） これ給はするぞ。衣すすけためり。白くて着よ。（枕83）

（12） すり粉などを濃くて流したらむやうに、白き水はやく流れたり。（更級）

（13） 清くて読み参らせ給ふ時は（宇治1-1）

（13）の「清くて」は「身を清めて」の意です。次例（14）の「見えてのぞく」は「覗いているのが見える」の意と思われます。

（14） 簾などもいと白う涼しげなるに、をかしき額つきの透影《すきかげ》あまた見えてのぞく。（源・夕顔）

「〜て」が「思ふ」などの思考を表す動詞に上接して、思考の内容を表す場合があります。

（15） ［空蟬ノ様子ヲ］この世の人には違《たが》ひて思すに（源・夕顔）

（16） 瑕《きず》ありて（＝難点ガアルト）思ひ聞こえ給ひにし後《のち》（源・賢木）

（17） この扇の尋ぬべきゆゑありて見ゆるを（源・夕顔）

次例は、「〜て」が評価誘導（第6・2節参照）を表しています。

（18） いと悲しくて（＝マコトニ悲シイコトナガラ）、隠れ給ひにしを（源・玉鬘）

「て」が事態の継起を表す場合、「て」の上下で主語が変わることはふつうありません。

しかし、次のような例もみられます。

(19)［道真ヲ］大宰権帥になし奉りて、［道真ガ］流され給ふ。(大鏡)

(20) みな人、乾飯《かれいひ》の上に涙落として、［乾飯ハ］ほとびにけり。(伊勢9)

(21) よろづのこと［北方ハ］大臣《おとど》に聞こえて、［大臣ハ北方ニ］「［落窪君ノ所ニ］行きてのたまへ、のたまへ」と責められて、おはして(落窪)

「で」は「〜しないで」という、前句を打消してあとの語句に続ける接続助詞です(「ずて」＞「で」と変化したものとされますが、自然な音変化ではないので、打消の助動詞「ず」の連用形の古形「に」に接続助詞「て」の付いた「にて」が変化したものともいわれます)。「で」は未然形に接続します。

(22) 難波潟短き葦のふしの間も逢はでこの世を過してよとや(百19)

◆古典作品の古写本では濁点を打たないので、未然形・連用形同形の動詞の場合、時に、「て」なのか「で」なのか、解釈が分かれることがあります。例えば、

・かくばかり惜しと思ふ夜をいたづらに寝てあかすらむ人さへぞ憂き(古今190)

は「寝て」と読む説と「寝で」と読む説との二つが行われています［補注18］。

「ずて」「ずして」という語形も、「で」に平行してみられます。

(23) 秋萩をしがらみふせて鳴く鹿の目には見えずて音のさやけさ(古今217)

(24) 逢はずしてこよひ明けなば春の日の長くや人をつらしと思はむ(古今624)

「ながら」は、古い連体の格助詞「な」に形式名詞「から」がついたものと考えられ、

(25) 神ながら我が大君の天の下治め給へば (万4254)

のように、体言について、「本性のままの状態で」の意を表す接尾辞でした。それが、上代末期には、体言の位置に動詞の連用形がくるようになって、「〜しながら」という同時進行を表す接続助詞として成立します。

(26) 嬉しびながら枕づく妻屋の内にとぐら(=止マリ木)結ひ据ゑてぞ我が飼ふ真白斑《ましらふ》の鷹 (万4154)

次例(27)は順当な事態の同時進行の例ですが、(28)のように、順当ではない事態が同時進行するときには、前件と後件とが逆接の関係にみえることになり、中古には(29)のような逆接の用法も生じました。

(27) 喜びながら奉れる、例のことなれば (源・紅葉賀)

(28) 年を経て消えぬ思ひはありながら夜の袂《たもと》はなほ凍《こほ》りけり (古今596)

(29) もとの品高く生れながら身は沈み (源・帚木)

「ながら」は、その成立から、他の接続助詞とは異なり、体言に続く用法があります。また形容詞の語幹、形容詞の連体形にも接続します。(31)のように数詞に付いた「ながら」は「すべて」の意を表します。

(30) 旅の御姿ながらおはしたり。(竹取)

(31) 右大臣も、御子ども六人ながら引き連れておはしたり。(源・竹河)

(32) 冬ながら空より花の散りくるは雲のあなたは春にやあるらむ (古今330)

(33) もの憂ながらすこしゐざり出でて、対面し給へり。(源・宿木)

(34) 憂きながら人をばえしも忘れねば (伊勢22)

このうち、(30)(31)は、あきらかに接続助詞ではありません。(25)~(34)の「ながら」の品詞上の扱いについては、次のような考えかたがあります。

① (25)(30)(31)を接尾辞とし、ほかは接続助詞とする。

② 体言に接続した(25)(30)~(32)を接尾辞とし、ほかは接続助詞とする。

③ (27)~(29)のように動詞の連用形に接続したものだけを接続助詞とし、ほかは接尾辞とする。

上代では、まだ「ながら」は完全な接続助詞としては成立していず、同時進行も、反復・継続も、接続助詞「つつ」が表しました。しかし、中古になると、同時進行の意味は「ながら」が担うようになっていきます。(35)には、中古における両語の役割分担がみてとれます。

(35) 御返り、臥しながらうち休みつつ書い給ふ。(源・柏木)

「つつ」の意が、反復になるか継続になるかは、動詞の語性によります。

(36) 万度《よろづたび》かへりみしつつ遥々《はろはろ》に別れし来れば (万4408)

（37）天離《あまざか》る鄙《ひな》に五年《いつとせ》住まひつつ都のてぶり忘らえにけり（万880）

（36）のように瞬間的動作を表す動詞の場合、「つつ」は反復として、（37）のように継続的動作を表す動詞の場合、「つつ」は継続として解釈されます。「つつ」はまた、（38）のように同一主体による複数動作の同時進行、（39）のように複数主体による同一動作の同時進行を表します。

（38）我妹子《わぎもこ》が植ゑし梅の木見るごとに心むせつつ涙し流る（万453）

（39）上達部、上人なども、あいなく目をそばめつつ（源・桐壺）

（36）〜（39）のような「つつ」は、徐々に「ながら」にその領域を侵されていくことになります。（40）などはかなり現代的な表現で、古代語なら「つつ」で表すところでしょう。

（40）涙にむせびながら申すやう（宇治11-10）

◆現代語の「つつ」は使用頻度も低く、同一主体による複数動作の同時進行しか表しません。したがって、（36）や（37）の現代語訳には、「何度も何度も振り返ってみては」、「五年住み続けて」のような工夫が必要です。「七日をのべのべして」（古本説話集66）のような表現も反復を表します。「たち別れたち別れしつつ」（更級）、「臥しては起き臥しては起きしつつ」（古本説話集70）では動詞の繰り返しと「つつ」とを重複させています。「つつ」の上下で主語が変わることはふつうありませんが、次のような例もみられます。

・［源氏ハ］大殿（＝左大臣邸）には絶え間おきつつ、［左大臣邸デハ源氏ヲ］恨めしくのみ思ひ聞こえ給へり。（源・夕顔）

次例は「つつ」の上下で逆接の関係があります。

・［霍公鳥《ほととぎす》ノ初声ヲ］君が聞きつつ告げなくも憂し（万4207）

「なへに」は「～するとともに」「～するにつれて」の意を表します。上代語で、中古では若干の歌にみられます。（42）は散文（会話文）中の珍しい例です。

（41）ひぐらしの鳴きつるなへに日は暮れぬと（古今204）

（42）御膳《おもの》など清げにせさせよ。便なきなへに悪《わろ》くしたらばやさしからむ（＝ミットモナイダロウ）。（うつほ・吹上上）

「に」「を」は格助詞から発展した接続助詞で、単純接続です。しかし、前件と後件が、文脈上、順当な関係、または順当でない関係にある場合は、そこに順接や逆接の意が生まれます。（43）（44）の、それぞれaは単純接続、bは順接、cは逆接の例です。

（43）a　あやしがりて寄りて見るに、筒の中光りたり。（竹取）

b　涙のこぼるるに、目も見えず、ものも言はれず。（伊勢62）

c　十月つごもりなるに、紅葉散らで盛りなり。（更級）

（44）a　瘧病《わらはやみ》にわづらひ侍るを、たび重なりて耐へがたう侍れば（源・若紫）

b　心にしも従はず苦しきを、さりぬべき折みて［空蟬ニ］対面すべくたばか

れ。（源・空蟬）

c ［源氏ヨリ］参り給ふべき由ありけるを、［柏木ハ］重くわづらふよし申して参らず。（源・若菜下）

◆1 形式名詞「もの」に「を」が付いて一語化した「ものを」にも、順接・逆接両方の用例があります（ただし多くは逆接で用いられます）。①は順接、②は逆接の例です。③のように文末の「ものを」は詠嘆の色彩が強くなります。

①散りぬれば恋ふれどしるしなきものを今日こそ桜折らば折りてめ（古今64）

②春の野に若菜摘まむと来《こ》しものを散りかふ花に道はまどひぬ（古今116）

③白玉か何ぞと人の問ひし時つゆとこたへて消えなましものを（伊勢6）

◆2 逆接の「を」は体言にも付きます。

・白露の色は一つをいかにして秋の木の葉をちぢに染むらむ（古今257）

「が」は、「に」や「を」よりも遅れて、院政時代に、接続助詞としての用法が確立しました。

（45） 源大納言重光卿の御女《むすめ》の腹に、女君二人・男君一人おはせしが、この君達みな大人び給ひて、女君達は后がねとかしづき奉り給ひしほどに（大鏡）

（46） 落ち入りける時、巳の時ばかりなりけるが、日も漸く暮れぬ。（今昔16-24）

◆ 平安時代中頃の『源氏物語』や『枕草子』には、接続助詞の「が」はないといわれます。

したがって、次例のような「が」は格助詞と考えなければなりません。

・いづれの御時にか、女御、更衣あまたさぶらひ給ひける中に、いとやむごとなき際にはあらぬが、すぐれて時めき給ふありけり。（源・桐壺）

ただし、次のような「が」の例に注意されます。

・むすめの尼君は、上達部の北の方にてありけるが、その人亡くなり給ひて後、むすめただ一人をいみじくかしづきて（源・手習）

・［女宮達三人ハ］すべていと同じやうにおはするが、これ（＝女二宮）は少しふくらかに、気近きになむ。（うつほ・国譲上）

9・3　接続助詞によらない接続表現

二つの事態の並列は、述語の**連用形**で表されます。このような連用形の用法を**中止法**といいます。

（1）花をめで、鳥をうらやみ、霞をあはれび、露をかなしぶ心（古今・序）

（2）神楽こそ、なまめかしく、おもしろけれ。（徒然16）

◆形容動詞の場合、中止法に語幹がたつことがあります。

・往生は、一定と思へば一定、不定と思へば不定なり。（徒然39）

後文の助動詞が中止法の用言に及ぶ場合があります。これを**対偶中止**といいます（第3・

4節参照)。
(3) たとひ舞を御覧じ、歌を聞こしめさずとも (平家1)
(4) 走る獣は檻にこめ、鎖をさされ (徒然121)
(5) 人の心やぶり、ものの過ちすまじき人は難くこそありけれ。(源・蛍)
また、(3)～(5)の傍線部はそれぞれ「御覧ぜず」「こめられ」「やぶるまじく」の意です。
(6) 世の静かならぬ(=平穏デナイ)ことは、かならず政《まつりごと》の直《なほ》くゆがめるにもより侍らず。(源・薄雲)
(3)～(6)は「直きにもより侍らず、ゆがめるにもより侍らず」の意です。
連用中止は継起関係も表します。
(7) したたみ(=巻貝)をい拾《ひり》ひ持ち来て 石もちつつき破り 速川に洗ひ濯ぎ 辛塩にこごと揉み 高坏《たかつき》に盛り 机に立てて (万3880)
次例(8)は、連用形中止法の前後で、主体を異にする例です。
(8) かくあさましくて持《も》て来たることを[かぐや姫ハ] ねたく思ひ、翁は閨《ねや》のうち、しつらひなどす。(竹取)
上代では、述語の**已然形**が単独で確定条件を表しました。
(9) a 家離《いへざか》りいます我妹《わぎも》を留めかね山隠しつれ心どもなし (万471)
b 大船を荒海に漕ぎ出《い》でや船たけ我が見し児らがまみは著《しる》しも (万1266)

（9a）では前件と後件の間に順接の関係が、（9b）では逆接の関係が認められます。日本語の条件表現は、もと（9）のように已然形単独で表されていたと考えられますが、やがて、接続助詞「ば」を付けて順接、接続助詞「ど」を付けて逆接であることを明示する方向に向かったものと思われます。

（10）a　遠音にも君が嘆くと聞きつれば音のみし泣かゆ相思ふ我は（万4215）

b　玉島のこの川上に家はあれど君をやさしみ表《あらは》さずありき（万854）

また、（9）のような已然形中止の句内に「こそ」が投入されて、「こそ－已然形」という係り結びが成立します（第8・2・6節参照）。「こそ」の結びの已然形は、本来、（9）のような条件句を構成するもので、「こそ」との共同によって、特に逆接の確定条件句を成立させました。「こそ－已然形」の句型で下文に対し逆接の意で係ってゆく用法は、数多くみられます。

（11）昔こそ難波田舎と言はれけめ今都引き都びにけり（万312）

（12）昨日こそ早苗取りしかいつのまに稲葉そよぎて秋風の吹く（古今172）

（13）春の夜の闇はあやなし梅の花色こそ見えね香やはかくるる（古今41）

◆1　次例の「こそ－已然形」は、順接の関係で下文に続いてゆくようにみえます。

・［女二宮ハ］けはひこよなくおはすれど、もとよりしみにし方（＝女三宮）こそなほ深かりけれ、［女二宮ト結婚シテモ］慰めがたき姨捨にて、［女二宮ニ対シテハ］人目に咎めら

るまじきばかりにもてなし聞こえ給へり。（源・若菜下）

◆2　次例は「いかに思へばか」の意です。

・我妹子《わぎもこ》がいかに思へかぬばたまの一夜も落ちず夢にし見ゆる（万3647）

終止形で句を中止して、接続表現を構成する場合があります。

（14）明くれば［三条邸カラ］まかり、暮るれば参るに、怠りて（＝準備ガハカドラズ）あしきに、かしこ（＝自邸）に人もなし、渡り給ひね。（落窪）

（15）ある人の御曹司の前のみぞに［趣アル石ヲ］するたりしを、島（＝庭園）このみ給ふ君なり、この石を奉らむ。（伊勢78）

（16）「よきに奏し給へ、啓し給へ」など言ひても、［官ヲ］得たるはいとよし、得ずなりぬるこそ、いとあはれなれ。（枕2）

意味的には、（14）（15）は順接確定条件（「かしこに人もなければ」「島このみ給ふ君なれば」）に、（16）は逆接確定条件（「得たるはいとよけれど」）に相当します。

終止形を重ねて「〜しながら」の意を表す表現があります。（17）〜（19）は同時並行、（20）は逆接です。

（17）行く行く、飲み食ふ。（土佐）

（18）によふによふ（＝ウメキナガラ）擔《にな》はれ給ひて（竹取）

（19）母君、泣く泣く奏して（源・桐壺）

(20) 昔、男、色好みと知る知る、女をあひいへりけり。(伊勢42)

連用形を重ねた形もあります(現代語にも「泣き泣き帰る」「泣く泣く承知する」のような言いかたがあります)。

(21) あはれなる雪の雫に濡れ濡れ行ひ給ふ。(源・賢木)

(22) まねぶべくもあらぬことどもを、うち泣きうち泣き聞こゆ。(源・明石)

(23) をかしやかなることもなき御文を、うちも置かずひき返へしひき返へし見ゐ給へり。(源・宿木)

連用形を重ねた形式の方が新しく、特に(22)(23)のように、複合動詞の場合は必ず連用形を重ねた表現になります(橋本四郎 1959)。

院政時代には、助動詞「つ」「ぬ」「たり」の終止形を重ねて用いて、二つの動作が並列していることを表す用法が生まれました((26)の「たり」は連用形ではなく、終止形であることに注意してください)。

(24) 閉ぢつ開きつ(=戸ガ閉ジタリ開イタリシテ)入る事を得ず(今昔24-5)

(25) ふしぬ仰ぎぬして語りをれば(今昔23-15)

(26) 掃いたり拭《のご》うたり、塵拾ひ、手づから掃除せられけり。(平家11)

動作の並立には、接尾辞「-み」による、(27)のような語法もあります。

(27) 来し方のことものたまひ出でて、泣きみ笑ひみ、うちとけのたまへる、いとめ

でたし。（源・松風）

連体形で句を中止して、接続表現を構成することがあります（小田勝 2006）。

（28）［薫ガ］朝顔を引き寄せ給へる、露いたくこぼる。（源・宿木）

（29）寺に入りて比丘の有様どもを伺ひ見る、寺に比丘ども多く住む。（今昔4‐9）

（30）［夕霧ハ］かの野分の朝の御朝顔は、心にかかりて恋しきを、［姉弟ナレバ恋心ハ］うたてある筋に思ひし、［実姉ナラズト］聞き明らめて後は、なほもあらぬ心地添ひて（源・藤袴）

（28）（29）は「～すると」などの意で、（30）は逆接的な意で下文に続いています。それほど用例数の多い語法ではありませんが、古典作品を読んでいると、時に目にします（小田勝 2006 ではこれを「連体形接続法」と呼んでいます）。

格助詞「の」が、「～で」の意で、断定の助動詞の中止法に似た働きをすることがあります。

（31）内侍は、ねびたれど、いたくよしばみなよびたる人の、さきざきもかやうにて心動かす折々ありければ、慣らひて（源・紅葉賀）

（32）月は入り方の、空清う澄みわたれるに、風いと涼しくなりて、草むらの虫の声々もよほし顔なるも、いと立ち離れにくき草のもとなり。（源・桐壺）

（33）容貌《かたち》きたなげなく若やかなるほどの、おのがじしは塵も付かじと身をもてなし、

文を書けど（源・帚木）

次例（34）～（37）の「の」は、「～ではあるが」のような意で逆接的に下に続きます（このような「の」を「**反戻《はんれい》の「の」**」といいます）。

（34）うはべはいとよき御仲の、昔よりさすがに隙ありける。（源・常夏）

（35）［葵上ハ］なほあたら重りかにおはする人の、ものに情《なさけ》おくれ（＝情味ガ乏シク）、すくすくしき（＝無愛想ナ）所つき給へるあまりに（源・葵）

（36）このたびは［帰京トイウ］うれしき方の御出立《いでたち》の、またやは帰りみるべきと思すにあはれなり。（源・明石）

（37）国の親となりて、帝王の上なき位にのぼるべき相おはします人の、そなたにて見れば乱れ憂ふることやあらむ。（源・桐壺）

接続助詞「ものの」は、このような「の」から生じました（佐伯梅友 1953）。

次例（38）（39）のような、「**～を－み**」は、「～が－なので」の意を表します（これを**ミ語法**といいます）。

（38）秋の田のかりほの庵の苫を荒み我が衣手は露にぬれつつ（百1）

（39）瀬をはやみ岩にせかるる滝川のわれても末に逢はむとぞ思ふ（百77）

（38）は「苫の編み目があらいので」、（39）は「川瀬の流れが速いので」の意です。「AをBみ」のAには名詞（準体言・ク語法を含む）が、Bには形容詞の語幹がたちます。「を」

は格助詞、「み」は形容詞の活用語尾と考えられます。(40)のように、「を」が省かれることもあります。

(40) 吉野の宮は山φ高み雲そたなびく(万1005)

◆「〜を-み」の「を」を間投助詞とする説もありますが、文中で間投助詞の「を」が現れるのは命令・希求・願望・意志の文に限られること(近藤泰弘1980)、次例のように連体節内部に現れること(竹内史郎2004)などから、「を」は格助詞と考えられます。

・[秋山の黄葉をしげみ惑ひぬる]妹《いも》を求めむ山道知らずも(万208)

次例の「べみ」は助動詞「べし」のミ語法形です。

・秋萩を散り過ぎぬべみ(=秋萩ガ散リ去ッテシマイソウナノデ)手折り持ち(万2290)

9・4 引用

引用を表すには、助詞「と」を用いるのが基本的な形式です。

(1)「ここやいどこ」と問ひければ、「土佐の泊」と言ひけり。(土佐)

(2) 童心地に、「いとめでたくうれし」と思ふ。(源・帚木)

引用句の係ってゆく述語は、発言・思考を表す動詞だけとは限りません。

(3) 袖をとらへて「乗り給へ」と引くもいみじうおぼえて(源・薄雲)

(4)「かかる用もや」と残し給へりける御装束一領《ひとくだり》(源・桐壺)

（5）「またや〔夢ニ〕見え給ふ」とことさらに寝入り給へど（源・明石）

次例（6）は引用句中に別の引用句が含まれた例、（7）は一つの述語に複数の引用句が係る例です。

（6）「「物思ふ」と人に見えじ」となまじひに常に思へり（万613）

（7）「あやし」と、「人知れず今宵をこころみむ」と思ふほどに（蜻蛉）

引用を表す助詞「と」が表示されない場合もあります。（9）はその極端な例です（光頼と別当惟方の会話で、光頼の問いで始まります）。

（8）沢胯（＝人名）、「あはれ、賢くおはする翁どもかな」φ、蜜《ひそか》に咲《わら》ひて馬に乗りて皆行きぬ。（今昔25-5）

（9）「主上はいづくにましますぞ」「黒戸の御所に」「上皇は」「一品御書所に」「内侍所は」「温明殿」「剣璽は」「夜の御殿に」と別当かくぞ答へられける。（平治）

次例（10）（11）では、「と」の上に引用語句が略されています（（10）は「落窪の君とは誰をか言ふ」の意です）。

（10）「落窪の君の手（＝筆跡）にこそ」と〔三の君ガ少将ニ〕のたまふ。少将、「とは誰をか言ふ」（落窪）

（11）「しろうるり」といふ名をつけたりけり。「とは何物ぞ」と人の問ひければ（徒

然60）

次例（12）は、連用形による引用です（第6・2節参照）。

（12）見そめし（＝結婚当初ノ）志いとほしく思はば（源・帚木）

引用されたことばが、**引用者の立場からの表現に改められる場合**があります。例えば、

（13）「大鳥の羽易《はがひ》の山に我が恋ふる妹《いも》はいます」と人の言へば（万210）

では、人は「汝が恋ふる妹はいます」（万213或本歌）と言ったでしょうし、

（14）惟光なむ、「故按察大納言の家に侍り。一日（＝先日）ものの便りにとぶらひて侍りしかば（＝オ見舞イイタシマシタトコロ）、「かの尼上いたう弱り給ひにたれば、何事もおぼえず」となむ申して侍りし」と［源氏ニ］聞こゆれば（源・若紫）

の「かの尼上」は、按察大納言家の女房の言葉を惟光が源氏に言う場合に、惟光の立場からの表現に改められています（佐伯梅友1951）。次例（15）の傍線部の敬語も、帝の言葉を伝える命婦が、敬語をつけた言いかたに改めたものでしょう。

（15）「上も（＝帝モ）しかなむ。［帝ハ］「わが御心ながら、あながちに人目驚くばかり思されしも、長かるまじき［仲］なりけりと、今はつらかりける人の契りになむ。…」と、うち返しつつ、御しほたれがちにのみおはします」と［命婦ハ桐壺更衣ノ母ニ］語りて尽きせず。（源・桐壺）

（16）の点線部は、薫の心中ですが、傍点箇所に作者の薫に対する敬意が入り込んでいます。

（16）［浮舟ノ］ありけむさまもみづから聞かまほしと思せど、［宇治ニ］長籠りし給はむも便なし、行きと行きてたちかへらむも心苦しなど思しわづらふ。（源・蜻蛉）

中古和文においては、引用文と地の文が融合する例があり、注意されます。次例（17）の点線部は源氏の心中、（18）の点線部は蛍宮の心中の引用ですが、その末尾が地の文に溶け込んでいます（このような現象は「移《うつ》り詞《ことば》」といわれます）。

（17）［源氏ハ］わが罪（＝藤壺トノ関係）のほど恐ろしう、あぢきなきことに心をしめて、生ける限りこれを思ひ悩むべきなめり、まして後の世のいみじかるべき、思し続けて（源・若紫）

（18）宮（＝蛍宮）も漏り聞き給ひては、いと聞きならはぬことかな、昔いとあはれと思ひし人（＝亡妻）をおきても、なほはかなき心のすさびは絶えざりしかど、かうきびしきもの怨じはことになかりしものを、心づきなく、いとど昔を恋ひ聞こえ給ひつつ、古里にうちながめがちにのみおはします。（源・若菜下）

また、和歌から散文へ続く例があります（田辺正男 1961、此島正年 1979）。

（19）「なにごとにつけても、

しほしほとまづぞ泣かるるかりそめのみるめは海人のすさびなれども」とある御返り、何心なくらうたげに書きて（源・明石）

（20）「山近き入相の鐘の声ごとに恋ふる心のかずは知るらむものを、こよなの長居や」とぞ書かせ給へる。（枕草子224）

次例の「いとど」は和歌の第五句「嘆きをぞつむ」に係ります。

（21）「このごろはいとど、しほたるることをやくにて松島の年ふるあまも嘆きをぞつむ」（源・須磨）

次例は散文が和歌を飛び越して続いています。

（22）「日ごろは、かき絶えてやみやしなましつらさのみいとどます田の池の水草思う給へ忍びつれど、さてもあるまじかりければなむ［文ヲ送リマス］」（落窪）

文中に、有名な古歌の一部を引用することがあります。これを「**引き歌**」といいます。

（23）人よりはことなりしけはひ容貌《かたち》の、面影につと添ひて思さるるにも、闇のうつつにはなほ劣りけり。（源・桐壺）

（24）命長さのいとつらう思ひ給へ知らるるに、松の思はむことだに恥づかしう思ひ給へ侍れば（源・桐壺）

(23)では、傍線部に『古今集』(647)の「むばたまの闇のうつつはさだかなる夢にいくらもまさらざりけり」が、(24)では『古今和歌六帖』の「いかでなほありと知らせじ高砂の松の思はむことも恥づかし」が引用されています。

9・5 挿入句

文中に、その文と係り受けの関係をもたない、形態上独立した別の文が含まれるとき、その別の文を**挿入句**といいます[補注19]。

(1) 「この暁より、咳病《しはぶきやみ》にや侍らむ、頭《かしら》いと痛くて苦しく侍れば、いと無礼《むらい》にて聞こゆること」などのたまふ。(源・夕顔)

(2) [源氏ガ紫上ニ琴ヲ] そそのかし聞こえ給へど、かの(=明石君ガ)すぐれたりけむもねたきにや、[紫上ハ琴ニ] 手も触れ給はず。(源・澪標)

(2)の傍線部は挿入句(主文とは別の文)なので、傍線部中の係助詞「や」は主文の述語には及びません(主文は係助詞「や」に対する結び(連体形)をとりません。「ねたきにや」の下には「あらむ」などの語句が想定されます)。挿入句には(1)(2)のような下文の理由の推測を表すもののほか、次例(3)(4)のような補足説明、(5)のような但し書き、(6)のような感動の表出などがあります(小田勝 2006)。

(3) かく、上る人々の中に、京より下りし時に、みな人、子どもなかりき、到れり

し国にてぞ、子生める者ども、ありあへる。（土佐）

（4）大将殿（＝道頼）、見給ひければ、帯三つ、一つはわが取らせしなり、今一つはさすがにわろし、荘の券、ここの図（＝忠頼邸ノ図面）となむありける。（落窪）

（5）春は空のけしきのどかに、うらうらとあるに、清涼殿の御前に、掃部司《かもんづかさ》の、畳を敷きて、使は北向きに、舞人は御前の方に向きて、これらはひがおぼえにもあらむ、所（＝蔵人所）の衆どもの、衝重《ついがさね》取りて、前どもに据ゑわたしたる。陪従《べいじう》（＝楽人）も、その庭（＝賜餞ノ儀）ばかりは、御前にて出で入るぞかし。（枕135）

（6）年ごろ人づてにのみ聞きて、ゆかしく思ふ御琴の音どもを、うれしき折かな、しばし、すこしたち隠れて聞くべきものの隈ありや。（源・橋姫）

（7）前の世にも御契りや深かりけむ、世になく清らなる玉の男御子さへ生まれ給ひぬ。（源・桐壺）

挿入句は文頭にもたちます。

（8）いづれの御時にか、女御、更衣あまたさぶらひ給ひける中に、いとやむごとなき際にはあらぬが、すぐれて時めき給ふありけり。（源・桐壺）

（8）の傍線部は挿入句なので、（2）と同じく、係助詞「か」は主文には及びません。

9・6　不十分終止

「ある文が、独立した一文として終止する形態を有しながら、そこで完全に終止せず、下に続いてゆく表現形式」を「**不十分終止**」といいます（小田勝2006）。第9・5節の挿入句は不十分終止の句です。中古和文中には、挿入句のほかに、次のような不十分終止の句がみられます。

（1）この牛、片山に一つの石の穴有り、その穴に入る。（今昔5-31）

（1）の傍線部末はそこで終止する形態をとっていますが、

（1）b　この牛、片山に一つの石の穴有り。

という文は成り立たないので、傍線部末で文が完全に終止するわけではありません。（1）のように、下文の格成分が句の形で提示されたものを**提示句**といいます（小田勝2006）。提示句の例をあげます。

（2）女子は多くありといへども男子は無かりければ、その郡に高尾寺といふ寺あり、その寺に詣でて男子を生ずべきことを祈り申しけるに（今昔12-32）

（3）父母これを見て泣き悲むで、忽《たちまち》に医師を請じて、これを問はむとするに、その国にやむごとなき医師あり、これを呼びてこのことを問ふ。（今昔24-9）

（4）神叡《じんえい》（＝人名）心に知恵を得むことを願ひて、大和国の吉野の郡の現光寺の塔

の杓形には虚空蔵菩薩を鋳付けたり、それに緒を付けて、神叡これを引かへて、「……」と祈りけるに（今昔11-5）

和文では、（2）～（4）の二重傍線部のような、提示句を受け直すことばが表示されないことが多いので注意が必要です。

（5）故兵部卿の宮、わか男にて、一の宮と聞こえて、色好み給ひけるころ、承香殿はいと近きほどになむありける、φらうあり、をかしき人々ありと、聞き給うて、ものなどのたまひかはしけり。（大和139）

（6）物取りしたため（＝整理）などするに、上筵の下に、［兼家ガ］つとめて食ふ薬といふ物、畳紙の中にさしれて（＝挟ンデ）ありしは、［私ガ父ノ家ニ行ッテ］ここに行き帰るまでありけり、φこれかれ（＝侍女達ガ）見出でて、「これ何ならむ」と言ふを（蜻蛉）

（5）のφには「そこ（＝承香殿）に」、（6）のφには「それ（＝つとめて食ふ薬といふ物ヲ」が表示されていません。

提示句が複数連続して、または提示文に補足説明の挿入句が介在して、複雑な句連続をみせることがあります。

（7）仏、金翅鳥に告げてのたまはく、「汝等、この難を遁れむと思はば、世間に人死にて後七々日に当る仏事を脩《しゅ》する所あり、比丘ありて供養を受けて呪願して

（8）主人のいはく、「この経は、我が大娘ありき、早く亡じにき、その人の在生の時に受持せし経なり」と。（今昔7-20）

（9）大王哭《な》き悲しむで、菩提樹の寺に一人の羅漢まします、名をば窶沙《くしや》大羅漢と申す、その人、三明六通明らかにして、人を利益すること仏の如しなり、大王、この羅漢を請じて申し給はく（今昔4-4）

施食を取る、その施食の飯を取りて山の角に置くべし。（今昔3-10）

次例（10a）は、この句型の複雑な例です。（10a）は、（10b）が基本にあって、「その峒」の提示が長く連なったものと解釈されます。

（10）a　願ひの如く悪竜と成りて、□寺の坤《ひつじさる》に深き谷あり、峻《さが》しく嶮《けは》しくして恐ろしげなること限りなし、その谷の東の岸に壁を塗りたる様なる高き石あり、その石に大きなる峒《ほら》の穴あり、峒の口狭くして内極めて暗し、その峒、常に潤ひ□て水滴《したた》り、この大竜その峒を栖《すみか》とす。（今昔3-8）

（10）b　願ひの如く悪竜と成りて、その峒を栖とす。

次例（11）の傍線部は、一見挿入句のようにみえますが、傍線部は下文の述語「引きかけて」の目的語になっている点で、挿入句とは区別されます。

（11）白き衣の萎えたると見ゆる着て、掻練の張綿なるべし、腰より下《しも》に引きかけて、側《そば》みてあれば、顔は見えず。（落窪）

これは文中の格成分に推定等のモダリティが付いたために句の形になったものと捉えられます。このような現象を**成分の句化**といいます（小田勝2006）。次例は主格成分の句化の例です。

（12）［宇治邸デハ］内にも、泣く声々のみして、乳母なるべし、「……」と言ひ続くるが、心得ぬことどももまじるを（源・蜻蛉）

終止形で句を並立させることがあります。成分の句化や句の並立もまた、不十分終止の句といえます。

（13）返しせねば情けなし、えせざらむ人は、はしたなからむ。（源・帚木）

（14）［源氏ハ］御車もいたくやつし給へり、前駆《さき》も追はせ給はず、誰とか知らむとうちとけ給ひて、［女ノ家ヲ］すこしさしのぞき給へれば（源・夕顔）

（15）［私（朱雀院）ハ］今はとこの世を離るる際《きは》にて、こととこしく思ふべきにもあらねど、またしか棄《す》つる中にも、棄てがたきことありて、さまざまに思ひわづらひ侍るほどに、病は重りゆく、またとり返すべきにもあらぬ月日の過ぎゆけば、心あわたたしくなむ。（源・若菜上）

第10章　敬語法

10・1　敬語の分類

発話者が、話題中の人物や対者（発話の聞き手や文の読み手）に対して、敬意を表す言語的表現を**敬語**といいます（もちろん、〝敬意を表す言語的表現〟が、必ずしも、発話者の尊敬の念からなされるとは限りません）。

（1）　僧都、女を助く。

（2）a　僧都、女を助け給ふ。
　　b　僧都、女を助け奉る。

（1）の文（『源氏物語』手習巻の情景による私の作例です）に対して、（2）は、補助動詞を付けて敬語形にしたものです。（2a）は「助け給ふ」と表現することによって、文の主語である「僧都」に対して敬意を表しています。（2b）は「助け奉る」と表現することによって、文の補語である「女」に対して敬意を表しています。このように、話題中の人物に対する、発話者の敬意を表す語を**素材敬語**（辻村敏樹 1958）といいます。素材敬語のなかで、その文の主語（に立つ人物）に対する敬意を表す語を**主語尊敬語**、その文の補語（「を」格や「に」格、「から」格など、主格以外の格成分に立つ人物）に対する敬意を表す語を**補語尊敬語**といいます。補助動詞「給ふ」（四段活用）は、発話者の、文の主語に対する敬意を表します。補助動詞「奉る」「聞こゆ」は、発話者の、文の補語に対する敬意を表します［補注20］。

主語尊敬語を為手《して》尊敬、補語尊敬語を受手尊敬と呼ぶ（玉上琢弥 1955）ことも広く行われていますが、本書では、主語尊敬語・補語尊敬語という名称を用いようと思います。なぜなら、（2）を受身文にした場合、

（3）a　女、僧都に助けられ給ふ。
　　b　女、僧都に助けられ奉る。

（3a）の「給ふ」は受身文の主語「女」に対する敬意を、（3b）の「奉る」は受身文の補語「僧都」に対する敬意を表すからです（（3）で動作の為手は僧都、受手は女であることに注意してください）。実例をあげましょう。（4）（5）は受身文に「給ふ」「奉る」が用いられていますが、（4）の「給ふ」は受身文の主語である「源氏」、（5）の「奉る」は受身文の補語である「実の親」に対する敬意を表します。

（4）［源氏ハ惟光ニ］とかく助けられ給ひてなむ二条院へ帰り給ひける。（源・夕顔）
（5）実《まこと》の親にさも知られ奉りにしかな。（源・胡蝶）

補語尊敬語は、かつて、「主語を低めて、結果的に補語を高める」のように説明されたことがありましたが、少なくとも古代語では、そのような理解は不当です。例えば、（6）でそのような説明をすると、「奉る」が帝を低めるということになりますが、古代語の敬語の体系において、帝を低めるというのは考えにくいことです。

（6）［帝ハ］一の宮を見奉らせ給ふにも（源・桐壺）

また、坂本元太郎（1967）は、補語尊敬語を「主語を低めて、結果的に補語を高める」と考えると矛盾が起こることを、次のような例で示しています。

（7）「今日の試楽は、青海波に事みな尽きぬな。いかが見給ひつる」と［帝ガ藤壺ニ］①聞こえ②給へば、［藤壺ハ］あいなう御答《いら》へ③聞こえにくくて、「ことに侍りつ」とばかり［帝ニ］④聞こえ⑤給ふ。（源・紅葉賀）

（7）で、主語尊敬語は作者の主語に対する敬意、補語尊敬語は「主語を低めて、補語を高める」ものであるとすると、

（8）①藤壺＞帝、②帝＞作者、③④帝＞藤壺、⑤藤壺＞作者

となり、①と③④とで矛盾します（「A＞B」は、AがBより上位者であることを表します）。このようなところから、補語尊敬語は、主語を低める働きはなく、単に補語に対する敬意を表すと考えなければなりません［補注21］。

◆ただし、「AがBを〜する」という場合の、AとBの身分差が、補語尊敬語の使用・不

使用に影響することはあります。例えば主語が桐壺帝で、補語が桐壺更衣の場合、補語尊敬語が用いられた例はありません（杉崎一雄 1971a）。また、

・［源氏ガ頭中将ニ］「……」とのたまへば、［頭中将ガ源氏ニ］「……」など聞こえ給ふついでに（源・帚木）

で「のたまふ」と「聞こえ給ふ」とが使い分けられているのも、源氏を頭中将より上位とする作者の意識が表れたものといえます（杉崎一雄 1968）。しかし、補語尊敬語が、発話者によって補語を敬うためのものであることに変わりありません。

（1）で、「僧都」と「女」の両方に敬意を表したいときは、主語尊敬語と補語尊敬語の両方を連ねて表現します。その場合、（9）のように、補語尊敬語が前にきます。

（9）僧都、女を助け奉り給ふ。

（9）では、「奉る」が発話者の女に対する敬意を、「給ふ」が発話者の僧都に対する敬意を表しています。（9）は「お助け申し上げなさる」のように現代語訳します。

◆現代語では、一般に、（9）のように、二方面への敬意を表現することはありません。「僧都が女をお助け申し上げなさる」と言うのは、現代語のふつうの言いかたではありません。（9）のように、両者に敬意を表したいときは、ふつう「僧都が女をお助けになる」のように、主語尊敬語だけですませてしまいます。この場合、「僧都が女をお助けする」のように、補語尊敬語だけを使ってすますことはできません。現代語では、主語尊敬語の使用が、

補語尊敬語の使用に優先し、補語尊敬語は、主語尊敬語を用いないでよい場合にしか使用できないのです。したがって、現代語で補語尊敬語が使われる条件は、主語が敬語で遇されないことが保証されたときに限られます（したがって、現代語で、補語尊敬語を用いる文の主語は、ほとんど発話者側の人物ということになります）。現代語で、補語尊敬語が、謙譲語と呼ばれるのは、このためなのです。

古代語には、もう一つ、重要な敬語があります。それは、（9）にならって作例すれば、（10）のようなものです。

（10）「僧都、女を助く」となむ思ひ給ふる。

（10）の「給ふる」は、「なむ」の結びなので連体形です（といっても私の作例ですが）。したがって、この「給ふ」は下二段活用です。（2a）の主語尊敬を表す「給ふ」は、四段活用でした。下二段活用の「給ふ」は、自己側の動作をへりくだる、自己卑下の意を表します。したがって、主語は必ず第一人称（および自己側の人物）です。このような敬語を**自卑敬語**（三矢重松 1908）といいます。

（10）の自卑敬語と、（2b）の補語尊敬語との差は、現代語の次のような例でも明らかです（菊地康人 1994）。

（11）a　*私は父をご案内しました。
　　b　私は父を案内いたしました。

（12）a　*私はそのやくざに、早く足を洗うように申し上げました。
　　　b　私はそのやくざに、早く足を洗うように申しました。

（11a）（12a）が不適切なのは、（11a）（12a）が補語尊敬語なので、「父」や「やくざ」に対する敬意を表してしまうからです。一方、（11b）（12b）は適切な表現です。それは、「〜いたす」や「〜申す」が、補語（「父」や「やくざ」）に対する敬意ではなく、対者（聞き手）に対して自己の動作をへりくだる表現だからです（（11b）や（12b）が用いられるのは、発話者がかしこまっているような場面でしょう）。

次例（13）は、夕顔の死後、勅使（「内裏よりの御使ひ」）として見舞いに訪れた頭中将に対する、源氏の詞です。かしこまり改まった態度で応対していることは、二重傍線部のように、自卑敬語「給ふ」（下二段活用）を用いていることからうかがえます。

（13）「…、今一度《いまひとたび》とぶらひ見よと［乳母ガ］申したりしかば、いときなきよりなづさひし者の、いまはのきざみにつらしとや思はむと思う給へて［私ハ乳母ノ家ニ］まかれりしに、その家なりける下人《しもびと》の病《やまひ》しけるが、にはかに出であへで亡くなりにけるを、怖《お》ぢ憚りて（＝私ニ気兼ネシテ）、日を暮らしてなむ［遺骸ヲ］取り出で侍りけるを聞きつけ侍りしかば、神事《かむわざ》なるころ（＝宮中デハ神事ノ多イ頃トテ）、［死穢ニ触テ］いと不便なることと思ひ給へかしこまりてえ参らぬなり。…」などのたまふ。（源・夕顔）

(13)の波線部「申し」は、「乳母が私に言った」という自己側の者の動作をへりくだって表現した自卑敬語です(「申す」は、ふつう「言ふ」の補語尊敬語(「申し上げる」)ですが、このように自卑敬語としての用法もあります)。波線部「まかる」もまた、乳母の家に行くという自己の動作をへりくだって表現した自卑敬語です。このような文脈に共起する傍線部「侍り」も、自己側の動作・存在・状態をへりくだった、自卑敬語といってよいでしょう。

しかし一方、「侍り」は、次例(14)〜(16)のように、発話者とは無関係の事物についても用いられます(下二段活用の「給ふ」に、このような用法はありません)。

(14) 夜ふけ侍りぬべし。(源・桐壺)

(15) 明日なむ日よろしく侍れば(源・夕顔)

(16) なにがし寺といふ所に、かしこき行ひ人侍る。(源・若紫)

(14)〜(16)のような「侍り」は、自卑敬語とは考えにくく、単に対者に対する、かしこまり、改まりの気持ちを表したものと考えられます。「侍り」のこのような用法を**丁重語**(大石初太郎1975、菊地康人1994)といいます。

現代語の「です」「ます」は、素材(話題)の如何にかかわらず用いられ、対者に直接敬意を表します。このような敬語を**丁寧語**といいます。自卑敬語、丁重語、丁寧語は、対者に対する敬意を表すので、これを**対者敬語**(辻村敏樹1958)といいます。奈良時代の日本語には、丁寧語がありませんでした。中古語でも、話題を選ばず、すべての対話場面で用いられる、現代語的な意味での丁寧語はありません。しかし、中古には、「侍り」が、(14)〜(16)のように、丁重語として用いられはじめます。そして、このような丁重語の「侍り」は、やがて、(17)(18)のように、敬うべき二人称を主語にしても用いられはじめ、ここに丁寧語への一歩を踏み出すことになります。

(17) 今さりとも七年《ななとせ》あまりがほどに［アナタ様ハ］思し知り侍りなむ。（源・帚木）〈左馬頭ノ、源氏ヘノ詞〉

(18) ［アナタ様ノ］御琴の音、いかにまさり侍らむと思ひ給へらるる夜の気色にさそはれ侍りてなむ。（源・末摘花）〈大輔命婦ノ、末摘花ヘノ詞〉

中世には、これも補語尊敬語だった「候ふ」が、「侍り」にとって代わり、丁寧語として多用されます。中古の「侍り」は、ふつう尊者を主語にして用いられませんが（したがって「侍り」は主語尊敬語とともに用いられません。(17)は極めて稀な例です）、中世の「候ふ」は、主語の人物に関わりなく用いられます。

(19) 御身は疲れさせ給ひて候ふ。（平家9）

(20) ただ理を曲げて、召しかへして御対面候へ。（平家1）

◆「候ふ」は、(20)のように、命令形が用いられますが、「侍り」には命令形はありません。次例は珍しい例です。

・男は［妻ガ］一人にてや侍る。［妻二人ガ］うち語らひて侍れかし。（落窪）

以上から、中古語の敬語を整理すると、次のようになります。

Ⅰ素材敬語

①主語尊敬語（文の主語に対する敬意を表すもの）：例「〜給ふ」（四段活用）

②補語尊敬語（文の補語に対する敬意を表すもの）：例「〜奉る」、「〜聞こゆ」

Ⅱ対者敬語

③自卑敬語（文の主語（自己側）を低めて、対者に対して敬意を表すもの）：例「〜給ふ」（下二段活用）、「〜侍り」

④丁重語（対者に対しかしこまり丁重な姿勢を表すもの）：例「〜侍り」

⑤丁寧語（対者に対し直接敬意を表すもの）：完全な意味での丁寧語はないが、丁重語が丁寧語的に用いられる場合がある。中世の「〜候ふ」は丁寧語と考えてもよいと思われる。

10・2　主語尊敬語

補助動詞「給ふ」（四段活用）は、発話者の、文の主語（にたつ人物）に対する敬意を表します。

（1）　かぐや姫、いといたく泣き給ふ。（竹取物語）

（2）　［紫上ハ］「……」と恥ぢて隠し給ふを、［光源氏ガ］せめて見給へば、「……」

と、いと若けれど生ひ先見えてふくよかに書い給へり。（源・若紫）

（1）は「お泣きになる」、（2）の第一例は「お隠しになる」、（2）の第二例は「御覧になる」と現代語訳するとよいでしょう。（2）の第三例の「書い給へり」は、「書き給ふ」（お書きになる）に、アスペクト形式「り」（「〜ている」）がついたもので、現代語訳は（3）のようになるでしょう。（3a）（3b）のどちらも「書き給へり」の訳として誤りではありませんが、このような場合、現代語では敬語表現をできるだけ下にもっていき、（3b）のように表現するとよいでしょう。私は、このような場合、（3b）のように現代語訳することをすすめています。

（3）a　お書きになっている

　　b　書いていらっしゃる

次例（4）のように、「給ふ」に助動詞「す・さす」をつけて、「せ給ふ」「させ給ふ」の形になることがあります（和漢混淆文では、助動詞「しむ」がついて「しめ給ふ」の形になることもあります）。これを**最高敬語**といいます。

（4）命婦は、［帝ガ］まだ大殿籠らせ給はざりけると、あはれに見奉る。（源・桐壺）

渡辺英二（1974）によれば、『源氏物語』（紫上系一七帖）の地の文における、「給ふ」と「せ給ふ」の使用状況は、次の通りです。

（5）

	桐壺院	朱雀院	冷泉院	藤壺	光源氏	頭中将	紫上
給ふ	15	12	28	58	1059	105	128
せ給ふ	62	25	33	20	66	1	1

これをみると、地の文で、通常、最高敬語で遇される人物は、帝や后に限られることがわかります。『源氏物語』中に、あれほど素晴らしい人だと絶賛されている紫上でも、最高敬語で遇されるわけではありません。光源氏に対しても、大将昇進以前は一切「せ給ふ」が使われません。ここからは、中古文学作品における敬語が、人物の身分によってかなり機械的に付与されている実態が浮かび上がってきます。したがって、例えば、桐壺更衣と帝の二人が登場している（6）では、最高敬語が用いられた二重傍線部の主語が「帝」、最高敬語の用いられない傍線部の主語が「桐壺更衣」であると、自動的にわかることになります。

（6）その年の夏、御息所、はかなき心地にわづらひて、まかでなむとし給ふを、暇さらに許させ給はず。年ごろ、常のあつしさになり給へれば、御目馴れて、「なほしばし試みよ」とのみのたまはするに、日々に重り給ひて（源・桐壺）

『源氏物語』では、地の文で「給ふ」などの敬語が用いられるのは三位以上の人物、『枕草子』では従五位下以上の人物であることが知られています（渡辺英二 1967, 1974）。もちろん、会話文では、この限りではありません。例えば（7）では、女房が軒端荻《のきばのおぎ》に対して最高敬語を使っています。
（7）［女房ガ小君ニ］「昼より西の御方（＝軒端荻）の渡らせ給ひて、［空蟬ト］碁打たせ給ふ」と言ふ。（源・空蟬）

◆1　「せ給ふ」の「せ」が使役の場合もあります。
・［源氏ハ］御随身召して［雪ヲ］払はせ給ふ。（源・末摘花）
次例は「せ（使役）＋させ（尊敬）＋給ふ」です。
・な笑はせさせ給ひそ。（源・常夏）

◆2　身分差のある人々を一括して叙するときは、一般に、最も上位の者に対する待遇評価に従います（玉上琢弥1952、大久保一男1977）。
①あこぎ（＝侍女）も君（＝落窪姫君）もいかにせむとわび給へば（落窪）
稀に、②のような例もありますが、これは上位者から下位者へ列叙して、述語に距離的に近い下位者に対する待遇評価にひかれたものと考えられます（大久保一男1977）。
②今日は、世を思ひ澄ましたる僧たちなどだに、涙もえとどめねば、まして［朱雀院ノ］女宮たち、女御、更衣、ここらの男女、上下ゆすり満ちて泣きとよむに（源・若菜上）
③では、「御供の人々」の身分によって「見給ひ」と「見る」とを書き分けています。④では「思し」と「思ふ」によって主語が貴人とそれ以外となり、「誰しも」の意が加わります。
③この御供の人々の見給ひ見るをばさるものにて、道の物見る車などのいと多かるが見るぞ、

いとわびしかりける。（栄花19）

④誰かはおぼつかなく思し思ふ人の侍らむ。（大鏡）

◆3　敬語で遇される人物の行為を表すすべての動詞が敬語形になるわけではありません。

・袿姿にて立ち給へる人あり。（源・若菜上）

鈴木裕史（1988）の能因本『枕草子』の調査によれば、主語尊敬語の使用率は、主文末で九三パーセントです。従属句は従属度によって敬語の出やすさに差があり、準体句で九二パーセント、「〜ば」句で九一パーセント、連体修飾句で八五パーセント、「〜て」句で四九パーセントです。

用言が形容詞の場合は、一般に、（8）のように無敬語のままですが、（9）のように、「形容詞連用形＋あり」の形にして、「あり」を「おはす」などの主語尊敬語に変えることも行われました。

（8）［源氏ハ］御文なども通はむことのいとわりなきを思すに、いと胸痛し。（源・帚木）

（9）［二条后ハ］かたちのいとめでたくおはしければ（伊勢6）

◆中世には「御いたはし」（とはずがたり）のような言いかたが現れます（和田利政1971）。

次例（10）の「給ふ」の敬意は、主語の「涙」に向いていますが、これは「源氏の涙」

であるためで、間接的には源氏を敬っています。このような敬語を**所有者敬語**（角田太作1991）といいます。（11）（12）のような例もみられます。

（10）忍ぶれど涙ほろほろとこぼれ給ひぬ。（源・賢木）

（11）かく思ししことのとどこほり給ひ（源・蛍）

（12）若君（＝明石女御）、国の母となり給ひて、願ひ満ち給はむ世に（源・若菜上）

◆次のような例にも注意されます。

・なづさひ聞こえぬ月日や隔たり給はむと（源・須磨）

補助動詞「給ふ」は、実質的意味はなく他の動詞に対して敬語的意味を添えるだけですが、実質的な意味をもつ動詞が敬語的意味を併せもつことがあります。これを**敬語動詞**といいます。主な主語尊敬の敬語動詞には、（13）のような語があります（括弧内は、敬語的意味のない動詞です。これを**通常語**といいます）。

（13）おはす・おはします（あり・行く・来）、賜ふ・賜はす（与ふ）、のたまふ・のたまはす（言ふ）、おぼす・おぼしめす（思ふ）、御覧ず（見る）、きこす・きこしめす（聞く）、おほとのごもる（寝）、奉る（着る・乗る）、参る（食ふ・飲む・す）

◆1「あり」の主語尊敬語としては「ものし給ふ」も用いられます。

・まだ中将などにものし給ひし時は（源・帚木）

◆2 「御覧ず」と「見給ふ」はともに「見る」の敬語形ですが、「見給ふ」が具体的な知覚動作を意味するのに対し、「御覧ず」は支配者の立場から漠然と対象を視野に入れる行為を表し、両者は等価ではないといわれます（藤原浩史1994）。したがって「見る」対象も敬語で遇される場合、「見奉り給ふ」は可能ですが、「＊御覧じ奉る」という表現は成立しません。

飲食・着衣・乗車を表す主語尊敬の敬語動詞は、他の語から転じた特別な語が用いられるので、注意が必要です。

（14） 御直衣《なほし》奉り、乱れぬさまに引き繕ひて出で給ふ。（源・総角）

（15） 心地もまことに苦しければ、物もつゆばかり参らず（源・総角）

（16） 物などもきこしめさず、朝餉の気色ばかり触れさせ給ひて（源・桐壺）

（14）の「奉る」は「着る」の主語尊敬語（「おめしになる」）、（15）の「参る」は「食ふ」の主語尊敬語（「お召し上がりになる」）で、ともに補語尊敬語からの転用、（16）の「きこしめす」は「食ふ」の主語尊敬語で、「聞く」の主語尊敬語からの転用です（「きこしめす」は、「食ふ」の通常の敬語形「参る」よりも敬意が高く、最高敬語です（大久保一男1991））。［補注22］。

複合動詞が敬語になる場合は、上の動詞を敬語形にすることがあるので注意が必要です

（17） ［桐壺帝ハ］かくながら、ともかくもならむを御覧じ果てむと思しめすに（源・桐壺）

(18)「……」とあれど、〔桐壺更衣ノ母ハ〕え見給ひ果てず。(源・桐壺)

(17)(18)ともに「見果つ」の主語尊敬語形で、(17)は「見る」を「御覧ず」にしたもの、(18)は「見る」を「見給ふ」にしたものです。

(19)御覧じ馴れたる御導師の、頭《かしら》はやうやう色変はりてさぶらふも、あはれに思さる。(源・幻)

(20)けしきばかりにて紛らはすを御覧じ咎めて(源・若菜下)

(21)少し大殿籠り過ぐして(源・松風)

(22)御衣奉り替へて(源・桐壺)

(19)は「見馴る」、(20)は「見咎む」、(21)は「寝過ぐす」、(22)は「着替ふ」の主語尊敬語形です。

◆1 稀に「思ひ知り給へりしぞかし」(源・若紫)のような形もあります。

◆2 ①は、「思ひ続く」の主語尊敬語形「思し続く」にさらに「給ふ」をつけたもの、②は「思ひ乱る」の主語尊敬語形「思し乱る」にさらに最高敬語の「せ給ふ」をつけたもので、敬語が重複していますが、このような表現も中古和文中にときにみられます。③は敬語動詞に「せ給ふ」を付けた例です。

①さもあぢきなき身をもて悩むかな、など思し続け給ふ。(源・賢木)

②上は、夢のやうにいみじきことを聞かせ給ひて、色々に思し乱れさせ給ふ。(源・薄雲)

③命婦は、まだ大殿籠らせ給はざりけると、あはれに見奉る。（源・桐壺）

次例（23）～（25）のような、**受身文の敬語形**は、現代語ではほとんど用いられないので注意が必要です（「招待されなさった」のような言いかたは、形としては表現できますが、現代語ではほとんど用いられません）。特に、（24）は敬語動詞の受身形に主語尊敬の補助動詞がついたもの、（25）はそれにさらに補語尊敬の補助動詞がついたもので、このような表現は現代語にはありません。

（23）［源氏ハ惟光ニ］とかく助けられ給ひてなむ、二条院へ帰り給ひける。（源・夕顔）

（24）［乳母ノ］子どもはいと見苦しと思ひて、「［乳母ハ］背きぬる世の去りがたきやうに、みづからひそみ（＝自分カラ泣顔ヲツクッテ）［源氏ニ］御覧ぜられ給ふ」と、つきしろひ目くはす。（源・夕顔）

（25）［夕顔ハ］世の人に似ずものづつみをし給ひて、人にもの思ふ気色を見えむを恥づかしきものにし給ひて、つれなくのみもてなして御覧ぜられ奉り給ふめりしか。（源・夕顔）

（23）の現代語訳は単純で、「助けられなさって（支えられなさって）」でよいでしょう（「給ふ」は源氏に対する敬意です）。（24）の場合、「源氏が御覧になる」ことを乳母がありがたい恩恵として受ける、ということを受身が表しているので、現代語としては「御覧になっていただいておられる」のようになります〔「御覧ず」は源氏に対する敬意、「給ふ」は乳母に対する敬意です〕。「〜ていただく」というのが敬語動詞の受身形の訳になるわけです。

(25)では、「〜ていただく」に相当する「奉る」が表現されています。(25)の傍線部も、(24)の傍線部と結果的に同意です〔「御覧ず」は源氏に対する敬意、「奉り」も源氏に対する敬意、「給ふ」は夕顔に対する敬意です〕。

主語尊敬語の使役形もまた、現代語では用いられません。

(26)〔命婦ハ〕かの(=桐壺更衣ノ母カラノ)贈物、〔帝ニ〕御覧ぜさす。〈源・桐壺〉

(26)は、「御覧になるようにしむける」という言いかたで、「お目にかける」という高い敬意表現になっています〔「見せ奉る」よりも敬意は高いといわれます〕。

(27)〔源氏ハ〕御馬にもはかばかしく乗り給ふまじき御さまなれば、また惟光添ひ助けて、〔源氏ヲ二条院ニ〕おはしまさするに〈源・夕顔〉

(28)「何人ならむ。その人と聞こえもなくて、かう〔源氏ニ〕思し嘆かすばかりなりけむ〔夕顔ノ〕宿世の高さ」と言ひけり。〈源・夕顔〉

(27)の現代語訳は「おいでいただく」、(28)の現代語訳は「お嘆きいただく」のようになります。

助動詞「る・らる」が主語尊敬を表すことがあります。

(29)人々、近うさぶらはれよかし。〈源・若紫〉〈源氏ノ、侍女達ヘノ詞〉

（30）〔源氏ガ〕かう絵ども集めらると〔権中納言ガ〕聞き給ひて（源・絵合）

ただし、「給ふ」にくらべると敬意の度合いは低く、「れ給ふ」「られ給ふ」の形で尊敬語になることはありません。尊敬語として広く用いられるようになるのは中世以降で、「思さる」「思しめさる」「御覧ぜらる」の形で尊敬語になるのも中世以降のことです。したがって、中古では、「れ給ふ」「られ給ふ」「おぼさる」「おぼしめさる」「御覧ぜらる」の「る」「らる」は尊敬ではなく、自発（受身や可能の場合もあります）と考えなければなりません〔補注23〕。

（31）〔源氏ハ〕折々のこと思ひ出で給ふに、よよと泣かれ給ふ。（源・須磨）

（32）〔源氏ハ明石君ヲ〕見捨てがたく口惜しう思さる。（源・明石）

（31）の「れ給ふ」、（32）の「思さる」は、主語尊敬語に自発の「る」がついたものです。現代語では、主語尊敬語と自発を同時に表現しない（できない）ので、現代語訳には工夫が必要です。（31）の現代語訳としては、（33）のような表現が考えられるでしょう。

（33）a　声をあげて、自然とお泣きになる。

b　声をあげて、お泣きにならずにはいられない。

c　声をあげて、泣かずにはいらっしゃれない。

（33a）は、副詞「自然と」を使って自発であることを表現しています。（33b）（33c）は、「～せずにはいられない」の句型で自発であることを表しています。どの表現を使うかは好みの問題ですが、現代語では敬語表現はできるだけ後ろにもっていき、（33c）のように表すとよいでしょう。この方式を使えば、（32）は「残念に思わずにはいらっしゃれない」のように現代語訳されます。

◆奈良時代、尊敬を表す助動詞「す」（未然形接続、四段活用）がありました。

・この岡に菜摘ます児　家告《の》らな　名告らさね（万1）

・松浦川川の瀬光り鮎釣ると立たせる妹《いも》が裳の裾濡れぬ（万855）

この「す」は未然形接続ですが、「聞く・知る・思ふ・見る・着る・寝」などに付くと、「聞こす・知ろす・思ほす・めす・けす・なす」と音変化します。

・賢《さか》し女《め》を有りと聞かし［岐迦志］て麗《くは》し女を有りと聞こし［伎許志］て（記歌謡2）

10・3　補語尊敬語

補助動詞「奉る」「聞こゆ」は、発話者の、文の補語（にたつ人物）に対する敬意を表します。

（1）かぐや姫を養ひ奉ること、二十余年になりぬ。（竹取）

（2）竹の中より見つけ聞こえたりしかど（竹取）

（1）は「お育て申し上げる（ことが）」、（2）は「お見つけ申し上げ（たけれど）」のように現代語訳するとよいでしょう。

◆「奉る」と「聞こゆ」に敬意の差はありません。「奉る」は動作を表す動詞につくことが多く、「聞こゆ」は「思ふ」「恨む」など心の働きを表す動詞につくことが多いといわれます（和田利政 1952）。「拝む」など両用の語もあります。

・まづ住吉の神をかつがつ拝み奉る。（源・明石）

・いよいよ御社の方を拝み聞こゆ。（源・澪標）

複合動詞の場合は、主語尊敬語と同じく、前の語を敬語形にすることがあります。

（3） 御送りの人々、［庫持皇子ヲ］見奉り送りて帰りぬ。（竹取）

（4） 一の宮のことも聞こえきりてあるを（和泉日記）

（3）は「見送る」の補語尊敬語形（お見送り申し上げる）、（4）は「言ひきる（＝キッパリト断ル）」の補語尊敬語形（きっぱりとお断り申し上げる）です。

形容詞は補語をとらないので、形容詞の補語尊敬語形はありません。

「を」格と「に」格を同時にとる動詞の補語尊敬語形は、敬意が「を」格と「に」格のどちらに向くのか、決定できない場合があります。

（5） ［明石姫君ヲ］見奉らざらむことは、いと胸痛かりぬべけれど、…ただ［源氏ヲ］うち頼み聞こえて、［姫君ヲ源氏ニ］渡し奉り給ひてよ。（源・薄雲）

（5）の波線部の「奉る」は明石姫君に対する敬意、波線部の「聞こゆ」は源氏に対する敬意ですが、傍線部の「奉る」は明石姫君に対する敬意か、源氏に対する敬意か決定できません。次例（6）も複雑ですが、「聞こゆ」が花散里に対する敬意、「奉り」が夕霧に対する敬意、「給ふ」が源氏に対する敬意を表していると考えられます。

（6）殿（＝源氏）は、この西の対（＝花散里）にぞ、［夕霧ヲ］聞こえ預け奉り給ひける。（源・少女）

類例をあげます。

（7）大臣（＝源氏）、東の御方（＝花散里）に［玉鬘ヲ］聞こえつけ奉り給ふ。（源・玉鬘）

（8）君たちの［落葉宮ニ夕霧ノコトヲ］聞こえ知らせ奉り給はぬなり。（源・夕霧）

◆①②では補語尊敬語が重複しています。③は補語尊敬語＋丁重語です。

①世にありと［中納言ニ］聞こえ奉るとも（落窪）

②さらに知らぬことなれば、ともかくも聞こえ申すべからず。（落窪）

③えさらず候ひ侍る御方よりも（落窪）

「奉る」「聞こゆ」よりも、一層、補語尊敬の度合いを強めた語に、「奉らす」「聞こえさす」があります（「奉る」「聞こゆ」に助動詞「す」「さす」がついたものですが、ふつう、「奉らす」「聞こえさす」で一語と扱います）。

（9）［私（＝清少納言）ハ中宮ヲ］よろしうだに思ひ聞こえさすべきことかは。（枕177）

「奉らせ給ふ」「聞こえさせ給ふ」の形の場合、「奉らせ＋給ふ」「聞こえさせ＋給ふ」と考えられる場合と、「奉ら＋せ給ふ」「聞こえ＋させ給ふ」と考えられる場合とがあります。(10)(11)は前者、(12)(13)は後者です。

(10) 六条院(＝源氏)も、少し[朱雀院ノ]御心地よろしくと聞き奉らせ給ひて、参り給ふ。(源・若菜上)

(11) 母女御も[東宮ニ]添ひ聞えさせ給ひて[朱雀院ニ]参り給へり。(源・若菜上)

(12) [帝ハ]一の宮を見奉らせ給ふにも(源・桐壺)

(13) 「いかやうにかある」と[中宮ガ中納言ニ]問ひ聞えさせ給へば(枕98)

主な補語尊敬の敬語動詞には、(14)のような語があります(括弧内は通常語です)。

(14) 参る・まかづ(行く・来)、奉る・奉らす・参る・参らす(与ふ)、申す・聞こゆ・聞えさす・奏す・啓す(言ふ)、承る(受く・聞く)、賜はる(受く)、つかうまつる(仕ふ)

◆「奏す」は帝または院に申し上げるとき専用、「啓す」は皇后・皇太后・皇太子などに申し上げるとき専用です。ただし、帝に対しては必ず「奏す」が用いられるというわけではありません。帝に対して「申す」「聞こゆ」「聞こえさす」も用いられます。「啓す」も同様です。

「言う」の補語尊敬語として「聞こゆ」と「申す」がありますが、「申す」は公的な場における男性の用語で、為手と受手の間に極めて大きい社会的懸隔が認められます（和田利政1956）。したがって、「聞こゆ」は補語が誰であっても高めることができますが、「AガBニ申す」は、「A∧B」（「BがAより上位者である」）という強い**関係規定性**のもとに成立する表現です。「聞こゆ」の場合、

（15）「今日の試楽は、青海波に事みな尽きぬな。いかが見給ひつる」と［帝ガ藤壺ニ］聞こえ給へば、［藤壺ハ］あいなう御答《いら》へ聞こえにくくて、「ことに侍りつ」とばかり［帝ニ］聞こえ給ふ。（源・紅葉賀）

のように、「帝ガ藤壺ニ聞こえ給ふ⇕藤壺ガ帝ニ聞こえ給ふ」と双方向で使われますが、

（16）「……」など［僧都ガ源氏ニ］申し給ふ。（源・若紫）

の「僧都ガ源氏ニ申し給ふ」では、同時に「源氏ガ僧都ニ申し給ふ」という表現は成立しません。補語尊敬語は補語に対する発話者の敬意を表しますが、純粋に補語を高めるだけのものと、「主語∧補語」という関係規定性の上に成り立つものとがあるということができます（ただし、どちらも発話者の補語に対する敬意を表すもので、補語尊敬語に、〝主語を低める〟積極的な機能があるわけではありません）。ほかにも、例えば「見奉る」は、補語が誰でも成立しますが、「参る」（「行く」の補語尊敬語）、「仕うまつる」（「仕ふ」の補語尊敬語）などは、「主語∧補語」という関係規定性の上に成立する表現で、

（17）［帝ハ］一の宮を見奉らせ給ふにも（源・桐壺）

のような表現（「帝ガ誰かヲ見奉らせ給ふ」）はあり得ても、「帝ガ源氏邸ニ参らせ給ふ」という表現はあり得ません。

「賜はる」「賜ふ」も上下の関係規定によって成立する表現です。「賜はる」は「受く」の補語尊敬語（「AガBニ賜はる」でBを敬う表現）で「いただく」、「賜ふ」は「与ふ」の主語尊敬語（「AガBニ賜ふ」でAを敬う表現）で「くださる」と現代語訳します。

（18）a　禄いまだ賜はらず。（竹取）

b　禄賜はむとて（伊勢83）

（18a）は「ご褒美をまだいただいていない」、（18b）は「ご褒美をくださろうとして」と現代語訳されます。

◆　現代語で、

①毎度ご利用くださいましてありがとうございます。

②毎度ご利用いただきましてありがとうございます。

は、どちらも正しい敬語表現ですが、①②では、表示されていない主語と補語の関係が異なります。すなわち、

①′　お客様が　我々を　ご利用くださる　（主語（お客様）に対する敬意）

②′　我々が　お客様に　ご利用いただく　（補語（お客様）に対する敬意）

となっています。

現代語の補語尊敬語は、敬意に反する行為については用いることができません（例えば「＊私は部長をお殴り申し上げた。」のようにはいえません）が、古代語では可能です。

（19）「近くだに寄りおはしまさば［アナタノ子ヲ］突き殺し奉らむとす」と言へば（今昔25-11）

（20）武士どもさむざむに射奉る。明雲大僧正、円恵法親王も御馬より射落とされて御頸とられさせ給ひけり。（平家8）

（21）は、「お嫌がられ申し上げる」の意、（22）は「（我々が三条邸を衛門督に）取られ申し上げる」の意です。このような補語尊敬語の受身形も、現代語では用いられません。

（21）心の隔てありけると［私（＝源氏）ガ紫上ニ］思ひ疎まれ奉らむは、心苦しう恥づかしう思さるるも（源・明石）

（22）取られ奉りぬるを恥にてやみぬばかりなめり。（落窪）

「奉る」は、ふつう四段活用ですが、稀に下二段活用の「奉る」がみられます（下に「給ふ」がつくことが多く、未然形と連用形しかありません）。

（23）［源氏ハ］惟光をぞ［尼君ノモトニ使者トシテ］奉れ給ふ。（源・若紫）

（24）［源氏ハ朝顔ヲ］折らせ給ひて、［朝顔宮ニ］奉れ給ふ。（源・朝顔）

（23）は「使いの者を尊者のもとに遣わし申し上げる」、（24）は「使いをして尊者に物を差し上げる」の意と考えられます。

◆「対面す」は、①のように、敬う必要のない人を補語として通常語として用いられるほか、②のように補語尊敬語としても用いられます（②の「対面す」は補語尊敬語なので「*対面し奉る」という例はありません（大久保一男 1984））。

①大臣（＝源氏）、［命婦（＝藤壺ノ侍女）ニ］対面し給ひて（源・薄雲）

②女君（＝葵上）、［源氏ニ］とみにも対面し給はず。（源・若紫）

このような語を**準敬語**といい、「対面す」を準補語尊敬語と呼ぼうと思います。「さいなむ（＝叱ル）」は準主語尊敬語かと思われます。

10・4　自卑敬語

下二段活用の「給ふ」は、自己側の動作をへりくだる、自己卑下の意を表します。終止形は用いられません。そこで、下二段活用の「給ふ」を、連体形で代表させて「**給ふる**」と呼びます。主語を低めて自己卑下を表すので、主語はつねに話者（または話者側の人物）です。また、当然に、会話文または消息文だけに用いられます。

◆1　下二段活用の「給ふ」の極めて稀な終止形の例をあげます。

・何か隔て聞こえさせ侍らむ。［夕顔ガ］みづから忍び過ぐし給ひしことを、亡き御後ろに口さがなくやはと思う給ふばかりになむ。（源・夕顔）

・［浮舟ハ］まことに同じことに（＝実子同様ニ）思う給ふべき人なれど（源・東屋）

・明日参りて自ら申さむと思ひ給ふ。（今昔19－4）

話者以外の主語の例をあげます。①の主語は話者の妹です。②は源氏に対する惟光の詞で、五条辺の粗末な家の人々を自分側の者として表現しています。

①悲しびたへず嘆き思ひ給へ侍るに（源・夢浮橋）

②もののあやめ見給へ分くべき人も侍らぬわたりなれど（源・夕顔）

◆2 「給ふる」はその語義から、命令形は考えられず、事実中古語では用いられませんが、上代の宣命には命令形と考えられる形が現れます。

・諸聞き食《たま》へと詔《のりたまふ》「聞食〈倍止〉詔」（33）

・御命を聞き食へと宣《のりたまふ》「聞食〈倍止〉宣」（35）

この万葉仮名「倍」はヘ乙（fe_2）なので、四段の命令形（$-e_1$）とは考えられません。右例は「給ふる」の命令形で、「聞かせていただけ」の意と思われます。

「給ふる」の付く動詞は、「思ふ」「見る」「聞く」「知る」に限られます。

（1）内々に思ひ給ふるさまを奏し給へ。（源・桐壺）

「～給ふる」は「～させていただく」と現代語訳されます。（1）は、「私の内々考えさせていただいておりますことを、申し上げてください」のようです。場合によっては、「思ひ給ふる」は「存ずる」、「見給ふる」は「拝見する」、「聞き給ふる」は「拝聴する」と現代語訳してもよいでしょう。複合動詞の場合、上の動詞に「給ふる」が付きます。

（2）　命長さの、いとつらう思ひ給へ知らるるに（源・桐壺）

（2）は「思ひ知る」の自卑敬語形に、自発の「る」がついています。したがって、（2）は「寿命の長いことが、たいそうつらく存じないではいられません」のように現代語訳されます。院も帝に対しては「給ふる」を使います。

（3）［私（＝桐壺院）ハ光源氏ヲ］親王《みこ》にもなさず、ただ人にて、朝廷《おほやけ》の御後見をさせむと思ひ給へしなり。（源・賢木）〈桐壺院ノ朱雀帝ヘノ詞〉

「まかる」は、奈良時代は、

（4）　憶良らは今はまからむ（万337）

のように、「貴所から退出する」意の、動作の出発点を敬う補語尊敬語でしたが、平安時代には、

（5）　かうのどけきにおだしくて、［女ノ許ヘ］久しくまからざりしころ、この見給ふるわたりより（＝私ガ本妻トシテ通ワセテイタダイテオリマス所カラ）、情けなくうたてあることをなむ、さる便りありてかすめ言はせたりける、後にこそ聞き侍りしか。（源・帚木）〈頭中将ノ、源氏ヘノ詞〉

のように、「行く」の意の自卑敬語（自己側の者がどこかへ行くことを、聞き手に対してへりくだる表現）として用いられるようになり、「貴所から退出する」意の補語尊敬語としては「まかづ」が用いられるようになりました（したがって「まかで給ふ」とは言えますが、「ま

かり給ふ」という言いかたはありません）。つまり、上代から中古に（6）のような変化があったことになります（杉崎一雄 1965）。

（6）上代　補語尊敬　貴所に行く　＝「まゐる」⇕　貴所から出る＝「まかる」
　　↓　　　自卑敬語　　（なし）
　　中古　補語尊敬　貴所に行く　＝「まゐる」⇕　貴所から出る＝「まかづ」
　　　　　自卑敬語　行く（卑下）＝「まかる」⇕　来る（卑下）＝「まうで来」

「まうで来」は、「行く」の意の自卑敬語「まかる」と対になり、「来る」の意の自卑敬語（自己側の者がどこかから来ることを、対者に対してへりくだる表現）として用いられました。

（7）桜の花の咲けりけるを見に［私ノ所ニ］まうで来たりける人に（古今67詞書）

（7）の「まうで来」は自己のもとに来る意なので、「来る」場所を敬ったとは考えられず、勅撰集の詞書という性質からも、「来る」意をかしこまって表現したものとしか考えられません（『古今集』の詞書で敬語が用いられるのは、帝・后・東宮・上皇に限られていて、臣下は摂政太政大臣といえども敬語が用いられることはありません（玉上琢弥 1952））。

「つかはす」は、「遣る」の主語尊敬語です（したがって「つかはし給ふ」という言いかたはありません）が、なかに、主語尊敬とは思われない例もみられます。

（8）日ごろ経るまで消息も［指食の女ニ］つかはさず、あくがれまかり歩《あり》くに（源・帚木）〈左馬頭ノ詞〉

（8）は、遣る意の自卑敬語（発話者である自己が、自己側の人物に物などを遣ることを、聞き手に対してへりくだる表現）として用いられていると考えられます。

「侍り」は、本来、主語の存在が貴人の支配下にあるという被支配意識を表すものでした。このような「侍り」の敬語的意味を「**被支配待遇**」といいます（石坂正蔵 1933）。平安時代の「侍り」にも、「私どもがおかげさまでこの場所にいさせていただく」という被支配待遇意識が濃厚であるといわれます（阪倉篤義 1952）。このような、自己側の存在をへりくだる表現は、自卑敬語です。しかし一方で、平安時代の「侍り」は、（9）（10）のように、自己側とは無関係の事態について、聞き手に対してかしこまりの気持ちを表す丁重語の用法に踏み出しています。

（9）夜ふけ侍りぬべし。（源・桐壺）

（10）明日なむ日よろしく侍れば（源・夕顔）

（9）（10）の「侍り」は丁重語とすべきであり、また、

（11）恥づかしう思ひ給へ侍れば（源・桐壺）

のように、自卑敬語「給ふる」とともに用いられた例もあることから、中古和文の「侍り」は、すでに自卑性を離れ、丁重語として用いられていたと考えることもできるでしょう。

◆平安時代では、「侍り」は会話文や消息文の中にしか用いられません。『紫式部日記』に

は、地の文に「侍り」が集中して現れる部分があり（寛弘六年正月三日以降の部分）、その部分は消息文体で書かれていることが知られています。中世には、「侍り」は「候ふ」に圧倒されて急速に古語化し、文章語として意識されたため、『徒然草』などでは「侍り」が地の文にも用いられるようになります。

「申す」も、本来「言ふ」の補語尊敬語（「申し上げる」）ですが、自己側の「言ふ」動作をへりくだる自卑敬語としての用法もみられ、さらに単なる「言ふ」の丁重語としても用いられます。（12）〜（14）は、「申す」が丁重語として用いられた例です。

（12）「［コノ］山の名を何とか申す」と［くらもちの皇子ガ天女ニ］問ふ。（竹取）

（13）御随身ついゐて「かの白く咲けるをなむ、夕顔と申し侍る。花の名は人めきて、かうあやしき垣根になむ咲き侍りける」と［源氏ニ］申す。（源・夕顔）

（14）久しうとはざりける人の、思ひ出でて、「今宵まうで来む。門ささであひ待て」と申して、まで（＝マウデ）来ざりければ（後撰1055詞書）

自卑敬語も、丁重語も、対者に対して、かしこまり、あらたまったもの言いをするときに用いられる点では変わりません。杉崎一雄（1971b）は、これを一括して「**かしこまりの語法**」と呼んでいます。そのような見かたからすれば、要するに、中古和文において改まったもの言いをする場合に、（15）の動詞には、矢印下側のような、それを改まりかしこまっていう特別の語形があった、ということになります（杉崎一雄1971b）。

（15）思ふ→思ひ給ふる、見る→見給ふる、聞く→聞き給ふる、行く→まかる、来→まうで来、言ふ→申す、あり→侍り

「はべりたまふ」「はべりたうぶ」という言いかたが『源氏物語』に四例みえます。

（16）［阿闍梨ガ宇治八宮ニツイテ］「…今となりては心苦しき女子《をむなご》どもの御上をえ思ひ捨てぬとなむ嘆きはべりたうぶ」と［冷泉院ニ］奏す。（源・橋姫）

用例数が少ないので不明な点もあるのですが、これは、発話者より上位の者の行為を、さらに上位の人に向かって話す場合に用いられる敬語表現と考えられています。すなわち、「話し手∧話題中の主語∧聞き手」という関係のとき用いられる表現と考えられます。実際、（16）では「阿闍梨∧宇治八宮∧冷泉院」のような関係にあります。動作主を「給ふ」で敬うとともに、その状態を聞き手に対してへりくだったものと考えられます。現代語では表現することができませんが、あえて現代語にうつせば「嘆いておりなさる」とでもなるでしょう。

◆「のたまふ」は「言ふ」の主語尊敬語ですが、次のような「のたまふ」は動作の主語も補語も含めて自己側全体をへりくだる（低める）もの、すなわち一種の自卑敬語表現と考えられます（杉崎一雄 1963, 1977）。

・「いとかしこき仰せ言に侍るなり。姉なる人に［アナタ様ノ仰セ言ノ趣ヲ］のたまひみむ」と［紀伊守ガ源氏ニ］申すも（源・帚木）

10・5　自敬表現

（1）は、発話者が自己の動作に主語尊敬語を用いて、自分で自分を尊敬する表現になっています。このような用法を**自己敬語**といいます。

（1）そらみつ大和の国は　おしなべて我こそをれ　しきなべて我こそいませ（万1）〈雄略天皇〉

（2）手抱《たむだ》きて（＝腕組ミシテ）我はいまさむ　天皇朕《すめらわれ》うづの御手《みて》もち　かき撫でそねぎ給ふ（万973）〈聖武天皇〉

（1）（2）のような自己敬語は、上代の神や天皇の言葉にみられますが、時代が下がるにしたがって衰えました。中古以降は、かわって（3）〜（5）のように、発話者自身におよぶ他者の行為に補語尊敬語をつけて、発話者自身に敬意がむくように表現した言いかたが多くなっていきます。これを**尊大表現**といいます。

（3）「なほ持て参れ」と［源氏ハ預の子ニ］のたまふ。（源・夕顔）

（4）「和歌一つづつ［私ニ］仕うまつれ。さらば許さむ」と［道長ハ］のたまはす。（紫日記）

（5）「とうとうまかり出でよ」とぞ［平清盛ハ］のたまひける。仏御前は、すげなう言はれ奉つて、既に出でんとしけるを（平家1）

尊大表現とはいいますが、特に尊大な気持ちで用いているわけではなく、（3）～（5）のような言いかたがふつうの言いかただったのでしょう。

文庫版補注

（1）用例（8）のa、bについては、小田勝（2008b）で考察しました。

（2）以上の音の統合は少し複雑で、通説では、音の統合時、ア行の「え」とヤ行の「え」はyeに、「お」と「を」はwoに、「え」と「ゑ」はyeに、「い」と「ゐ」はiに統合されたと考えられています（沖森卓也（2017）『日本語全史』ちくま新書、一九三頁などをご参照ください）。

（3）原著刊行後、佐伯《さいき》暁子《きょうこ》（2009）「平安時代から江戸時代における二重ヲ格について」（『国語と国文学』86-4）が出ました。

（4）自発と可能・不可能の関係については、吉田永弘（2019）『転換する日本語文法』（和泉書院）の第7章・第8章をご参照ください。

（5）この実態については、小田勝（2019）「中古和文における3語以上の助動詞の連接について」（『表現研究』110）に示しました。

（6）ここで、四段活用の命令形語尾が$-e_1$（エ列甲類）であることに注意してください。本文で述べたように助動詞「り」はi-ari＞eriと転じた末尾音のriを分出したものなのですが、iaは融合するとeの甲類に転ずるので、「り」の直前のe音は奈良時代では命令形の-eと同じ音となるのです。ここから、「り」を命令形接続とする説が生まれます。ただしこれは音変化の結果偶々命令形と同音になったのであって、命令形という活用形に接続したものではない上に、平安時代以降は甲乙の音の区別が無くなることもあって、（既実現の事態を託する活用形として）已然形接続とするほうが（学習者には）穏やかであろうという考え方もあります。なおサ変も命令形接続としてしまうと、「「よ」の無い命令形「せ」に付く」などという付記が必要になります（そもそも、サ行には甲乙の別がないのですから、サ変については命令形接続とする根拠自体がありません）。

（7）この図示では誤解を招きますが、「複述語構文」というのは、「妻立てりみゆ」を、「［妻－立てり］－みゆ」（「［妻が立っている］のが見える」）とみるのではなく、「［妻－立てり］＋［妻－みゆ］」のように、一つの主語（「妻」）を二つの述語（「立てり」「みゆ」）が並立して受けているという構文理解です。山口佳紀（1985）『古代日本語文法成立の研究』（有精堂出版）の五二八―五三二頁に批判があります。

（8）ただし音声を重ねれば、現代語で、例えば「タベナイデヨ↘（下降調）」は阻止的禁止、「タベナイデヨ↗（上昇調）」は予防的禁止になります。

（9）「ひきし／ひきなり」の関係としてはその通りなのですが、中古和文で「低い」の意は「短《みじか》し」でも表されました。

・短き灯台に火をともして（枕138）
・このこやくしといひける人は、丈《たけ》なむ（＝背丈ガ）いと短かりける。（大和138）
・もとの品《しな》高く生まれながら、身は沈み、位短くて人げなき（源・帚木）
・［身分ガ］高きも短きも、女といふものは（源・東屋）

（10）用例（8）は「-く」が未然形であることを示していますが、一方で次の例は「-く」が連用形であることを示しています（形容詞のウ音便は連用形にしか起きません）。

・よろしうは起きさせ給へ。（落窪）

このことから、形容詞の仮定を表す「-くは」の「-く」は未然形、連用形の両方が同時に成立して、どちらか決定できません。

(11)「の」と「が」の違いを待遇的な使い分けとして説明しましたが、用例(2)(3)(5)の現象は、人名のみの場合に「が」が、人名に官職名等が付いている場合に「の」が選択されると考えることもできます(佐伯梅友(1962)「「の」か「が」か」『日本文学研究』2)。人称代名詞には「が」しか付かず(「我が・汝が・誰が」)、指示代名詞には「の」しか付かない(「この・その・かの」)など、「の」と「が」には付く語に異なりがあり、その使い分けをすべて待遇関係で説明することはできないようです。

(12)「への」は中世には現れます(「北の方への御文には」平家10)。

(13)現代人の感覚では「母である父の妻」というのは当たり前のように思われますが、古典の時代では母であっても「北の方」であるとは限らないので、このような言いかたがあるわけです。

(14)今のところ、古代語の複合辞の最大のリストは、小田勝(2018)「古代語における形式用言を用いた複合辞とその用例」(藤田保幸・山崎誠編『形式語研究の現在』和泉書院)です。

(15)「花にぞありける」の「に」が断定の助動詞「なり」の連用形とされる理由は、これで明らかでしょう。

(16)係り結びの起源について、(1)大野晋氏の倒置説をあげましたが、ほかに(2)阪倉篤義氏の挿入説、(3)野村剛史氏の注釈的二文連置説が発表されています。(2)は連体形終止の喚体的な句に係助詞が挿入されたと考えるもので、発想は「こそ…已然形」の起源説と同様です。(3)は、

・味酒《うまさけ》を三輪の祝《はふり》が斎《いは》ふ杉手触れし罪か君に逢ひ難き(万712)

のような、連体形終止の喚体的な句（「君に逢ひ難き」）に、注釈句（「手触れし罪か」）が前置したものが形式化したと考えるものです（この三つの説については、金水敏・高山善行・衣畑智秀・岡﨑友子（2011）『シリーズ日本語史3　文法史』（岩波書店）などをご参照ください）。

（17）「形容詞の連用形＋とも」と説明されることが多いのですが、本書では仮定という職能を託される活用形として、未然形に付くという説明を採用しています。あまり一般的な理解ではないので注意してください（『ベネッセ古語辞典』、中村幸弘（1992）『生徒のための古典読解文法』（右文書院）などが未然形接続と説明しています）。「苦しうともまた行け。」（和泉式部日記・寛元本、三条西家本は「苦しくとも行け」）のような音便形の存在は、連用形であることを示していますが、これは補注10に述べたように、形容詞の順接仮定条件形（本書二〇九頁）とも連動する問題です。なお、中世には「形容詞終止形＋とも」の例もみられます。

・善悪（＝トニカク）見所は少なしとも、花は残るべし。（風姿花伝）

（18）例えば、小町谷照彦（2010）『古今和歌集』（ちくま学芸文庫）は「寝て」と読んで、「むなしく寝て明かしてしまう人までも」の意、佐伯梅友（1981）『古今和歌集』（岩波文庫）は「さへぞ」に注目して「寝で」と読み、「寝ているなどは論外、寝てはいなくても、歌もよまずに、ただ起き明かしているような」の意としています。

（19）「挿入節」「挿入文」と呼ぶべきかもしれませんが、伝統的な国語学ではclauseを「句」と呼ぶ慣用もあり、本書でも特に「句」と「節」を使い分けていません。

（20）特に（2b）について、「僧都から女への敬意」ではないことに注意してください。もしも「奉る」が「主語から補語への敬意」を表すとすると、

①［蜂ガ太政大臣宗輔ヲ］刺し奉ることせざりけり。（今鏡）
②かの蓮の花は、まろが女院のわたりにこそ似奉りたれ。（堤・はなだの女御）〈女たちが各自の女主人たちを花に喩えて語り合ったもの〉
③あが君を取り奉りたらむ、人にまれ鬼にまれ、返し奉れ。（源・蜻蛉）
①は「蜂から太政大臣への敬意」、②は「蓮の花から女院への敬意」、③は「「人であれ鬼であれ、何であれ」という不定のモノから「あが君」への敬意」を表しているということになり、これはまことに奇妙な理解というべきですし、次例④では敬意の主体がないことになってしまいます。
④神武天皇をはじめ奉りて、当代まで六十八代にぞならせ給にける。（大鏡）
また、次例⑤のような二人称主語文の「奉る」が「お前から漢帝への敬意」を表すという理解もあり得ないでしょう。
⑤「［オ前ハ］速やかに故郷に帰りて、漢帝に見え奉らむことを思へ」と言ふ。（蒙求和歌・詞書）
（21）主語がない、補注20の用例④のような場合は、そもそも主語を低めようがありません。
（22）複合動詞の敬語形には用例（17）（18）のように複合動詞の前項を敬語形にする場合と、◆1のように複合動詞全体に敬語の補助動詞を付ける場合とがあります。詳しくは、呉寧真（2018）「中古和文複合動詞の主体敬語の形」（『日本語の研究』14-3）を御覧ください。
（23）中古において、「思さる」の「る」が尊敬の意であり得ないことは、大久保一男（2016）「「思さる」の「る」」（『国語研究』79）によって明証されています。

文庫版あとがき

日本語文法の史的研究は、一九九〇年代にやや停滞したかに見えたものの、世紀が変わった二〇〇〇年代頃から若い研究者が続々と現れて活況を呈し、その研究スタイルも一新されたように思います。歴史的文法研究において、諸言語を含む現代語文法との対照的な視点をもつことは、現在の多くの研究者に共有されています。研究論文のスタイルも、横書きが主流になりました。本書もまた、そのような時代の中で構想され、試行的な自費出版（『古典文法読本』二〇〇四年、開成出版）を経て、二〇〇七年におうふうから公刊されました。試行版の刊行年（二〇〇四年）は、奇しくも、「国語学会」が「日本語学会」と名称を変更した年でもありました。

本書の意図、特色は「はしがき」にある通りです。英文法書のような古典文法書をというコンセプトで編集しましたので、紙面も横組みとしたのですが、今回文庫に収めるにあたって、読みやすさを考慮して、縦組みに変更しました。本書は、実は、もっとゆったりとした語り口で、練習問題なども挟みながら、読者と共に古典文法を作っていくような、したがって数冊にも渡るような本を構想していたのですが（試行版の書名に『〜読本』とあるのはそのためです）、なかなか果たせないまま、現状のようなものになったのでした（第

2・1節あたりの書きかたに、当初の構想の片鱗がみえるかもしれません)。本書を読み物としてみた場合、先を急いでいるような、せわしない書きかたになっている印象もあるかと思いますが、用例——短く、分かりやすいものを選んでいるつもりです——とともに、本書をゆっくりと通読してくださるならば、現代語文法の枠組みから見た古典文法の全体像がご理解いただけるものと思います。

現在、筆者は、『実例詳解 古典文法総覧』(二〇一五年、和泉書院)という大部の古典文法書を公にしていますが(A5判で七三六ページあります)、本書は、その〝原点〟とも簡約版とも位置づけられるものです。埋もれていた本書に注目し、文庫版での復刊を企ててくださった筑摩書房の北村善洋氏に、心より感謝いたします。若干の字句を修正し、用例のルビを少し多めに増やしたほかは原著のままですが、原著刊行後に見出だされた知見など現時点で補われるべき事項について、若干の補注を新たに加えました。この文庫化によって、古典の専門家、愛好家の方々のみならず、一般の読者の方々、あるいは熱意のある高校生の方々に、通言語的にみた日本語の古典文法の姿を知っていただけたら、そして古典文法に一層興味をもっていただけたら、たいへん嬉しく思います。

方丈記　鴨長明（?-1216）　1212年　新全集
枕＝枕草子　清少納言　11C初　新大系
増鏡　二条良基（1320-88）か　1368-75年頃　大系
万＝万葉集　最後の歌759年　新大系
無名抄　鴨長明（?-1216）　1211年頃　大系
紫日記＝紫式部日記　1010年頃　新全集
大和（物語）　10C中　新全集
好忠集　曾丹集とも　曾禰好忠（10C後半）　和歌文学大系『中古歌仙集（一）』
夜の寝覚　11C　新全集
梁塵秘抄　後白河法皇撰　1179年頃　新大系

古本説話集　12Ｃか　講談社学術文庫
今昔（物語集）　12Ｃ前半　新大系
更級（日記）　菅原孝標女（1008-?）　11Ｃ後半　新全集
詞花（和歌集）　1151年頃　新大系
十訓抄　1252年　新全集
拾遺（和歌集）　1005-07年頃　新大系
拾遺愚草　藤原定家（1162-1241）　1234年頃　岩波文庫『藤原定家歌集』
成尋阿闍梨母集　1073年頃　講談社学術文庫
続紀宣命＝続日本紀宣命　第1詔697年―第62詔789年　『続日本紀宣命　校本・総索引』
続千載（和歌集）　1320年　『続千載集総索引』
新古今（和歌集）　1205年　角川文庫
新続古今（和歌集）　1439年　和歌文学大系
神皇正統記　北畠親房（1293-1354）　1339-43年　大系
千五百番歌合　1202-03年　古典文庫
曽我物語　室町初期か　大系
竹取（物語）　9Ｃ末～10Ｃ初　岩波文庫
堤＝堤中納言物語　新全集
徒然＝徒然草　兼好　1330年頃　新全集
土佐（日記）　紀貫之　935年　新全集
とはずがたり　後深草院二条（1258-?）　1306-13年頃　新全集
仲文集　藤原仲文（923-992）　『仲文集全釈』
祝詞　大系
浜松中納言物語　11Ｃ半　新全集
百＝百人一首　藤原定家撰　1235年　講談社学術文庫
仏足石歌　753年頃　大系『古代歌謡集』
平家（物語）　鎌倉時代　新全集
平治（物語）　鎌倉時代　新全集
平中（物語）　960-965年頃　新全集

出典一覧

（　）は出典表示で略した部分。Cは世紀。

赤染衛門集　赤染衛門（957?-?）　和歌文学大系
天草版平家物語　1592年刊　『天草版平家物語語彙用例総索引』
和泉式部集　11C中　岩波文庫
和泉日記＝和泉式部日記　11C前半　角川文庫　（寛元本＝講談社学術文庫）
伊勢（物語）　9C末～10C　新全集
宇治（拾遺物語）　13C前半　新全集
うたたね　阿仏尼（1222?-83）　講談社学術文庫
うつほ（物語）　10C後半　新全集
栄花（物語）　正編は1028-37年、続編は1092年頃　新全集
大鏡　院政時代　新全集
奥の細道　芭蕉（1644-94）　1694年　新潮日本古典集成
落窪（物語）　10C後半　新全集
神楽歌　奈良時代～平安時代初　大系『古代歌謡集』
蜻蛉（日記）　藤原道綱母（?-995）　974年頃　新全集
記＝古事記　712年　新全集
記歌謡＝古事記歌謡　大系『古代歌謡集』
紀＝日本書紀　720年　大系
紀歌謡＝日本書紀歌謡　大系『古代歌謡集』
金槐（和歌）集　源実朝（1192-1219）　1213年　新潮日本古典集成
源＝源氏物語　紫式部　11C初　新全集　（河内本＝源氏物語大成）
建礼門院右京大夫集　13C前半　新全集
古今（和歌集）　905年　岩波文庫
古今和歌六帖　976-983年頃　図書寮叢刊
後拾遺（和歌集）　1086年　新大系
後撰（和歌集）　951年下命　新大系

間書房
山口佳紀　1998　「古事記歌謡の古語性について」『東京大学国語研究室創設百周年記念国語研究論集』汲古書院
山田孝雄　1908　『日本文法論』宝文館
――――　1952　『平安朝文法史』宝文館
――――　1954　『奈良朝文法史』宝文館
山本俊英　1955　「形容詞ク活用・シク活用の意味上の相違について」『国語学』23
湯沢幸吉郎　1955　「「ばかり」の、活用語への付き方」『解釈』1-2
――――　1959　『文語文法詳説』右文書院
吉岡　曠　1977　『源氏物語を中心とした論攷』笠間書院
吉田茂晃　1997　「古代日本語における形容詞時制述語」『山辺道』41
吉田永弘　1997　「断定表現「にてあり」の成立」『国学院雑誌』98-10
――――　2006　「体言承接のタリの位置づけ」『日本語の研究』2-1
吉村逸正　1987　「思考・発言の動詞に係る「あはれに」と「あはれと」」『国学院雑誌』88-1
李　長波　2002　『日本語指示体系の歴史』京都大学学術出版会
和田利政　1952　「源氏物語の謙遜語」『日本文学論究』10
――――　1956　「源氏物語の「申す」」『国学院雑誌』57-7
――――　1971　「「とはずがたり」の敬語」『国学院雑誌』68-12
――――　1987　「形容詞の機能」『国文法講座 2』明治書院
渡辺英二　1967　「枕草子の敬語（一）」『国語国文学研究』36
――――　1974　「地の文における尊敬表現」『富山大学教育学部紀要』22
渡辺　実　1971　『国語構文論』塙書房
Sansom, G. B.　1928　*An Historical Grammar of Japanese*, Clarendon Press

——— 1961 『助動詞の研究』白帝社
松木正恵 1990 「複合辞の認定基準・尺度設定の試み」『早稲田大学日本語教育センター紀要』2
松下大三郎 1928 『改撰標準日本文法』紀元社
三浦法子 1973 「平安末期の受身表現についての一考察」『岡大国文論稿』1
三上 章 1953 『現代語法序説』刀江書院
——— 1955 『現代語法新説』刀江書院
三矢重松 1908 『高等日本文法』明治書院
南不二男 1974 『現代日本語の構造』大修館書店
宮坂和江 1952 「係結の表現価値」『国語と国文学』29-2
三宅 清 1985 「特殊な連体修飾について」『国学院雑誌』86-4
——— 1989 「「ぬ前」考」『岡山大学教育学部研究集録』81
宮地幸一 1962 『おはす活用考』白帝社
村山昌俊 1981 「副詞「え」考」『国語研究』44
室井 努 2006 「今昔物語集の人数表現について」『日本語の研究』2-1
本居宣長 1785 『詞の玉緒』
森田良行 1972 「「だけ、ばかり」の用法」『早稲田大学語学教育研究所紀要』10
森野 崇 1987 「係助詞「なむ」の伝達性」『国文学研究』92
——— 1990 「古代日本語の終助詞「な」について」『秋草学園短期大学紀要』7
——— 1992 「終助詞「かし」の機能」『辻村敏樹教授古稀記念日本語史の諸問題』明治書院
矢澤真人 1987 「数量詞の位置」『ケーススタディ日本文法』おうふう
山口仲美 1978 「平安仮名文における朧化性の問題」『国語学』112
——— 1982 「源氏物語の表現」『源氏物語の探求 第7輯』風

究』79
丹羽哲也　2006　『日本語の題目文』和泉書院
野内良三　2005　『日本語修辞辞典』国書刊行会
野村剛史　1989　「上代語のツとヌについて」『国語学』158
――――　1994　「上代語のリ・タリについて」『国語国文』63-1
橋本　修　2001　「古典日本語の完了形をめぐる研究動向」『「た」の言語学』ひつじ書房
橋本四郎　1959　「動詞の重複形」『国語国文』28-8
橋本進吉　1929　「日本文法論（講義案）」（『国文法体系論』所収）
――――　1931a　「上代に於ける波行上一段活用に就いて」『国語・国文』1
――――　1931b　「上代の文献に存する特殊の仮名遣と当時の語法」『国語と国文学』8-9
――――　1932　「国語音韻史（昭和7年度講義）」（『国語音韻史（講義集一）』所収）
――――　1935　『新文典別記　上級用』冨山房
蜂矢真郷　1998　『国語重複語の語構成論的研究』塙書房
浜田　敦　1948　「肯定と否定」『国語学』1
――――　1952　「形容詞の仮定法」『人文研究』3-6
原田信一　1974　「中古語受身文についての一考察」『文学・語学』74
福田益和　1968　「平安時代における「もぞ・もこそ」の用法」『大分工業高等専門学校研究報告』5
富士谷成章　1778　『あゆひ抄』
藤原浩史　1994　「漢語サ変動詞「御覧ず」の表現価値」『国語学』176
細江逸記　1932　『動詞時制の研究』泰文堂
堀口和吉　1993　「助動詞「～ぬ」「～つ」弁」『山辺道』37
松尾　聰　1973　『改訂増補　古文解釈のための国文法入門』研究社
松尾捨治郎　1919　「小疑三束」『国学院雑誌』25-8

田島光平　1971　「玉の小櫛の「なりけり」の説」『国語と国文学』48-12
田辺正男　1961　「歌と歌以外の文との交錯」『日本文学論究』20
田野村忠温　1990　『現代日本語の文法Ⅰ—「のだ」の意味と用法』和泉書院
玉上琢弥　1952　「敬語の文学的考察」『国語国文』21-2
――――　1955　「源氏物語の解釈文法（敬語）」『時代別作品別解釈文法』至文堂
築島　裕　1969　『平安時代語新論』東京大学出版会
辻村敏樹　1958　「ことばの使い方—敬語—」『日本文法講座5』明治書院
角田太作　1991　『世界の言語と日本語』くろしお出版
鶴　　久　1962　「所謂形容詞のカリ活用及び打消の助動詞ザリについて」『万葉』42
寺村秀夫　1969　「活用語尾・助動詞・補助動詞とアスペクト—その一—」『日本語・日本文化』1
――――　1975　「連体修飾のシンタクスと意味—その1—」『日本語・日本文化』4
――――　1984　『日本語のシンタクスと意味Ⅱ』くろしお出版
時枝誠記　1950　『日本文法　口語篇』岩波書店
永井　洸　1938　「係助詞「ぞ」「なむ」「こそ」の本質意義に就いて」『国文学孜』4-1
中西宇一　1957　「発生と完了」『国語国文』26-8
――――　1969　「「べし」の意味」『月刊文法』2-2
――――　1996　『古代語文法論　助動詞篇』和泉書院
中村幸弘　1981　「係結の構文論的取り扱い」『文教大学国文』10
――――　1995　『補助用言に関する研究』右文書院
――――　2006　「否定疑問文と、その応答詞」『国学院大学大学院紀要—文学研究科—』37
南里一郎　1995　「〈ニテアリ〉語法の表現性をめぐって」『語文研

――――　1958　「条件表現の変遷」『国語学』33
坂本元太郎　1967　「詞の敬語と表現主体の敬意との関係について」『国文学　解釈と教材の研究』12-10
桜井光昭　1970　「「じ」は「む」の否定か」『月刊文法』2-8
佐藤信夫　1978　『レトリック感覚』講談社
澤田治美　1983　「S^n システムと日本語助動詞の相互連結順序」『日本語学』2-12
山王丸有紀　1996　「古典語複合動詞の構造」『成蹊人文研究』4
杉崎一雄　1963　「「たまふ」「のたまふ」「つかはす」の諸相」『国語研究』17
――――　1965　「「まかる」と「まうでく」」『日本文学論究』24
――――　1968　「謙譲語」『月刊文法』1-2
――――　1971a　「源氏物語の敬語法」『源氏物語講座 7』有精堂
――――　1971b　「かしこまりの語法」『金田一博士米寿記念論集』三省堂
――――　1977　「姉なる人にのたまひみむ」『浅野信博士古稀記念国語学論叢』桜楓社
鈴木　泰　1995　「メノマエ性と視点（Ⅰ）」『築島裕博士古稀記念国語学論集』汲古書院
――――　1999　『改訂版　古代日本語のテンスとアスペクト』ひつじ書房
鈴木裕史　1988　「敬語の使用密度について」『国学院雑誌』89-12
関　一雄　1977　『国語複合動詞の研究』笠間書院
関谷　浩　1971　「「ただあきに」の構成について」『国語研究』31
高見亮子　1996　「室町時代受身文の動作主マーカー」『国文』85
高山善行　1987　「従属節におけるムード形式の実態について」『日本語学』6-12
――――　2002　「《係り結び》と《推量の助動詞》」『語文』58
竹内史郎　2004　「ミ語法の構文的意味と形態的側面」『国語学』55-1

小柳智一　1995　「時しあらば」『国語研究』58
――――　1996　「禁止と制止」『国語学』184
――――　1997　「中古のバカリについて」『国語と国文学』74-7
――――　1999a　「「眠を寝」など」『日本語学』18-1
――――　1999b　「万葉集のノミ」『実践国文学』55
――――　2000　「中古のバカリとマデ」『国学院雑誌』101-12
――――　2003　「限定のとりたての歴史的変化」『日本語のとりたて』くろしお出版
――――　2006　「上代の複数」『万葉』196
近藤　明　1989　「助動詞ツ・ヌに否定辞が下接する場合」『国語学研究』29
近藤政行　1988　「院政鎌倉期の助動詞「り」「たり」について」『国学院雑誌』89-10
――――　1996　「動詞命令形の機能」『徳島文理大学　比較文化研究所年報』12
近藤泰弘　1980　「助詞「を」の分類」『国語と国文学』58-10
――――　1981　「中古語の準体構造について」『国語と国文学』58-5
――――　1986a　「敬語の一特質」『築島裕博士還暦記念国語学論集』明治書院
――――　1986b　「〈結び〉用言の構文的性格」『日本語学』5-2
――――　1995　「中古語の副助詞の階層性について」『日本語の主題と取り立て』くろしお出版
佐伯梅友　1951　「直接話法と間接話法」『学苑』127
――――　1953　「接続助詞「ものの」と「が」とについて」『金田一博士古稀記念言語民俗論叢』三省堂
――――　1963　『万葉語研究』有朋堂
――――　1969　『明解古典文法』三省堂
――――　1988　『古文読解のための文法　上下』三省堂
阪倉篤義　1952　「「侍り」の性格」『国語国文』21-10

――――　1967b　「形容詞のウ音便」『国語国文』36-8
――――　1969　「中古の助動詞の分類」『和光大学人文学部紀要』3
――――　1973　「補充成分と連用修飾成分」『国語学』95
――――　1979　「形容詞の語音構造」『中田祝夫博士功績記念国語学論集』勉誠社
――――　1981　『日本語助動詞の研究』大修館書店
義　門　1810　『こと葉の道しるべ』
金水敏　1983　「上代・中古のヰルとヲリ」『国語学』134
――――　1991　「受動文の歴史についての一考察」『国語学』164
――――　2006　『日本語存在表現の歴史』ひつじ書房
金田一春彦　1950　「国語動詞の一分類」『言語研究』15
釘貫亨　1996　『古代日本語の形態変化』和泉書院
工藤真由美　1995　『アスペクト・テンス体系とテクスト』ひつじ書房
工藤力男　1978　「格助詞と動詞との相関についての通時的考察」『岐阜大学教育学部研究報告・人文科学』26
――――　1987　「形状動詞の諸相」『岐阜大学国語国文学』18
黒田成幸　1976　「日本語の論理・思考」『岩波講座日本語1　日本語と国語学』岩波書店
契　沖　1803　『勢語臆断』
小杉商一　1979　「非情の受身について」『田辺博士古稀記念国語助詞助動詞論叢』桜楓社
此島正年　1939　「形容詞及形容詞的助動詞の順態仮設条件法」『国学院雑誌』45-10
――――　1979　「引用」『湘南国文』13
小林好日　1941　『国語学の諸問題』岩波書店
小林芳規　1986　「幻の「来しかた」」『汲古』10
小松登美　1957　「つ・ぬ」『国文学　解釈と鑑賞』22-11
――――　1961　「「じ」と「ざらん」」『未定稿』9

はる（終）」の意味用法」『国文学攷』（広島大学）152
沖森卓也　1990　「古典語の複合動詞」『別冊国文学38　古典文法必携』
奥田和代　2000　「詠嘆の諸相〈その体系と意味構造〉」『女子大国文』127
奥田靖雄　1977　「アスペクトの研究をめぐって」『宮城教育大学国語国文』8
奥村　剛　1985　「『源氏物語』における「もや」の用法について」『日本語学』4-6
小田　勝　2006　『古代語構文の研究』おうふう
――――　2007　「遊離語句の論」『異文化のクロスロード』彩流社
――――　2008a　「中古和文における助動詞の相互承接について」『岐阜聖徳学園大学紀要（外国語学部編）』46
――――　2008b　「「しもは」考」『国語研究』71
折口信夫　1950　「日琉語族論」『民俗学研究』15-2
影山太郎　1993　『文法と語形成』ひつじ書房
――――　2002　『ケジメのない日本語』岩波書店
春日和男　1954　「指定表現の様式」『文学研究』50
片桐洋一　1969　「物語の世界と物語る世界」『国文学　言語と文芸』66
加藤浩司　1997　「キとケリが示す事象の生起と認識と発話時との時間的距離について」『帝塚山学院大学研究論集』32
神尾昭雄　1990　『情報のなわ張り理論』大修館書店
川上徳明　1975　「中古仮名文における命令・勧誘表現体系」『国語国文』44-3
菊地康人　1994　『敬語』角川書店
北原保雄　1965　「〈なり〉と〈見ゆ〉」『国語学』61
――――　1967a　「「なり」の構造的意味」『国語学』68

今泉忠義　1953　「国語語序論序説」『国語学』15
伊牟田經久　1957　「「もぞ」「もこそ」考」『国語』6-1
――――　1976　「ナムの係り結び」『佐伯梅友博士喜寿記念国語学論集』表現社
――――　1999　「「もぞ」「もこそ」再考」『鹿児島女子大学研究紀要』20-2
江口正弘　1975　「中古和文資料における動詞の音便形」『国語と国文学』52-5
大石初太郎　1975　『敬語』筑摩書房
大久保一男　1977　「被待遇者複数の場合の敬語法」『浅野信博士古稀記念国語学論叢』桜楓社
――――　1984　「「対面（す）」の敬語性」『国語研究』47
――――　1991　「「聞こし召す」とその類義表現」『国語研究』55
大野　晋　1953　「日本語の動詞の活用形の起源について」『国語と国文学』30-6
――――　1955　「古典語の助動詞と助詞」『時代別作品別解釈文法』至文堂
――――　1993　『係り結びの研究』岩波書店
岡﨑友子　1998　「新しい古典文法のキーワード　指示詞」『国文学解釈と教材の研究』43-11
岡崎正継　1973　「「御導師遅く参りければ」の解釈をめぐって」『今泉博士古稀記念国語学論叢』桜楓社
――――　1986　「今昔物語集の「今夜」と「夜前」と」『国学院雑誌』87-9
――――　1989　「推定伝聞の助動詞「なり」について」『国学院雑誌』90-3
――――　1993　「万葉集の「すら」「だに」の意味用法について」『国学院大学大学院紀要―文学研究科―』24
――――　1996　『国語助詞論攷』おうふう
岡野幸夫　1996　「平安・鎌倉時代和文における「はつ（果）」「を

参考文献

論文名の副題は、割愛させていただきました。

青木博史 2002 「古代語における「句の包摂」について」『国語国文』71-7

―――― 2005 「複文における名詞節の歴史」『日本語の研究』1-3

青木伶子 1956 「「へ」と「に」の消長」『国語学』24

東　弘子 1995 「連体名詞句における限定的修飾と非限定的修飾」『日本語論究4　言語の変容』和泉書院

石垣謙二 1942 「作用性用言反撥の法則」『国語と国文学』19-11

―――― 1955 「助詞「から」の通時的考察」『助詞の歴史的研究』岩波書店

石坂正蔵 1933 「書記古訓の「ハヘリ」「ハムヘリ」の解釈」『国語と国文学』10-3

石田春昭 1939 「コソケレ形式の本義」『国語と国文学』16-2・3

井島正博 1996 「相対名詞または格助詞による時の副詞節」『山口明穂教授還暦記念国語学論集』明治書院

―――― 2001 「古典語過去助動詞の研究史概観」『武蔵大学人文学会雑誌』32-2・3

―――― 2002a 「中古語過去助動詞の機能」『国語と国文学』79-1

―――― 2002b 「中古和文の表現類型」『日本語文法』2-1

磯部佳宏 1992 「『源氏物語』の要判定疑問表現」『日本文学研究』28

井手　至 1970 「助動詞「ナリ」について」『月刊文法』2-6

―――― 1981 「助動詞として追加すべき上代語「みゆ」について」『人文研究』(大阪市立大学) 33-1

糸井通浩 1995 「中古の助動詞「き」と視点」『京都教育大学国文学会誌』24, 25

ヤ　行

ラ　行

ワ　行

特殊形

ハ　行

マ　行

タ 行

ナ 行

サ　行

索　引

ア　行

カ　行

本書は、二〇〇七年十月二十日、おうふうより刊行された。

ちくま学芸文庫

古代《こだい》日本語《にほんご》文法《ぶんぽう》

二〇二〇年五月十日　第一刷発行
二〇二四年六月十日　第三刷発行

著　者　小田　勝（おだ・まさる）
発行者　喜入冬子
発行所　株式会社　筑摩書房
東京都台東区蔵前二―五―三　〒一一一―八七五五
電話番号　〇三―五六八七―二六〇一（代表）
装幀者　安野光雅
印刷所　株式会社精興社
製本所　株式会社積信堂

ISBN978-4-480-09979-2 C0181